国家社会科学基金教育学一般项目"'卓越幼儿教师'实践性知识发展研究"（BHA150080）成果

Research on the Development of Practical
KNOWLEDGE
for Pre-servic Preschool Teachers

职前幼儿教师实践性知识发展研究

但菲 贺敬雯 王小溪 ◎著

科学出版社
北京

内 容 简 介

本书直击教育部卓越教师培养计划核心——职前幼儿教师实践性知识的发展，深度挖掘其培养现状、历史轨迹及关键影响因素。全书条理分明，涵盖研究基础、现状调研、生成机制、培养体系及总结展望五大章节。开篇奠定坚实理论基础，系统梳理研究背景与方法论；现状调研部分直击要害，展现职前教师实践性知识的成长面貌与制约因素，并提出针对性教育策略。生成机制篇细致描绘知识构建的内在逻辑，从个人信念内化、发展环境营造至行动反思实践，构建出一套全面的知识生成框架。培养体系部分则跨越海峡，通过对比大陆与台湾地区高校的培养模式，探寻高校培育实践性知识的创新路径。

本书可供职前教师，以及学前教育领域的本科生、理论研究者和教育者参阅。

图书在版编目（CIP）数据

职前幼儿教师实践性知识发展研究 ／ 但菲，贺敬雯，王小溪著 . --北京：科学出版社，2025.3--ISBN 978-7-03-081562-0

I. G615

中国国家版本馆 CIP 数据核字第 20257MH019 号

责任编辑：孙文影　崔文燕／责任校对：张小霞
责任印制：徐晓晨／封面设计：润一文化

科 学 出 版 社 出版
北京东黄城根北街 16 号
邮政编码：100717
http://www.sciencep.com
北京建宏印刷有限公司印刷
科学出版社发行　各地新华书店经销
*
2025 年 3 月第 一 版　开本：720×1000　1/16
2025 年 3 月第一次印刷　印张：16 1/4
字数：300 000
定价：118.00 元
（如有印装质量问题，我社负责调换）

前 言

在当今社会,幼儿教育作为整个教育体系的坚固基石,其核心价值日益凸显。幼儿教师,作为幼儿心灵的启蒙者与成长的引路人,其专业素养和实践能力对于幼儿的全面发展具有不可估量的影响。然而,在职前幼儿教师的培育历程中,如何助力他们有效积累并提升实践性知识,从而迈向卓越,始终是教育领域亟待解决的关键课题。

《职前幼儿教师实践性知识发展研究》一书,作为国家社会科学基金教育学一般项目"'卓越幼儿教师'实践性知识发展研究"(BHA150080)的成果,致力于深度剖析职前幼儿教师实践性知识的发展现状及其培养策略,旨在为推动我国幼儿教育事业的高质量发展提供科学、系统的理论支撑与实践指导。

全书精心构建五章内容,每一章节均紧密围绕职前幼儿教师实践性知识的核心议题展开深入探讨。第一章作为绪论,开篇即阐明研究职前幼儿教师实践性知识的重要意义,并对书中涉及的关键概念进行严谨界定,包括实践性知识、教师实践性知识、职前幼儿教师实践性知识及其生成过程、培养体系等,以此为基础构建清晰的研究逻辑框架,并详细阐述研究方法与内容。

第二章则通过实证调查,对我国9所师范高校的1916名学前教育专业师范生进行深入研究,全面揭示职前幼儿教师实践性知识的发展现状、特征及其影响因素,并提出针对性的教育策略,为卓越幼儿教师的培育提供坚实的理论依据。

第三章深入探究职前幼儿教师实践性知识的生成过程,通过全面考察与深入分析,揭示影响职前幼儿教师实践性知识生成的关键因素,并据此提出促进实践性知识习得与提升幼儿教育专业培养质量的启发性建议。

第四章通过对比分析大陆 A 校（简称 A 校）与台湾地区 B 校（简称 B 校）在职前幼儿教师实践性知识培养体系方面的现状，揭示两所高校在培养目标、课程设置及实践环节等方面的异同及其成因，为今后职前幼儿教师实践性知识的培养提供有益的启示与借鉴。

第五章在总结前四章研究成果的基础上，概括本书的主要结论与研究启示，并对职前幼儿教师实践性知识研究领域未来需深入探索的重难点问题进行展望。

本书撰写分工如下：第一章，但菲、贺敬雯；第二章，但菲、贺敬雯；第三章，但菲、王小溪；第四章，但菲、王小溪；第五章，但菲、贺敬雯、王小溪。另外，整个研究思路、研究框架的确定由但菲完成，全书统稿工作由但菲、贺敬雯、王小溪共同完成。张梦涛、佟晓川、蒋娟、申谊可等对本研究做出了贡献。本书访谈部分，我们力求保持被访者的原意，未做修饰性改动，仅在便于读者理解的前提下对冗余内容进行了删改。在撰写过程中，我们虽力求严谨，但仍难免存在疏漏之处，恳请广大专家与读者不吝赐教，批评指正。

目　录

前言

第一章　绪论 ………………………………………………………… 1
第一节　职前幼儿教师实践性知识研究的意义 ……………………… 1
第二节　核心概念界定 ………………………………………………… 8
第三节　本书研究方法和逻辑 ………………………………………… 17

第二章　职前幼儿教师实践性知识发展的现状调查 ………………… 26
第一节　职前幼儿教师实践性知识发展状况 ………………………… 27
第二节　职前幼儿教师实践性知识的发展特征 ……………………… 39
第三节　职前幼儿教师实践性知识的影响因素 ……………………… 47
第四节　职前幼儿教师教育建议 ……………………………………… 55

第三章　职前幼儿教师实践性知识的生成过程 ……………………… 76
第一节　职前幼儿教师实践性知识生成概述 ………………………… 76
第二节　职前幼儿教师实践性知识生成的影响因素 ………………… 98
第三节　职前幼儿教师实践性知识生成的策略 ……………………… 117

第四章　职前幼儿教师实践性知识培养体系的研究：
以两岸两所高校为例 …………………………………………… 136
第一节　A校职前幼儿教师实践性知识培养体系 …………………… 137

第二节　B校职前幼儿教师实践性知识培养体系……………………158

　　第三节　两所高校职前幼儿教师实践性知识培养体系的比较…………178

　　第四节　职前幼儿教师实践性知识培养体系的启示与思考……………193

第五章　职前幼儿教师实践性知识研究的总结与展望……………………205

　　第一节　研究结论……………………………………………………205

　　第二节　研究启示……………………………………………………209

　　第三节　研究展望……………………………………………………220

参考文献………………………………………………………………………222

附录……………………………………………………………………………233

　　附录一　职前幼儿教师实践性知识半结构式访谈提纲………………233

　　附录二　职前幼儿教师实践性知识开放式调查问卷…………………233

　　附录三　职前幼儿教师实践性知识初始调查问卷……………………234

　　附录四　职前幼儿园教师实践性知识正式调查问卷…………………237

　　附录五　职前幼儿教师实践性知识生成过程访谈提纲………………240

　　附录六　职前幼儿教师教育实习观察记录表…………………………241

　　附录七　职前幼儿教师实践性知识生过程相关文本资料收集样例

　　　　　　幼儿园实习——保育实习报告………………………………243

　　附录八　职前幼儿教师实践性知识培养体系访谈提纲及访谈内容……247

　　附录九　职前幼儿教师实践性知识培养体系相关文本资料收集样例…250

第一章 绪 论

第一节 职前幼儿教师实践性知识研究的意义

一、幼儿教师实践性知识是幼儿教师专业化发展的重要基石

自 20 世纪 80 年代起，关于实践性知识的研究打破了理论知识主导教师教学的传统认知。人们逐渐意识到，真正有效提升实际教学效果的是教师通过反思和提炼，将原有的教育教学经验升华后形成的新知识，这种知识被赋予"实践性知识"的称谓。实践性知识作为教师教学知识的重要组成部分，能够切实指导教师的教学实践，成为教学知识的核心所在。它兼具动态性和行动性，能够灵活应用于教育活动中，是教师专业发展的坚实知识基础，同时也是展现其专业性的重要凭证。幼儿教师实践性知识特指幼儿教师通过亲身体验、深入反思所形成的，用以指导其日常教学活动的知识。实践性知识不仅使幼儿教师能够清晰明确自身的教学意图，掌握应对复杂教育情境的方法，还从内心深处促进其专业行为的自我规范。

2012 年，教育部发布的《幼儿园教师专业标准（试行）》着重指出，幼儿园教师的教育实践能力是教师对幼儿施加积极影响的重要基石。2014 年，教育部启动了卓越教师培养计划，并出台了《关于实施卓越教师培养计划的意见》，旨在培养一大批具备坚定信念、崇高理想、良好道德、坚实学识以及深厚爱心的优秀教师。2021 年，为深入贯彻党的十九届五中全会关于"建设高质量教育体系"的决策部署，教育部等九部门联合印发了《"十四五"学前教育发展提升行动计划》，该计划强调要加强幼儿园教师队伍建设，着力提升幼儿园师资的培养培训质量。计划明确提出，要深化学前教育专业改革，完善培养

方案，强化学前儿童发展和教育的专业基础，特别注重培养学生观察了解儿童、支持儿童发展的实践能力。这一系列举措充分彰显了国家对幼儿教师实践性知识培养的深切关注和高度重视。

实践性知识是教师专业能力发展的重要基石，它源于教师在具体教育教学中持续不断的实践探索和深刻反思，是对教育教学的深入理解，这种理解随着实践的深入而不断演进和完善，为幼儿教师的专业成长奠定坚实的基础。然而，在当今社会，仍普遍存在将幼儿教师简单视为"照看孩子的人"的观念。这一现象的根源在于幼儿教师的专业性常遭质疑，外界往往认为只要某人能"照看孩子"，便能胜任幼儿教师一职，这种误解导致一系列对社会产生不良影响的事件发生。

幼儿教育作为个体生命中最为基础且至关重要的教育阶段，幼儿在此阶段形成的学习习惯、方式、态度，以及道德观念和品质等，都将深刻影响其未来的发展轨迹。因此，这一关键阶段的教育重任理应由具备专业素养的幼儿教师来承担，以确保幼儿能够在一个专业、科学的教育环境中健康成长。

由于幼儿教师面对的教育对象是心智发展尚未成熟的幼儿，这一群体与其他学段的学生存在显著差异，这就要求幼儿教师必须基于对幼儿身心发展特点的深入了解来开展教育，同时，其教育内容和教育方式也应区别于其他类型的教师。因此，从静态角度看，幼儿教师的实践性知识体现了她们自身的教育认知；从动态角度看，幼儿教师的实践性知识则展示了她们如何依据专业理念筛选和整合相关理论性知识，合理设计与实施保育教育活动，从而实现预设的教育目标。幼儿教师实践性知识是教师专业发展的核心知识基础，在教师的日常工作中扮演着不可或缺的角色。要提升个人的专业发展水平，幼儿教师必须不断积累自身的实践性知识。实践性知识不仅决定了幼儿教师的教育行为，而且丰富的实践性知识还能帮助她们更好地理解和吸收专业理论知识，提升教育实践能力，使其能够更出色地满足幼儿教师岗位的要求，加速从保姆型"技术熟练者"向专家型"反思实践者"的转变。

二、幼儿教师实践性知识是提升新时代教育质量的关键抓手

学前教育作为基础教育的开端，是人生的启蒙阶段。幼儿园师资队伍的质

量是学前教育发展的基石，一支高素质、专业化的幼儿园教师队伍是推动学前教育领域蓬勃发展的直接动力，也是高质量教育和儿童健康成长不可或缺的重要保障。

幼儿教师作为幼儿教育不可或缺的一环，肩负着为国家培育未来人才的重任。幼儿阶段是个体成长的关键期，幼儿在此阶段形成的习惯、品质、态度、学习兴趣及方式等都将深远影响其未来的发展轨迹。作为幼儿的启蒙导师，幼儿教师在实施教育之前，首要条件是具备高尚的师德与卓越的专业素养。幼儿的心灵尤为脆弱敏感，身心发育尚未成熟，且缺乏成人的行动力和思考能力，因此这一阶段的幼儿身心极易受到伤害，而这种伤害一旦形成，往往会在很大程度上对幼儿未来的成长与发育造成不可逆的影响。近年来，社会上发生的多起恶性事件，无不折射出部分幼儿教师师德扭曲、专业素养低下的现状，这些恶劣现象已引起国家的高度重视。因此，从根本上加强相关法律的约束力，提高幼儿教师资格的审查标准，是有效防范此类事件再次发生的关键举措。

近年来，我国相继出台了多项学前教育领域的政策文件。例如，2022年教育部印发的《幼儿园保育教育质量评估指南》，该指南充分尊重教师的成长规律，精准把握教师专业发展的难点问题，引领教师队伍向专业化方向迈进。其中，在幼儿园保育教育质量评估指标中明确提出，"教师以亲切和蔼、支持性的态度和行为与幼儿互动""教师能一对一倾听并真实记录幼儿的想法和体验"等要求。又如，2018年9月教育部发布的《关于实施卓越教师培养计划2.0的意见》，旨在培养一批教育情怀深厚、专业基础扎实、勇于创新教学、善于综合育人，并具有终身学习发展能力的高素质专业化创新型幼儿园教师。这些政策文件的颁布，充分体现了国家对幼儿教师专业能力的高度重视，以及对学前教育高质量发展的深切期望，也进一步对幼儿教师在实践中应具备的洞察力、决策力、反思力等提出了明确要求。因此，促进幼儿教师实践性知识的发展，无疑是提升新时代学前教育质量的关键要素之一。

长期以来，幼儿教师并未将实践性知识作为一类知识进行理性审思。教师的实践性知识决定了她们如何设计、组织与实施一日活动、如何进行班级管理、如何观察幼儿行为表现并进行良性互动等。一位拥有丰富实践性知识的教师，能够灵活地应对一日生活的各类场景，更好地理解幼儿的需求和感受，与幼儿建立深厚的情感联系，有效激发幼儿兴趣，从而为其健康全面发展提供有力支持。因此，不同于理论性知识，幼儿教师实践性知识是在个人成长经历、专业教育过程中受到各种因素交织影响而形成的带有强烈个人色彩的默会性知识。①然而，如果教师在运用实践性知识时不加思考，这种知识就会逐渐成为一种下意识的行为。因此，若要对幼儿发展产生积极的教育影响，就必须将幼儿教师的实践性知识提升到意识层面，进行系统化建构，并不断在复杂情境中解读幼儿的不同需求，从应对行为中反省自己的目的与成效，将丰富的实践性知识进行提炼与升华，才能更加游刃有余地满足不同幼儿的发展需求。因此，高度重视幼儿教师实践性知识的研究，不仅符合新时代教师教育改革的趋势，也回应了现代化社会对高素质学前教育专业人才的迫切需求。

三、消解职前幼儿教师实践性知识理论与实践衔接的鸿沟

当前，职前幼儿教师培养主要由中、高职和本科师范类院校学前教育专业承担，在专业课程体系中通常由专业理论课程、专业技能课程、专业实践课程等构成。其中，专业理论课程以理论知识教学为主，如学前儿童发展心理学、学前教育学、学前卫生学等；专业技能课程以弹唱画跳等技能训练为主，如钢琴、声乐、美术、舞蹈等；专业实践课程以教育见习、实习为主。引导职前幼儿教师在进行了系统的专业学习之后，这些专业课程可以引导她们理解与掌握本专业的基础理论知识，树立正确的教育观念，规范自身的教育行为，提升自己的专业实践能力，逐步习得成为一名合格幼儿教师的基本核心能力和素养。②

然而，在实际教学现场，我们常常听到新入职的幼儿教师抱怨，尽管她们在学校学习了心理学、教育学等理论课程，但在面对真实的幼儿和琐碎的日常活动时，却感到无所适从，难以应对复杂多变的教学情境，对于为何而教、如何教、教什么等问题感到困惑。理论本应指导实践，但在教育实践中，扎实的理论功底并不意味着能够得心应手地教育幼儿。职前幼儿教师虽然通过专业学习掌握了一定的理论知识，形成了自己的教育信念，并获得了模拟实践的经

---

① 葛晓穗. 幼儿教师实践性知识发展的内生路径. [N]. 中国教育报, 2023-04-05（13）.
② 周金娅. 职前幼儿教师专业学习与实践性知识发展的自我叙事研究[D]. 金华：浙江师范大学, 2023.

验，但多数人对学前教育教学的复杂性认识不足，往往过于乐观地认为学前教育教学既有趣又简单。许多新入职的教师在忙于适应陌生的教学环境、同事和幼儿时，无暇领会和融合所学的教育理论，导致她们的教学想法往往基于个人喜好或模仿老教师的做法，只要觉得能立即应用于教学就加以使用，而不考虑其是否符合教育教学原则。

在师范教育过程中，我们是否引导职前幼儿教师深入思考了如何成为一名理想的教师？教师在教学现场应具备哪些知识才能成功扮演好教师的角色？如何让职前幼儿教师将教学行为与教学理论紧密结合？回顾以往的研究，不同研究者从不同视角提出了解决方案，其中多数研究者认为，教师教育应走向实践是解决这一问题的关键。许多教师教学失败的原因并非专业知识无用，而是缺乏实际知识，导致面对教学问题时手足无措。这主要是由于职前幼儿教师培育课程的安排使得师范生缺乏足够的实践教学经验和知识，存在理论与实践课程的脱节。从校园步入职场，成为一名专业的幼儿园教师，场域和角色的巨大转变使得幼儿教师忙于适应新环境、同事、幼儿和家长，难以抽身去领会、融合并内化教育理论于实践之中。

2011年10月，教育部颁布的《关于大力推进教师教育课程改革的意见》及《教师教育课程标准（试行）》文件中明确提出，师范院校在培养教师的课程设置中需要从理论向实践转变。2021年4月，教育部又颁布了《学前教育专业师范生教师职业能力标准（试行）》，其中多次强调"教育实践"，如能够在教育实践中实施素质教育、能在教育实践中综合运用各领域知识、能够对教育教学实践活动进行有效的自我诊断等。这不禁引发我们在师范教育过程中思考：在教育实践现场，一名合格的幼儿教师应具备哪些知识？如何引导职前幼儿教师将教学行为与教学理论紧密结合？教育现场的经历是否对其教育理论和行为产生影响？如何将经验内化生成新的实践性知识？因此，对职前幼儿教师实践性知识的研究打破了理论知识与实践工作之间的二元对立，改变了传统的先理论后实践的线性教学模式，真正在理论与实践之间构建了桥梁。

四、补充职前幼儿教师实践性知识研究的缺失

自2003年起，教师实践性知识的研究便持续受到学术界的广泛关注。经

查阅相关资料得知，陈向明教授是国内该研究领域的先驱者，其带领的研究团队经过数年的深入研究，构建了一套系统且完善的教师实践性知识理论体系，为后续的研究工作奠定了坚实的基础。2003年之后，该领域的相关研究不断涌现，但多数研究聚焦于职后的中小学教师，并采用个案研究方法，从某一具体学科的角度出发进行深入探讨。

在教师实践性知识研究方面，学者分别从消解理论与实践之间的鸿沟、回归教师的日常教育实践、确认教师群体的专业性质和促进教师个人的专业发展等角度强调了教师实践性知识的研究意义。[1]西方学者艾尔贝兹（Elbaz）最早对教师实践性知识进行了系统研究，提出教师以独特的方式拥有的实践知识是教师对情境反映的一个函数，是教师以其个人的价值、信念统整他所有的专业理论知识，并且依据实际情境为导向的知识。[2]国内学者陈向明也对教师实践性知识进行了较为全面的研究，认为教师实践性知识是教师真正信奉的，并在其教育教学实践中实际使用和（或）表现出来的对教育教学的认识。[3]伴随教师实践性知识研究的逐渐深入，关于教师实践性知识研究的问题也日渐凸显，即学界的研究主要集中在职后教师专业发展阶段，把职前教师教育排除在实践性知识建构的场景之外，从而窄化了教师实践性知识建构的范围。[4]从20世纪90年代中期开始，教师实践性知识的研究视野拓展到了具体的学科教学、教师评价、新手教师和富有经验教师的比较以及教师专业身份等方面。与此同时，还有学者提出，职前阶段的教师实践性知识存在缺失，并指出其主要原因是由于智育取向教育理念和技能型学习观的矛盾，以及内部指导机制和外部实践环境的缺乏。[5]职前教育阶段是幼儿教师成长的关键培育时期，作为幼儿教师专业发展不可或缺的一环，它肩负着为国家孕育杰出教育人才的重任。加强对职前教育阶段幼儿教师实践性知识的培养，能够有力促进学前教育师资队伍的整体提升，进一步推动高等院校的教师教育改革进程，并且这也是实现教师培养

---

[1] 陈向明. 实践性知识：教师专业发展的知识基础[J]. 北京大学教育评论, 2003（1）：104-112.

[2] Elbaz F. Teacher Thinking: A Study of Practical Knowledge[M]. London: Croom Helm, 1983: 5, 10, 131-146.

[3] 陈向明. 实践性知识：教师专业发展的知识基础[J]. 北京大学教育评论, 2003（1）：104-112.

[4] 王录梅. 论职前教师实践性知识的缺失与建构[J]. 内蒙古师范大学学报（教育科学版）, 2015, 28（4）：54-56.

[5] 黄友初. 职前教师实践性知识的缺失与提升[J]. 教师教育研究, 2016, 28（5）：85-90.

体系大学化、教师职业高度专业化，以及教师教育国际化的关键路径。

关于幼儿教师实践性知识的研究自2009年起开始涌现，但研究数量相对有限。在幼儿教师实践性知识的研究范畴内，目前国内的研究重点主要聚焦于教学一线的本土化探索，研究范式相对单一，且大多以职后教师作为主要研究对象。例如，屠明将采用质性研究围绕少数民族幼儿教师实践性知识，"白描式"地呈现少数民族幼儿教师实践性知识的存在样态。[1]马俊杰通过扎实的田野调查、参与式观察、访谈等方法，依托叙事研究探讨个案教师如何建构属于自己的实践性知识体系并用以解决问题，进而促进其自身的专业化成长。[2]还有部分研究者针对职后幼儿教师某具体活动的实践性知识提升策略进行研究，如游戏活动[3]、数学领域[4]、语言领域[5]等。然而，关于职前幼儿教师实践性知识发展的整体现状、影响因素、生成过程以及培养方式等方面的研究尚存在明显不足。因此，对职前幼儿教师开展相关研究具有极高的价值和意义。职前阶段的培养是职后教师专业化的重要基石。对于幼儿教师而言，职前阶段实践性知识的积累能够更有效地促进其实践技能的提升，为幼儿教师职业的独特性提供有力支撑。

鉴于此，本书将焦点对准职前幼儿教师，深入考察与研究其实践性知识。通过明确职前幼儿教师实践性知识的结构，揭示其发展现状与影响因素，从而丰富教师实践性知识的研究视角；通过探究职前幼儿教师实践性知识的生成机制，进一步拓宽对教师实践性知识的认知边界；通过对职前幼儿教师实践性知识培养体系进行系统深入的探究，发掘出有效的人才培养措施，以弥补当前研究的空白，为卓越幼儿教师的培养提供坚实的理论依据。

同时，鉴于多数师范生对实践性知识的内涵、结构、作用及意义等尚处于模糊状态，对实现自我专业成长的关键因素感到迷茫，且在专业学习过程中缺乏自主学习与反思的成长方式，本研究旨在提升师范生对实践性知识培养的重视程度，促进其对实践行为进行深度反思，为日后顺利步入职业岗位打下坚实的专业基础。

---

[1] 屠明将. 少数民族幼儿教师实践性知识的生成机制研究[D]. 重庆：西南大学，2021.
[2] 马俊杰. 新手幼儿教师实践性知识的叙事研究[D]. 桂林：广西师范大学，2020.
[3] 陈瑞娴. 幼儿教师支持与引导游戏的实践性知识个案研究[D]. 成都：四川师范大学，2020.
[4] 吴濛. 幼儿教师数学领域实践性知识研究[D]. 上海：华东师范大学，2020.
[5] 安博妍. 幼儿园语言领域集体教学活动教师实践性知识研究[D]. 保定：河北大学，2023.

理论的提出旨在更好地指导实践。职前教育在教师的职业生涯发展中占据重要地位，探讨教师教育阶段的实践性知识培养，总结值得借鉴的经验，可为高校改善或构建职前教师教育培养模式提供有益参考，提升职前培养阶段课程与教学的质量。探索并建立职前幼儿教师的实践性知识培养体系，不仅有助于提高学前教育师范生的培养质量，为社会输送高素质的学前教育专业人才，建设一支高水平的幼儿教师队伍，还能促使师范生对自身实践性知识进行深度反思，使她们在面对充满生成性和不确定性的教育现场时，能够由懵懂无知、缺乏经验、教学生疏的新手教师，逐渐成长为经验丰富、独当一面的卓越教师，为日后顺利进入职业岗位奠定坚实的专业基础。

第二节　核心概念界定

一、实践性知识

"实践"一词来自英文"practice"，解释为练习、实施、实行、从事。其在《辞海》中有两种释义：一种是通过行动使之成为事实；履行，躬行实践。另一种是人类有目的地改造自然、社会和人自身的一切实际活动。[①]在西方思想的实践范畴内，亚里士多德提出了运用实践概念来审视人类行为的方法，并构建了一套相对系统的实践理论。他主张，实践是智慧的体现，要求个体在多样化的社会环境中不断实践、持续磨砺，以积累生活经验。马克思则认为，实践与认识是相对应的范畴，同时实践也是人的根本存在方式。一般而言，实践与理论相对，是人们运用特定方式或手段能动地改造客观世界的活动，这种活动既包括内在的心理活动，也涵盖外在的行为表现。而实践性则是指某一事物具备实践的维度或实践的特性，与理论性形成对比。[②]

知识是什么？对于这个问题，学界大多习惯从哲学视角进行界定，认为知识就是有理由的真信念，这是西方哲学家们的传统看法。《现代汉语词典（第7版）》中关于知识的解释为"人们在社会实践中所获得的认识和经验的总和"

[①] 辞海编辑委员会.辞海：1999年缩印本[M].上海：上海辞书出版社，2006：1527.
[②] 转引自李娟.高校学前教育专业教学与人才培养模式探索与实践[M].北京：北京工业大学出版社，2021：38.

"指学术、文化或学问"①。从已有的文献及实际应用来看，知识的概念丰富且含义多样，在不同的语境中往往承载着特定的意义。教师教育作为一项涉及知识传承与人才培养的重要事业，其基本工作涵盖了知识的选择、理解、传递、创造与评价。因此，在教师教育的语境下来理解，知识是人类在改造社会、发展思维的实践中产生并形成的，它关乎人类自身对世界的认识、体验及操作等群体与个体的经验积累。

关于实践性知识，从20世纪60年代开始就有许多学者对其做了相关探索性思考。美国课程专家施瓦布（J. J. Schwab）被视为对实践性知识进行研究的鼻祖，他提出了"实践性样式"的术语。②他首先以"实践理性"建构了课程探究的"实践模式"，主张"实践性话语"的回归，并在学科结构上提出了"实词结构"和"句法结构"的概念。③这些阐述引起了后来学者对实践性命题的思考，同时也引起了后人对教师实践经验的关注以及研究。对于实践性知识（practical knowledge），通常有三种翻译，分别是实践性知识、实务知识、实际知识。学者从不同的角度探究了实践性知识，虽然对名词的界定不同，但其中的意涵非常接近。也就是说，此种知识是教师为解决教学情境中的实际需要，统整个人经验、理论知识、当前环境以及个人信念与价值观所衍生出来的实用知识。因此，本书采用"实践性知识"一词。20世纪80年代，舍恩调查了一些金融、媒体、医疗服务、司法等行业中的专家，认为专家所拥有的实践知识就是在面临复杂的问题时能够快速地作出判断，通过与情境进行互动，借由反思而完成。④本书依据上述相关理论认为实践性知识为一种认识体系，这种认识是个体经过对自身实践经验的体悟和反思，并且能够真正运用到实际的问题解决中。

二、教师实践性知识

教师实践性知识的研究兴趣始于20世纪80年代，它是以对传统"过程-

---

① 中国社会科学院语言研究所词典编辑室. 现代汉语词典. 7版. 北京：商务印书馆，2016：1678.
② 转引自李丹. 幼儿教师实践性知识发展研究[D]. 重庆：西南大学，2011.
③ 转引自李丹. 幼儿教师实践性知识发展研究[D]. 重庆：西南大学，2011.
④ 唐纳德·A. 舍恩. 反映的实践者：专业工作者如何在行动中思考[M]. 夏林清译. 北京：教育科学出版社，2007.

结果"范式下的教师教学研究的批判和超越为起点，聚焦教师的真实教育实践与个人经验，是一种对教师知识的实然状况进行研究，即更侧重于探讨"教师实际具备哪些知识"的问题。值得注意的是，国内外对教师实践性知识的称谓存在差异，如教师实践知识、教师实践性知识、教师缄默知识、教师实践智慧、教师个人教育知识、教师个人实践理论等，本书统一采用"教师实践性知识"这一表述。随着教师实践性知识逐渐为公众所熟知，专家学者尝试从理论或实证研究等不同视角出发，竭力阐述实践性知识的特性，旨在更深入地揭示教师实际教学的真实面貌。国内外学者对教师实践性知识的内涵进行了多角度的界定，其中具有代表性的主要有以下三种。

一是突出教师实践性知识的性质。国外学者艾尔贝兹（Elbaz）最早对教师实践性知识作出解释，她主要从性质的角度提出"教师实践性知识是具有经验性和个体性的，是在一定的社会实践环境中，形成关于学生、课堂、学科等类型知识，这些知识会随着教师的实践逐渐转化为个人信念"[1]。通过研究，艾尔贝兹发现教师以独特的方式拥有一种特殊的、高度经验化和个人化的知识，这种知识在不同的教育情境中指导着她们的教学实践。钟启泉将教师实践性知识视为一种"意蕴"活动[2]，因此，它具有解决教学问题的实用性、变动性，充满个人色彩，强调教师的主观思想，同时具有价值性、美学性、情感性的特质。

二是凸显教师实践性知识的个体性。加拿大学者康奈利（Connelly）和柯兰蒂宁（Clandinin）进一步丰富了教师实践性知识的研究，也是教师实践性知识研究的主要推动者。他们从"教师个人"视角出发，在多伦多的一所学校历时20多年系统地研究了教师个人实践知识对学校改革的影响、教师个人实践知识与叙事研究的关系、教师个人实践知识与专业知识场景和教师专业身份认同之间的关系等问题，其研究为后人研究教师实践性知识树立了典范。[3]他们认为教师个人实践性知识出自个人的经验，它不是某种客观的和独立于教师之外而被习得或传递的东西，而是教师经验的全部。[4]其中，实践性知识的核心

---

[1] Elbaz F. Teaching Thinking: A Study of Practical Knowledge[M]. London: Croom Helm, 1983: 5.
[2] 钟启泉．"实践性知识"问答录[J]．全球教育展望，2004，33（4）：3-6．
[3] 转引自耶清．教师个人实践性知识优化研究[D]．陕西师范大学，2012．
[4] Connelly F M, Clandinin D J. Teachers as Curriculum Planners: Narrative of Experience[M]. Toronto: OISE Press, 1988: 25.

特征即"个人化",表现在"教师的实践行为源自他们的个性和个人的生活经历"。换言之,教师个体的知识和经历对教师行为的影响要远胜于政策指导和课程要求。同时,他们也指出,强调其"个人知识"的特征,要避免两种误解:第一,知识的"个人化"并不意味着其远离社会和个体生活的环境。突出"个人化",仅仅是为了强调除了社会文化传统的延续之外,个体因素对每个教师个性的影响。第二,强调"个人化",并不意味着"所谓的私人拥有,或者成为个体的隐私"。实际上,教师个体实践性知识虽然隐秘,但却是可以通过个人的行动或某些情况下的对话与交流得以表现的。①由此可见,康奈利和柯兰蒂宁是从时间的角度对教师实践性知识进行研究,在他们眼中教师的实践性知识是个人化的,并且来源于过去,存在于现在继而指向未来。

国内学者陈向明认为教师实践性知识"是教师真正信奉的,并在其教育教学实践中实际使用和(或)表现出来的对教育教学的认识"②。这一界定方式也凸显了教师实践性知识的个体性和实践性特征。之后,陈向明又专门成立了课题组,组织成员对这一概念又进行了重新定义:"教师对自己的教育教学经验进行反思和提炼后形成的,并通过自己的行动做出来的对教育教学的认识。"③郭玉霞强调实务知识是指与教学实务有关的知识,主要由实践经历获得。④

三是体现教师实践性知识的来源。林崇德等从内容的角度,将教师实践性知识界定为"一种教学经验的积累,包括在课堂上的情境性知识和与其相关的知识"⑤。陈国泰提出,实际知识是指教师在真实的教育情境中,结合自身的理论知识与实践经验、个人特质与教学情境,采取行动保障教学顺利或解决教学难题所产生的一种知识。⑥

以上学者对教师实践性知识的概念提出了不同的理解。本书在参考陈向明对实践性知识定义的基础上,认为教师实践性知识是教师在对自身生活和实践经验进行反思与感悟的基础上所形成的关于教育教学的认知体系,这一体系被

---

① 转引自李利. 职前教师实践性知识发展研究[D]. 苏州: 苏州大学, 2012.
② 陈向明. 实践性知识: 教师专业发展的知识基础[J]. 北京大学教育评论, 2003 (1): 104-112.
③ 陈向明, 等. 搭建实践与理论之桥: 教师实践性知识研究[M]. 北京: 教育科学出版社, 2011: 64.
④ 郭玉霞. 教师的实务知识[M]. 台湾: 高雄复文图书出版社, 1997: 10.
⑤ 林崇德, 申继亮, 辛涛. 教师素质的构成及其培养途径[J]. 中国教育学刊, 1996 (6): 18.
⑥ 陈国泰. 初任幼儿教师实际知识的发展之个案研究[J]. 花莲师院学报, 2003 (16), 299-324.

应用于实际教育情境中,并引导着后续教育行为的产生。

三、职前幼儿教师实践性知识

国内外关于"幼儿教师"实践性知识的研究数量相对较少,因此这一领域的研究起步较晚。就幼儿教师实践性知识内涵的研究而言,目前主要存在两种界定取向:一种是基于陈向明教授的观点,将其界定为对教育教学的认知。例如,季奎奎认为,幼儿教师的实践性知识是幼儿教师把知识、经验、情感、信念、价值观等因素融入教学活动中,慢慢积累,逐渐形成的对教育教学的认识,是幼儿教师的"实践理论"。[①]另外一种是将其归结于一种策略性知识。例如,有学者提出,幼儿教师实践性知识是幼儿教师在应对幼儿教育情境中生成的关于"如何做"的相对稳定的策略性认识体系。[②]"策略"代表着一种解决问题的方式或途径,在教学过程中强调教师在面对教育教学问题时,能够采取恰当的方法来主动应对。策略性知识是麦金太尔(McIntyre)所称的"专业工艺知识"(professional craft knowledge)的一种,它引导着教师的日常班级管理行为,这些行为常常是自发地(spontaneously)、常规性地(routinely),有时甚至是无意识地(unconsciously)表现在教学中。

而关于"职前幼儿教师"实践性知识的研究成果更是寥寥无几。陈兴华学者是最早关注这一话题并进行尝试性探讨的教育者,在其发表的学术文章《实践性知识与幼儿教师职前教育改革》中,从理论上探讨了教师实践性知识的内涵、特征以及幼儿教师在职前教育阶段的改革路径。[③]之后,杨琛也发表了自己对职前幼儿教师实践性知识这一主题的观点,主要结合高校职前教师教育培养模式探讨了幼儿教师实践性知识的内涵、结构和生成途径,多以学理性分析和质性研究为主,通过对个案的解读,提出了职前幼儿教师实践性知识的生成策略。[④]

职前幼儿教师是指幼儿师范学校的学生,即幼师生。[⑤]随着我国教师教育

[①] 季奎奎. 幼儿教师实践性知识培养探究[J]. 新课程研究(下旬刊),2011(5):13-15.
[②] 李丹. 幼儿教师实践性知识发展研究[D]. 重庆:西南大学,2011.
[③] 陈兴华. 实践性知识与幼儿教师职前教育改革[J]. 周口师范学院学报,2012(2):154-156.
[④] 杨琛. 集体生成职前幼儿教师实践性知识的个案研究[J]. 佳木斯职业学院学报,2016(6):213.
[⑤] 张元. 职前与在职幼儿教师课程观评价研究[D]. 南京:南京师范大学,2003.

的不断发展，幼儿园师资培养由三级向二级转化，幼儿教师学历水平也随之提升，本科学历的学前教育专业学生开始加入幼儿教师队伍，学前教育专业的本科师范生也因此成为"职前幼儿教师"的重要组成部分。本书将职前幼儿教师的对象确定为高校学前教育专业的本科师范生。

基于对教师实践性知识的界定，并结合职前幼儿教师的特性，本书认为职前幼儿教师的实践性知识特指学前教育专业本科师范生个体所具备的实践性知识。这指的是师范生在面对幼儿教育情境时，所形成的关于"如何做"的策略性认知体系。这一体系被应用于实际教育情境中，并指导着后续行为的产生，它体现在职前幼儿教师在实践环境中，通过言语和行动两种表现形式所展现出来的反思、判断和推理能力。

四、职前幼儿教师实践性知识生成过程

"生"是指生命，或是生长。"成"有完成、实现、成功；成就；变成、成为；成熟、收获；大、肥壮；成年；成全；旧的、陈旧等含义。[1]"生成"在《哲学大辞典》中解释为"由某种物质过渡到另一种物质的事物或者现象。德国哲学家黑格尔认为生成是指有和无相统一的过程"[2]，强调事物变化从"无"到"有"的动态历程。以植物为例，其生命历程始于种子或根系，经历生长、成熟，直至衰亡，而后又在新种子或根系上焕发新生。类似地，某一思想或某种知识的生成亦是如此，我们可以将教师实践性知识的生成视为一个无终点，从萌芽、培育到创新不断演进的过程。[3]

陈向明提出，教师实践性知识的要素包括主体、具体情景、行动中反思、信念。教师的实践性知识形成主要由主体的信念支持，在具体情景中教师应对问题时，会选择已有信念采取行动，获得问题解决。[4]张立新认为，教师实践性知识的形成机制体现了教师生活史-教师自我-教师实践性知识三者螺旋循环的过程。也就是说，教师生活史中重大事件以及某一具体情境促进了教师自我的构建，让教师实践性知识的内涵逐渐变得丰富，反之，教师的实践性知识伴

---

[1] 中国社会科学院语言研究所词典编辑室. 现代汉语词典[M]. 7版. 北京：商务印书馆，2018：164.
[2] 金炳华. 哲学大辞典[M]. 上海：上海辞书出版社，2007：1545.
[3] 张立新. 教师实践性知识形成机制研究：基于教师生活史的视角[D]. 上海：上海师范大学，2008.
[4] 陈向明. 实践性知识：教师专业发展的知识基础[J]. 北京大学教育评论，2003（1）：104-112.

随着有意义的情境以及行动，提高了教师自我构建，进一步丰富教师的生活史。[1]张立忠和熊梅从纵向、动态的视角分析了教师实践性知识的生成与转化过程，提出教师实践性知识由信奉的实践性知识与使用的实践性知识共同构成。其中，使用的实践性知识又分为大脑中的实践性知识和实践中的实践性知识。大脑中的实践性知识通过经验以模块的形式存储在长时记忆中，并可以根据实践情境重新组合，随时调用到短时记忆中。[2]

教师每日不断地与环境中的个体、事件、物体进行互动与交织，置身于一个多变、不稳定且难以预料的情境中，其信念、价值观、知识与行为也因此不断经历质的变化。由此可见，职前幼儿教师实践性知识的生成是一个由无至有、不断累积与学习的历程。因此，本书将职前教师实践性知识的生成过程界定为：在个人既有的知识、经验、信念的基础上，职前幼儿教师主体在面对具体问题情境时，通过观察体验、自我探索、学习他人或亲身实践后的反思，新经验与原有经验相互作用，从而实现不断累积与学习的过程。具体来说，职前幼儿教师主体首先需要调动其原有的信念，迅速评估当前情境，明确方向，采取灵活有效的策略，并在行动过程中或行动结束后进行反思，据此调整行动方案。

五、职前幼儿教师实践性知识培养体系

贾维斯（Jarvis）在《学习实践性知识》一文中提出了获取实践性知识的六种方法：师范教育、真实情景中实践、将规则内化、修正自身行为、反思和继续教育。[3]其中，师范教育和继续教育皆属于人才培养的具体模式。然而，教师知识作为一种个人知识、实践知识，能否真正担当起教学知识基础的角色令人质疑。毕竟，实践是多变且复杂的，"个人"与"实践"这些修饰语不可避免地使这种知识带有随意性和盲目性的色彩。这就引出了一个关键问题——作为一种个人实践知识，教师教育应当如何有效培养？

培养是指为了达到一定目标而采取的一系列教育手段和教育组织形式的过

---

[1] 张立新. 教师实践性知识形成机制研究：基于教师生活史的视角[D]. 上海：上海师范大学，2008.
[2] 张立忠，熊梅. 论教师实践性知识的内涵与结构[J]. 课程·教材·教法，2010（4）：89-95.
[3] 转引自徐立波. 教师实践性知识生成与发展研究[D]. 兰州：西北师范大学，2009.

程。①并且，其作为一种过程包括"培养什么""谁来培养""培养谁""如何培养""怎样检验培养效果"等一系列问题。培养体系是指为了达到培养的目的而设定的目标、对象、方法、手段、组织形式、质量评价等一系列内容，它是由这些相互联系、制约和促进的有机体构成的一个整体。②为了回答这一问题，温鲁普等首先确定，作为一种知识基础，"教师知识主要不是用作处方，而是帮助教师在思维过程中提高他们的实践观"，并且他们通过研究表明了，"虽然教师知识与个人经历和环境有着密切的关系，但是有一些基本的东西为所有的教师或大部分教师所共有"，也就是说，即便是最具个体性的教师实践性知识，在某一群体中还是有着相当共性的。梅杰等从学科视角所作的实践性知识类型学的研究就是对此最好的注解。《探究语言教师进行阅读理解教学的实践性知识》一文通过概念图绘制和结构式访谈相结合的方法，对语言教师在16—18岁学生的阅读理解教学中的实践性知识进行了详细的研究。③

至于培养体系，朱旭东认为教师培养体系包括培养目标、课程设置、师资水平、组织管理等方面。④王少妮在对美国幼儿教师职前培养体系的研究中指出，师资培养体系是由培养目标、培养对象、培养课程以及教师资格制度等内容相互联系而构成的一个整体。⑤基于培养模式与培养体系在职前幼儿教师培养中涵盖相同的要素，对学前教育专业培养模式的研究对培养体系有重要的借鉴意义。学前教育专业培养模式要素包含培养目标、课程设置、实践教学等，在培养目标上，康丹认为对学前教育专业培养目标体系的构建，应从理念、知识、技能、态度四个方面进行，这样才能使培养目标更具有可操作性⑥。杨丽华认为，培养目标的定位应该为"应用型的幼儿高级师资"，并建议以"三实、三个并重、四年不断线"组建培养模式。⑦张建波认为，培养目标的制定应根据社会需要和市场调查进行定位，提出培养"研究型、艺术型学前教育师

---

① 韩宗银. 我国在职研究生培养体系研究[D]. 武汉：中国地质大学（武汉），2013.
② 秦凤冰. 我国体育教育训练学硕士研究生培养体系研究[D]. 苏州：苏州大学，2008.
③ 转引自李利. 职前教师实践性知识发展研究[D]. 苏州：苏州大学，2012.
④ 朱旭东. 教师教育标准体系的建立：未来教师教育的方向[J]. 教育研究，2010（6）：30-36.
⑤ 王少妮. 美国幼教师资职前培养体系研究[D]. 成都：四川师范大学，2008.
⑥ 康丹. 基于教师专业发展的学前教育本科专业培养目标的构建[J]. 高等教育研究（成都），2007（3）：8-11.
⑦ 杨丽华. 对学前教育本科人才培养目标的思考[J]. 昆明学院学报，2010（5）：123-125.

资",并且主要培养学生的综合素质、专业知识及专业能力。[1]在课程设置上,范勇和李敏通过比较发现中国高校的学前教育专业本科课程内容比新西兰更具有多元化,但是课程目标的总体达成情况相比较没有新西兰高。[2]江洪玲认为高校的课程设置应从公共基础课程、专业基础课程、专业课程、实践课程与活动课程五个模块进行。[3]周玲玲基于实践统整的角度对学前教师职前教育课程体系提出相应的建议:从整体的角度设计思路、设置交叉的课程结构、培养目标突出实践指向、实践内容贯穿培养过程、统整课程实践场域,以完善培养人才的课程体系。[4]在实践教学上,秦金亮指出,将教育实践贯穿学生的四年本科培养过程中实现"全程化",并且建立实践基地,全方位促进学生实践能力的养成。[5]王小鹤指出,高校要保障对学前教育专业学生进行有效性的实践教学,就需要制定切实可行的实践教学目标,建构合理的实践课程体系,建设教师指导团队,加强与实践基地的协同合作,并进行全程化的监控,以促进学生的专业学习。[6]从上述研究中可以看出,培养目标为整个培养体系提供了明确的方向。不同院校根据自身特色追求不同的目标定位,如研究型、应用型、艺术型等。课程设置作为实现培养目标的载体,需要进行多维度设计以确保目标的达成,其中公共课程、专业课程以及实践课程都是不可或缺的组成部分。实践环节是增强学生教育能力的关键环节,同时也是学生获取实践性知识的重要途径。

本书在借鉴王少妮对培养体系概念界定的基础上,将职前幼儿教师实践性知识培养体系定义为由培养目标、课程设置、实践环节等相互关联的内容构成的一个综合体系,旨在培养职前幼儿教师的实践性知识。其中,培养目标涵盖了培养方向和培养要求两大方面;课程设置则包括课程内容和课程结构的具体安排;实践环节则涉及实践内容和实践指导的实施。

---

[1] 张建波. 艺术型学前教育本科人才培养模式的研究[J]. 绥化学院学报, 2009 (3): 155-156.
[2] 范勇,李敏. 中国新西兰学前教育本科课程设置比较研究: 以成都大学学前教育学院和新西兰怀卡托理工学院教育学院为例[J]. 教育与教学研究, 2013 (11): 124-129.
[3] 江洪玲. 高师学前教育专业课程设置与教师专业化发展[D]. 苏州: 苏州大学, 2007.
[4] 周玲玲. 基于实践统整的学前教师职前教育课程体系: 问题与对策[J]. 教育发展研究, 2015 (Z2): 117-121.
[5] 秦金亮. "全实践"理念下高师学前教育专业实践整合课程探索[J]. 学前教育研究, 2006 (1): 47-51.
[6] 王小鹤. 关于高校学前教育专业实践教学有效性的思考[J]. 教育探索, 2015 (11): 87-91.

第三节 本书研究方法和逻辑

一、主要研究方法

（一）访谈法

在本书的访谈法运用过程中，根据访谈的操作方式和内容，访谈被分为结构式访谈、半结构式访谈和非结构式访谈，其各自的具体目的与操作过程简述如下。

1. 结构式访谈

本书中采用结构式访谈的主要目的在于深入探究职前幼儿教师在不同成长阶段实践性知识的发展特点。为此，我们采用情境案例作为访谈工具，这些案例均精选自研究者广泛查阅的幼儿教育相关案例书籍，并吸纳了职后幼儿教师及实习期间学生的建议，从中筛选出具有代表性的经典案例。具体案例内容概述如下：

嗓子喊破，没人理会

小李老师是刚刚上班3个月的新实习教师，以下是她组织晨间活动结束时的情形。

教室内欢声笑语，孩子们正玩得不亦乐乎，讲话声说笑声交织在一起，幼儿在教室里跑动、蹦跳。

这时，小李老师对着孩子们发出指令："马上停止游戏，请大家快快整理，看哪组的小朋友收拾得最快。"

幼儿状况：个别幼儿开始收拾，但动作缓慢，边收边玩，大部分幼儿置若罔闻，仍兴奋地在教室里走来走去。

几分钟后，小李老师有些不耐烦地发出第二次指令："孩子们快点，马上要吃早饭了。"

又过了几分钟，小李老师急切地发出第三次指令："你们几个怎么那么慢，豆豆，快点出来。丫丫，你们小舞台的道具还没有放好，小辉，你去帮助他们一下！淘淘，不玩了，赶紧回到座位上，再不回座位上，明天就不允许你玩儿了……"显然孩子们收拾的速度仍然不令人满意，收拾的场面也是混乱不堪，小李老师的三次指令，都无人理会。

问题：1. 孩子不配合，没人理会老师的指令，问题出在哪里？

2. 如果你是李老师，你打算怎么办呢？为什么？

3. 你认为该怎样轻松组织游戏活动？为什么？

针对案例内容，研究者会向受访者提出以上三个专业问题，通过收集不同年级学生所作出的不同解释来对其实践性知识的年级特征进行归纳和总结。

2. 非结构式访谈

非结构式访谈犹如日常自然而随性的对话，具有高度的灵活性，不使用固定的访谈问卷，也不遵循既定的访问流程，鼓励受访者自由抒发见解。在访谈进程中，若受访者提出的观点或问题对研究具有关键意义和价值，研究者会即时进行追问和调整，以获取更全面、有效的资料。本书中采用非结构式访谈的主要目的包括：理清职前幼儿教师实践性知识的内涵与结构，为编制调查问卷提供参照和基础；深入了解职前幼儿教师实践性知识的发展现状，为数据分析提供理论支撑；挖掘影响职前幼儿教师实践性知识的因素，为研究结果分析提供质性材料；以及在研究者观察过程中对个案教师的教学活动或行为有疑问时，通过进一步提问来理解其内在观点，重点关注教学活动内容设计、幼儿常规建立、冲突事件处理及与指导教师、幼儿间的互动等方面。

访谈过程中，研究者会在征得同意后进行录音，录音内容随后会转化为逐字稿，并请研究对象审阅确认无误，以此增强资料的丰富性和可信度。

3. 半结构式访谈

本书中采用半结构式访谈的主要目的有两个：一是了解职前幼儿教师的家庭背景、受教育经历、教学经历、师生互动、个人特质与兴趣爱好，以及教学生活中的重大事件、教学心境的变化或转折，还有对自己具有影响力的人物、事件等；二是补充收集文本无法提供或研究者难以准确解读的资料，深入挖掘大陆与台湾地区高校职前幼儿教师实践性知识培养背后的深层次原因和背景。

为保证研究的信度，研究者需对职前幼儿教师实践性知识培养现状有充分的理解，才能进行有效的比较与分析。由于地理位置的限制，研究者通过面对面的方式对大陆高校的教师和学生进行访谈，而采用 Email、电话语音、网络视频等方式对台湾地区高校的教师和学生进行访谈。访谈录音均在尊重访谈对象意见的前提下进行，以便后续逐字稿的整理。同时，研究者在访谈过程中用纸笔记录下关键信息，以便对访谈资料进行整理。

（二）问卷法

本书中采用问卷法的主要目的是了解职前幼儿教师实践性知识的现实状况。通过对以往研究进行分析发现，目前关于幼儿教师实践性知识结构的划分形式多样，其中具有代表性的有两种划分形态：一种是艾尔贝兹主张的五维结构划分形式。艾尔贝兹从整体角度出发，通过对一位教学经验丰富的教师进行跟踪研究，试图了解这位教师在工作中是如何做出决策的。研究发现，教师的确具有大量自己并不了解的但却在指导自己工作的知识。艾尔贝兹将教师的实践性知识从内容、取向以及结构三个层面加以诠释，实践性知识由五个方面构成，分别是关于自我的知识；关于学科的知识；关于课程的知识；关于授课的知识；关于环境的知识。实践性知识的取向则分成实际性的、情境的、个人的、社会的以及经验的等五个维度；实践性知识的结构从抽象到具体分成三种不同层次的结构，分别是意象、实践的原则与实施的规则。[①]在此基础上，很多学者在自身的研究中除了选择保留了艾尔贝兹所提出的前三类知识之外，还提出了学科教学法知识和一般教学法知识。例如夏晶伊参考艾尔贝兹对教师实践性知识的五维结构划分方式，将幼儿教师实践性知识划分为自我知识、课程与教学知识、情境知识、保育知识和班级管理知识五个方面。[②]另一种是基于陈向明教授的六维结构划分形式。陈向明教授将教师的知识分为理论性知识和实践性知识，其中，实践性知识包括教育信念、自我知识、人际知识、情境知识、策略性知识和批判反思知识六个方面。[③]例如，李丹根据幼儿教师实践活动内容与指向的不同，将幼儿教师的实践性知识分为关于幼儿教育活动的实践性知识、关于幼儿生活活动的实践性知识、关于幼儿教育研究活动的实践性知

---

① Elbaz F. The teacher's "Practical Knowledge": Report of a case study[J]. Curriculum Inquiry, 1981, I 1(1): 43-71.
② 夏晶伊. 幼儿教师实践性知识特征的个案研究[D]. 长春：东北师范大学, 2009.
③ 陈向明. 实践性知识：教师专业发展的知识基础[J]. 北京大学教育评论, 2003（1）：104-112.

识、关于环境互动的实践性知识和关于自我认知的实践性知识。[①]

综上所述，第一种划分形式更侧重于教师群体在大环境中的普遍属性特质，而第二种划分形式则更贴近幼儿教师这一特定职业群体的特点。这表明教师实践性知识是一个结构复杂且多样的体系，在对其具体内容构成的理解上，不同研究间存在显著差异，尤其是在针对幼儿教师的实践性知识研究中，内容更为繁复，分类更为精细。国内的研究多倾向于静态地、横向地剖析教师实践性知识的构成，追求内容的广泛性和全面性。然而，实际上教师实践性知识是高度"个人化"和"实践性"的个体知识，受到众多因素的深刻影响，尤其是主观因素，因此更适合采用动态视角进行把握。

幼儿教师与其他类型的教师在教学内容和教育对象上存在显著差异，因此其实践性知识的划分也应体现这一职业的独特性，而非简单地套用其他教师类型的标准。鉴于此，本研究在借鉴过往学者对实践性知识结构划分的基础上，结合开放式问卷调查的结果和访谈所得的质性资料，自行编制了职前幼儿教师实践性知识调查问卷，对职前幼儿教师实践性知识的现状及其影响因素进行了量化统计分析。通过文献综述、开放式问卷以及半结构式访谈等多种方法，本研究梳理出了构成职前幼儿教师实践性知识的五个维度，即关于自我认知的实践性知识、关于幼儿发展的实践性知识、关于幼儿一日生活组织的实践性知识、关于环境互动的实践性知识，以及关于幼儿研究的实践性知识（表1-1）。

表1-1 职前幼儿教师实践性知识的五维结构及其具体内容

维度	具体内容
关于自我认知的实践性知识	指职前幼儿教师对自我个性、气质、职业观、专业等方面的认识，知道如何形成自我反思、自主学习方式并且对专业持有积极的情感和正面评价的策略性认识
关于幼儿发展的实践性知识	指职前幼儿教师知道如何运用幼儿发展专业理论知识，合理解释并解决幼儿在学习过程中的需求、困难或错误以及在生活中所产生的积极或消极等现象的策略性认识
关于幼儿一日生活组织的实践性知识	指职前幼儿教师知道如何在幼儿的教学活动、游戏活动和生活活动中设计并组织开展相关教育教学活动的策略性认识
关于环境互动的实践性知识	指职前幼儿教师知道如何对物理环境（幼儿园环境）进行创设以及与人文环境（幼儿、家长、专业教师等）进行交流互动，以获取有效信息的策略性认识
关于幼儿研究的实践性知识	指职前幼儿教师知道如何合理运用学前教育科研方法开展研究、设计研究方案及撰写研究报告的策略性认识

问卷采用利克特5级量表进行评分，并利用SPSS 22.0和AMOS 17.0统计

---

① 李丹. 幼儿教师实践性知识发展研究[D]. 重庆：西南大学，2011.

软件对问卷数据进行项目分析、探索性因素分析、验证性因素分析以及信效度检验等多种处理,以确保问卷的有效性及可靠性。问卷包含 42 个题项,共两个部分。其中,26 个题项构成现状调查部分,经过 AMOS 验证性因素分析和信效度检验得到 $\chi^2/df=$ 1.813 < 2,RM-SEA = 0.066 < 0.08,RMR = 0.033 < 0.10,GFI、NFI、IFI、CFI 值均在 0.8 以上,Cronbach α 系数和 S-B 分半系数分别为 0.932 和 0.942,各维度与问卷总分之间的相关系数均在 0.79—0.91,说明该问卷结构设置合理,具有良好的稳定性和信效度。剩余的 16 个题项组成影响因素调查部分,由个体因素和学校因素两方面内容构成。正式问卷采取整群随机抽样方式,选取国内东北、中部、南部、东南等地区的 9 所高校的学前教育专业本科师范生为研究对象,覆盖不同年级,共发放问卷 2000 份,回收 1983 份,剔除无效问卷 67 份后,得到有效问卷 1916 份,有效率为 96.6%。被试基本情况如表 1-2 所示。

表 1-2　正式问卷调查被试基本情况

变量		人数/人	百分比/%
性别	男	79	4.1
	女	1837	95.9
居住地	农村	1018	53.1
	城市	898	46.9
学前教育是否是第一志愿报考本科	是	926	48.3
	否	990	51.7
年级	大一	604	31.5
	大二	587	30.6
	大三	492	25.7
	大四	233	12.2

(三)观察法

观察法种类繁多,本书主要采用非参与式的实地观察方式,以观察研究对象的行为、态度等,避免直接与研究对象交流,而是运用感官和科学的观察工具(观察记录表),有目的、有计划且规范地收集信息。本书使用观察法的主要目的是直接且全面地了解实习教师的课堂表现,包括她们如何进行教学活动、如何与学生互动、使用哪些教学策略与技巧、肢体与表情的表现如何等。这些都是观察时需要细致关注的方面。此外，实习教师在组织幼儿活动过程中应对突发事件的应变能力也是观察的重点。

观察地点设在实习教师实习的班级，观察时采用的主要工具包括录音设备和现场记录笔记。在正式观察前，研究者必须征得研究对象及其实习指导教师的同意后方可进入教室观察。在遵循研究对象意见的前提下，也可使用摄影机进行录像，以弥补录音和笔记的不足，并增强研究的信度和效度。在观察过程中，研究者需保持观察的客观性，如实记录所见情况。值得注意的是，观察过程往往充满挑战，短时间的观察难以全面理解职前幼儿教师实践性知识的生成过程，因此还需注重观察的持久性，并严格遵守研究伦理。

（四）文本分析法

本书中文本分析法主要收集的文本资料分为四部分：一是大陆、台湾两所高校中幼儿教育系对于学前教育本科师范生的培养方案、课程大纲；二是大陆、台湾两所高校的教学大纲；三是大陆、台湾两所高校本科师范生的课表、课堂笔记、课堂报告、课堂作业，反思笔记；四是幼儿园的课表、幼儿活动记录表、个人教学档案等。研究者事前和研究对象商定从研究开始一直至研究结束，研究对象会定期上交文本材料，研究者将对所收集到的资料充分阅读，并进一步分析。

鉴于大陆、台湾在资料取得上的时空限制，研究者利用网络资源进行资料的收集。主要通过大陆的电子文献数据库、台湾地区的硕博论文加值系统和两岸的相关教育网站以及两所高校的官方网站。在分析文本的过程中，研究者首先与研究对象沟通，了解文本的写作背景或完成后的反思，对先前的访谈和观察做进一步的验证。最后，将收集到的所有资料进行对应编码、整理和分析。为了确保分析的全面性、深入性以及资料的真实性和客观性，研究者主要采用了三角交叉检验的方法，通过不同资料来源和收集方式，对比参与者之间的观点，以核实和确认资料，最终构建出职前幼儿教师实践性知识的完整图景。

本书中文本分析法所收集的文本资料主要包括四部分：一是大陆与台湾两所高校幼儿教育系针对学前教育本科师范生的培养方案与课程大纲；二是这两所高校的教学大纲；三是本科师范生的课表、课堂笔记、课堂报告、课堂作业及反思笔记；四是幼儿园的课表、幼儿活动记录表和个人教学档案等。研究者事先与研究对象商定，从研究开始至结束，研究对象将定期提交这些文本材料。研究者将对收集到的资料进行深入阅读和细致分析。

（五）比较研究法

本书基于前期文本分析所明确的两所高校幼儿教师实践性知识培养体系的特点，并结合整理后的访谈资料，从培养目标、课程设置、实践环节等多个维度，对大陆和台湾地区幼儿教师的培养模式进行了比较，有效地揭示了双方在师资培养理念和实践上的差异，并进一步探讨了大陆和台湾地区高校职前幼儿教师实践性知识培养体系。

具体而言，通过对比培养目标，明确了大陆和台湾地区高校在幼儿教师培养中所侧重的核心素质与能力；通过课程设置的对比，反映出两岸在课程内容和教学方法上的不同；而实践环节的对比，则揭示了双方在实践教学和实习机会安排上的差异。这种多角度的比较分析，不仅有助于识别大陆和台湾在师资培养上的各自优势和不足，也为未来的教育改革和实践提供了宝贵的参考。

鉴于本书选取大陆和台湾地区的两所培养院校作为研究对象，特对其选取原则进行说明。在遵循代表性、对等性、典型性原则的基础上，本书选取了两所办学层次相同、发展历程相似且能体现两岸主流学前师资培养模式的代表性学校。

首先，两所院校具有代表性。所选院校均能代表两岸学前师资培养的主流教育理念和培养价值，且能反映一个地区的师范教育质量，在两岸师资培养院校中占据一定地位，对当地学前教育师资质量有重要影响。其中，大陆A校（简称A校）是东北地区历史悠久的本科师范院校之一，其学前与初等教育学院承担着学前教师培养的重任。台湾地区B校（简称B校）则是台湾地区较早开展幼儿师资培养的院校之一，主要培养各类幼教人才。

其次，培养层次具有对等性。所选院校均能代表主流的学历培养方向，且追求的培养层次定位一致。本书选取的两所本科师范院校均主要培养本科层次的学前师资。A校致力于培养全面发展的高素质、综合型幼儿教育工作者，B校则以培育优质人才和提供精细师资培训为发展特色。

最后，发展历程具有典型性。所选院校具有相似的经历，能代表两岸师范院校过去的发展脉络，且培养模式相对成熟和完善。两所高校的学前教育专业均具有一定的发展年限，能清晰地反映两岸的师培理念和丰富的师培经验。A 校的学前与初等教育学院拥有悠久的专业发展历史，而 B 校的幼儿教育学系也经历了多年的发展变革。

综上，两所学校均为该地区的学前师资主要培养单位，代表当地学前教育的发展质量和社会主流的教育价值观，且所培养的学前师资力量受到社会和用人单位的认可，已形成相对成熟的培养模式。因此，本书选择这两所师范院校，通过收集相关资料来比较两者在实践性知识培养体系上的异同。

（六）案例分析法

本书中，案例分析法的运用主要体现在以下三个方面：

一是用于明晰实践性知识的发展过程与特征。我们从大陆和台湾地区的高校中，精心挑选了涵盖不同年级、性别、生源地以及学习能力和背景的职前幼儿教师案例。通过深入分析这些职前幼儿教师在实习、课程学习、社团活动等过程中的案例资料，我们得以窥见实践性知识从初期的经验性积累，到随着学习的深入逐渐融入理论知识，再到后期理论与实践相结合的发展脉络。同时，本书也总结了这两所高校职前教师在各个阶段实践性知识的独特特征：在萌芽浮现阶段，本书以部分学生选择学前教育专业的经历为例，分析了她们对自己身份认同感较弱以及对幼儿发展知识了解有限的情况；在逐渐生成阶段，通过一些学生进入大学后的经历案例，展示了她们自我认知知识和幼儿发展知识的逐步变化；在生成更新阶段，则以实习前后学生的不同表现为案例，体现了她们自我认知知识和课堂教学知识的更新与分化。

二是用于揭示影响职前幼儿教师实践性知识形成和发展的各种因素。在内部因素方面，本书选取了具有不同个性特征、生活经历和专业发展动机的学生案例进行深入剖析。例如，通过不同个性学生在教学中的表现案例，展现了个性特征对实践性知识形成的影响；通过学生因家庭环境、榜样和实习指导教师评价的不同而产生不同的实践性知识生成情况，揭示了生活经历的作用；通过学生因竞争意识和自我认同的差异而影响实践性知识生成的案例，说明了专业发展动机的影响。在外部因素方面，本书通过分析学生选择专业的原因案例，体现了社会氛围对实践性知识形成的影响；以学校设置的课程和教学方式案例，展示了学校氛围的作用；通过学生在实习中因幼儿园氛围、人际关系和观摩体验的不同而影响实践性知识生成的案例，我们分析了实习现场的影响。

三是为了为优化教育实践提供指导。基于案例中提炼出的实践性知识发展规律和影响因素等，本书旨在有效发挥政府、高校、幼儿园的保障性作用，切实根据职前幼儿教师的特点和需求，优化实践性知识的职前培养体系。这将为职前幼儿教师提供更有效的指导，从而提升实践性知识的培养质量。

二、本书研究逻辑

实践性知识是教师教学知识体系中的关键要素，它能有效引导教师的教学实践活动，是教学知识的最终归宿。作为教师专业成长不可或缺的知识基石，学者从多个维度强调了研究实践性知识的重要性，包括填补理论与实践的鸿沟、回归教师的日常教学实践、确立教师职业的专业地位以及促进教师的个人职业发展。[1]因此，我们依托卓越幼儿园教师培养计划，以学前教育专业本科师范生为桥梁，开展了一系列关于职前幼儿教师实践性知识的研究，旨在探索"卓越幼儿园教师"培养的新路径，并对现有的幼儿园教师职前教育模式进行创新。

对于职前幼儿教师实践性知识的研究，我们遵循以下整体逻辑：首先，通过调查深入分析了职前幼儿教师实践性知识的发展现状，包括其知识结构、当前状态、显著特征及影响因素；其次，系统梳理并构建了职前幼儿教师实践性知识的生成过程，利用个案研究揭示了其实践性知识的生成机制及过程中的影响因素；同时，本书还对比分析了海峡两岸两所高校的职前幼儿教师实践性知识培养体系，总结了它们的异同及各自的优点；最后，基于上述研究得出结论，并据此制定了相应的职前幼儿教师实践性知识培养方案。这一方案的实施旨在构建完善的职前幼儿教师实践性知识培养体系，促进高校教学改革，提升人才培养质量，推动学前教育专业的发展与教师的成长，从而培养出高质量的幼儿教师队伍，充分发挥教育对社会的服务作用。

---

[1] 陈向明. 实践性知识：教师专业发展的知识基础[J]. 北京大学教育评论，2003（1）：104-112.

第二章　职前幼儿教师实践性知识发展的现状调查

　　职前幼儿教师实践性知识是职前幼儿教师在其个人专业学习与成长历程中逐步积累，并在专业教育实践活动中展现出来的，通过个人反思性实践不断提炼而成的对幼儿教育教学的深刻理解。实践性知识是教师专业学习不可或缺的重要知识类型，关注其发展状况，能够有针对性地显著提升职前幼儿教师专业学习的效率。随着对教师实践性知识研究的日益深化，有学者指出，职前阶段的教师实践性知识存在不足，主要原因在于智育取向的教育理念与技能型学习观之间的冲突，以及内部指导体系与外部实践环境的缺失。

　　针对上述问题，研究者依据开放式问卷和访谈的反馈，明确了职前幼儿教师实践性知识的基本构成：包括自我认知的实践性知识、幼儿一日生活组织的实践性知识、幼儿发展的实践性知识、幼儿研究的实践性知识以及环境互动的实践性知识。在此基础上，研究者自行编制了职前幼儿教师实践性知识初始调查问卷，采用整群随机抽样的方法，选取了分布于我国东北、中部、南部及东南等地区的9所高校的1916名学前教育专业师范生作为调查对象。利用SPSS 22.0和AMOS统计软件，对调查数据进行了项目分析、探索性因素分析、验证性因素分析以及 t 检验、方差分析等量化统计处理。

　　在发放问卷的同时，研究者还结合了半结构式访谈提纲和情境案例访谈的方式，进一步厘清了职前幼儿教师实践性知识的内涵与结构，深入了解了其发展现状，探析了职前幼儿教师在不同阶段实践性知识的发展特征及影响因素，并提出了针对性的教育建议。这些研究旨在为卓越幼儿教师的培养提供坚实的理论依据。

第一节　职前幼儿教师实践性知识发展状况

实践性知识是职前幼儿教师知识结构中不可或缺的要素，其获取不仅是每位在职教师的职责所在，也是职前幼儿教师在校期间的核心学习任务。具备一定实践性知识的职前幼儿教师在面对挑战时，能够从多角度整合问题，进而有效地做出决策。本节将对职前幼儿教师实践性知识发展状况进行研究。

一、职前幼儿教师实践性知识的总体状况

职前幼儿教师实践性知识总问卷平均分为93.03，高于问卷的整体平均分，且各因素和总问卷的题均分都高于理论中值3，这表明职前幼儿教师实践性知识总体发展状况良好（表2-1）。究其原因，丰富且有效的实践途径是推动师范生实践性知识迅速提升的关键因素。从学校层面来看，应用型人才培养目标的确立促使高校日益重视幼儿教师实践性知识的培养与发展。众多高校定期举办各类旨在提升大学生专业能力的竞赛活动，例如"挑战杯"大学生课外学术科技作品竞赛、大学生创新创业大赛和大学生教师技能大赛等；大部分学前教育师范生所在的学院会系统性地安排学生进行教育见习、研习及实习等实践活动，为学生亲身体验教育实践环境提供条件与机遇。随着高校教育教学改革的不断深化，多数专业教师已摒弃传统的教学方式，转而采用案例教学、小组讨论、模拟教学、微格教学等互动式教学法，取代以往以教师与教材为中心的教学模式，充分激发学生的主观能动性。从个人层面而言，许多师范生参与课外兼职教育教学工作，这不仅仅是为了赚取生活费用，更重要的是希望通过这种方式积累实践经验，提升专业教学技能。此外，还有部分师范生通过积极参与团体活动、阅读专业书籍与杂志、浏览幼儿教育相关网站等途径，不断提升自身的专业能力。

表2-1　职前幼儿教师实践性知识各结构描述统计

因素	M	SD	题均分
关于自我认知的实践性知识	18.91	2.85	3.78
关于幼儿一日生活组织的实践性知识	24.86	3.78	3.55
关于幼儿发展的实践性知识	14.19	2.34	3.55

续表

因素	M	SD	题均分
关于幼儿研究的实践性知识	20.61	3.68	3.44
关于环境互动的实践性知识	14.46	2.31	3.62
总问卷	93.03	12.79	3.58

研究调查结果显示：职前幼儿教师实践性知识的总体发展状况良好，其中关于幼儿一日生活组织的实践性知识发展水平最高，关于幼儿发展的实践性知识发展水平最低。

从图2-1可以清晰地看到，5个结构的发展呈现不均衡状态，具有高低之分，按照平均分由高到低依次为关于幼儿一日生活组织的实践性知识、关于幼儿研究的实践性知识、关于自我认知的实践性知识、关于环境互动的实践性知识、关于幼儿发展的实践性知识。

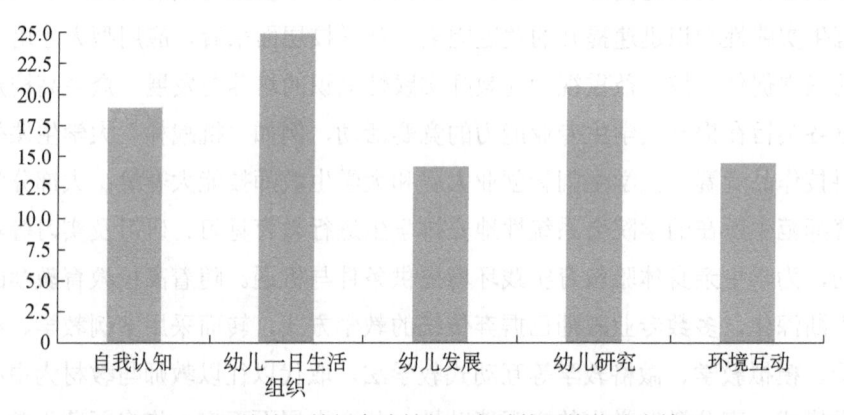

图2-1 职前幼儿教师实践性知识各结构平均值分布情况

从问卷数据中得知，关于幼儿一日生活组织的实践性知识发展水平最高，平均值达到24.86。该知识涉及幼儿教学、游戏和生活三个方面，主要考察师范生是否知道如何从活动目标、内容、组织实施以及评价等方面来开展相关领域活动，类属于教学教法知识。之所以该类型知识得分最高，发展水平最好，主要原因来自两方面：一是与该类型知识的特征有关，二是与师范生在校期间的课程安排和实践有关。教学教法知识的内容具体，可操作性强，可通过观察模仿、反复练习获得，而且对于师范生而言，操作实践性的知识相比于理论性知识更加具有吸引力。如有师范生谈道：

我们还是比较喜欢上实践课，因为不会像理论课那样枯燥，比较有意思。（D26）

可见，该类型知识所带有的趣味性是师范生提高学习效率的内在动力。此外，高校中对于学前教育专业师范生的培养方向大多是应用型人才，因此，在课程设置方面会加入较多实践类课程，比如"教师职业技能训练""幼儿音乐舞蹈创编与技法""幼儿园教育设计""幼儿玩具设计与制作"等，这些实践课程的学习会让师范生的实践性知识的掌握得到有效改善。在以往研究中，有学者指出：职前教师对课程与教学方面的知识把握的较好。[1]刘忠喜的研究也发现，师范生关于学科教学的知识发展水平最高。[2]由此可窥见，高校对师范生实践能力的重视及该类知识本身所具有的属性，使得该类知识对于师范生而言比较容易获得。

关于幼儿发展的实践性知识得分最低，这与其实践经验有很大关系。该类型的知识不仅强调职前幼儿教师需要对幼儿生理、心理方面的发展特点及规律有所认知，而且也能够针对幼儿在学习中出现的需求、困难、错误以及在生活方面所产生的积极或消极状态等现象进行合理解释与应对。师范生在校期间主要进行的专业课程的学习，关于幼儿身心发展类知识也主要是从课本中得知，我们说将理论知识真正应用于实践才能发挥出其应有价值。师范生的专业实践活动除了实习、见习之外，更多的是课堂实践，即课程试讲、讨论。教师组织学生进行课程试讲，其目的也是为了促进师范生实践教学能力的提升。但其中最大缺陷便是课程试讲所面对的"学生"与真实教育情境中所面对的"学生"是不同的，这便导致师范生在试讲过程中所获得的对学生学习反应的认知是不准确的，是与真正幼儿的学习反应有所差异的。在访谈中有学生提出：

在刚开始实习的时候，真的没想到小孩儿都是那样儿的，完全与自己想象的不一样。平时在课堂上练习试讲的时候，底下同学都不会有什么特殊反应，就是坐在那里听你讲啊，这和在幼儿园给小朋友们上课是有很大区别的，完全不一样。（D42）

已有研究指出"学生知识"在职前阶段教师的实践性知识中是最为缺乏的

---

[1] 李利. 职前教师实践性知识发展研究[D]. 苏州：苏州大学，2012.
[2] 刘忠喜. 英语师范生实习期间教师实践性知识发展的个案研究[D]. 海口：海南师范大学，2013.

一种知识。李能月通过对历史专业师范生的实践性知识进行调查发现：师范生关于学生的知识大多只停留于理论层面，而缺少深刻的理解。[①]以上这些研究结论均印证了本研究的结果。因此，关于幼儿发展的实践性知识还需要职前幼儿教师通过各种途径去深入了解，增加接触幼儿的实践机会，将理论知识应用于真正的实践中，也通过实践来印证理论知识的准确性和科学性。

二、职前幼儿教师实践性知识的人口学变量差异检验

本章研究分别从性别、生源地、学前教育专业是否为报考本科的第一志愿和年级4个方面对职前幼儿教师实践性知识的5个维度进行了差异检验。

（一）职前幼儿教师实践性知识的性别差异检验

在性别方面，对职前幼儿教师的实践性知识各因素得分进行了独立样本t检验，结果显示：女生的实践性知识总体水平比男生高，且女生在实践性知识每个维度的发展水平也都高于男生。特别是在关于幼儿研究的实践性知识方面，性别间存在显著差异（$p<0.05$）（表2-2）。

首先，幼儿教育是一个偏向女性化的职业，从调查对象中男生与女生的人数比例可以看出，女生人数达到男生的23倍之多，在专业中占据较大比例，拥有绝对的性别优势。其次，在关于幼儿研究的实践性知识上，女生表现出较好的发展状况，究其原因，女生在学术研究中，性格比较沉稳、平和，做事认真、细致，思维更加缜密，考虑问题更加全面、成熟，而且在耐心、意志力等方面也较为突出。这一研究结果同李桂君[②]、杨承印和罗航慧[③]的研究结论相一致。因此，性别在实践性知识的形成中成为一个潜在的影响因素。

表2-2　职前幼儿教师实践性知识发展的性别差异检验

因素	女（$M±SE$）	男（$M±SE$）	t
关于自我认知的实践性知识	18.97±3.46	18.90±2.83	0.18
关于幼儿一日生活组织的实践性知识	25.20±4.78	24.85±3.73	0.65
关于幼儿发展的实践性知识	14.47±2.64	14.18±2.33	0.68

① 李能月.职前历史教师实践性知识发展的个案研究[D].兰州：西北师范大学，2015.
② 李桂君.初中数学教师实践性知识调查研究[D].兰州：西北师范大学，2015.
③ 杨承印，罗航慧.中学理科教师实践性知识自我知觉的调查研究[J].全球教育展望，2012（2）：48-53.

续表

因素	性别		t
	女（M±SE）	男（M±SE）	
关于幼儿研究的实践性知识	21.51±4.13	20.57±3.66	2.20*
关于环境互动的实践性知识	14.81±2.91	14.44±2.28	1.10
实践性知识	94.96±17.92	92.94±14.83	1.03

注：$*p < 0.05$，全书同

（二）职前幼儿教师实践性知识的生源地差异检验

在生源地方面，城市大学生的实践性知识总体水平显著高于农村大学生，且城市大学生实践性知识的每个维度的发展水平都显著高于农村大学生（$p < 0.01$）（表2-3）。城市大学生由于所处环境相对优越，家庭经济情况相对较好，相对于农村大学生，她们在学习期间更有可能接触到更为专业、优秀的教师以及更为良好的教育环境。

表2-3 职前幼儿教师实践性知识的生源地差异检验

因素	生源地		t
	农村（M±SE）	城市（M±SE）	
关于自我认知的实践性知识	18.69±2.89	19.15±2.80	-3.55**
关于幼儿一日生活组织的实践性知识	24.48±3.74	25.30±3.78	-4.76**
关于幼儿发展的实践性知识	13.40±2.32	14.41±2.35	-3.92**
关于幼儿研究的实践性知识	20.14±3.58	21.15±3.72	-6.09**
关于环境互动的实践性知识	14.17±2.31	14.79±2.25	-5.90**
实践性知识	90.88±14.84	94.8±14.9	-5.74**

注：$**p < 0.01$，全书同

在访谈中，有来自农村的大学生提到：

> 自己没有上过幼儿园，因为小的时候，村里的学校里没有设立幼儿园，直接就是一年级。（D24）

大多城市学生在幼儿时期进入了当地的公办园或名声较好的私立园。童年的受教经验也是影响实践性知识获得的重要因素。因此，生源地在一定程度上也会对实践性知识产生影响。

（三）职前幼儿教师实践性知识的一志愿差异检验

通过对职前幼儿教师实践性知识的一志愿下每个维度的得分进行独立样本 t 检验，结果发现：学前教育专业是报考本科第一志愿的大学生，其实践性知识总体发展水平显著高于不是报考第一志愿的大学生。学前教育专业是报考本科第一志愿的学生，在实践性知识的每个维度上的发展都显著优于不是报考第一志愿的大学生（$p < 0.01$）（表2-4）。学前教育专业是报考本科第一志愿的大学生对自我专业的认同感更强，这种内在的认同感源于对学前教育专业的热爱，并且会形成一种倾向或态度，进而影响实践行为的发生。因此，第一志愿的选择是实践性知识发展的一个重要影响因素。

表 2-4 职前幼儿教师实践性知识的一志愿差异检验

因素	是否一志愿 是（$M \pm SE$）	是否一志愿 不是（$M \pm SE$）	t
关于自我认知的实践性知识	19.48±2.69	18.37±2.90	8.66**
关于幼儿一日生活组织的实践性知识	25.31±3.77	24.45±3.74	5.01**
关于幼儿发展的实践性知识	14.48±2.36	13.92±2.29	5.20**
关于幼儿研究的实践性知识	20.91±3.72	20.33±3.62	3.45**
关于环境互动的实践性知识	14.73±2.30	14.21±2.30	4.99**
实践性知识	94.91±14.84	91.28±14.85	6.26**

（四）职前幼儿教师实践性知识的年级差异检验

通过对年级变量下实践性知识各个维度的得分进行单因素方差分析，结果显示：职前幼儿教师实践性知识的5个因素及总分均存在显著差异（$p < 0.01$）（表2-5）。随着年级的升高，无论从师范生自身而言，还是从学校方面来看，影响其实践性知识发展的因素都不断地发生着变化。师范生会随着年龄的增长，心智更加成熟、稳重，对自我的了解更加深入，思考问题的方式以及学习的专注度也逐渐向好的方向发展。在学校方面，课程的设置以及实践的方式也会随着年级的变化而变化，专业课程逐渐增多，教师的教学方式也呈现多样化，此外，教育见习、研习和实习也会相继出现在大三、大四阶段。年级不同，教师实践性知识的发展状况不同。

表 2-5　职前幼儿教师实践性知识的年级差异检验

因素	大一 M	大一 SD	大二 M	大二 SD	大三 M	大三 SD	大四 M	大四 SD	F
关于自我认知的实践性知识	18.63	2.93	18.68	2.88	19.11	2.69	19.77	2.75	11.19**
关于幼儿一日生活组织的实践性知识	24.18	3.78	24.68	3.97	25.26	3.38	26.23	3.67	19.44**
关于幼儿发展的实践性知识	13.74	2.39	14.28	2.36	14.34	2.21	14.82	2.25	14.25**
关于幼儿研究的实践性知识	19.70	3.61	20.62	3.72	20.95	3.56	22.26	3.37	30.61**
关于环境互动的实践性知识	14.02	2.39	14.41	2.39	14.67	2.05	15.27	2.31	19.15**
实践性知识	90.27	15.1	92.67	15.32	94.33	13.89	98.35	14.35	25.62**

为了进一步了解实践性知识每个维度在4个年级上的具体差异表现，分别对5个维度的得分进行了事后检验。

1. 关于自我认知的实践性知识的年级事后检验分析

在关于自我认知的实践性知识方面，大一学生与大三学生和大四学生之间存在显著差异，大三学生和大四学生的得分显著高于大一学生；大二学生与大三学生和大四学生之间存在显著差异，大三学生和大四学生的得分显著高于大二学生；大三学生与大四学生之间存在极其显著差异，大四学生的得分显著高于大三学生。

除了大一学生、大二学生之间不存在显著差异之外，其他年级学生之间均存在显著差异，且该类型知识是随着年级的升高逐渐发展，这一结果也可以从图2-2中清楚地看到。在大一和大二阶段，学生在该方面的实践性知识发展缓慢。自我认知强调的是教师对自我的个性、品质、性格等方面的认识和体认，对自我身份的认同以及对所学专业的态度等。在大一和大二阶段，由于入学时间相对较短，学生在深入了解所学专业之前，往往对专业的内容、专业的发展处于迷茫状态，对自我的心理发展特点的了解还不够深入。但随着年级的升高、学生心智的逐渐成熟，以及实践经验逐渐增多，学生自我认知的实践性知识发展水平逐渐提升。李能月的研究发现：大一学生、大二学生的自我专业认同具有抽象性、模糊性和动荡性，而到了大三、大四，她们的自我专业认同才得以确立。①由此窥见,关于自我认知的实践性知识在大一至大四期间呈现逐渐发展的趋势。

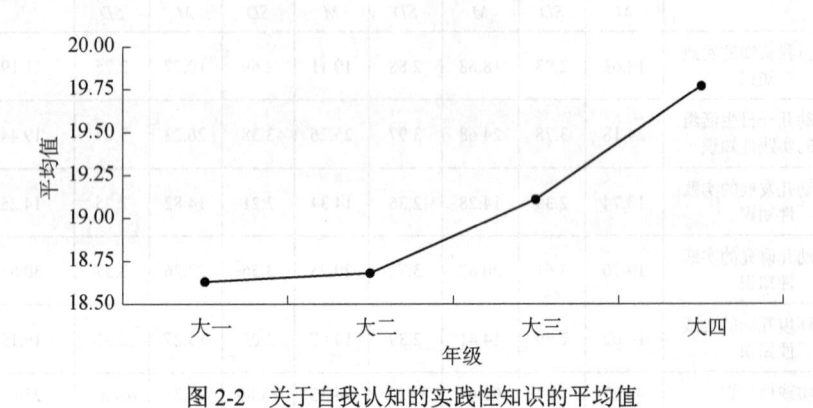

图 2-2 关于自我认知的实践性知识的平均值

在访谈过程中,一位大三学生在谈到自己的未来职业规划问题时提到:

> 我在大一、大二的时候根本没想过未来的事儿,因为高中努力学了三年,上了大学就想先玩够。大家基本上不想这回事,就是每天上上课,逛逛街,还有就是在宿舍窝着,就是那时候大家干啥就跟着干啥,反正每天就那么过着。到了大三,学业过半,就开始想这些问题了,周围的同学也都开始实习、兼职,我也准备向毕业的学长、学姐问问,再问问家里人,是毕业直接工作还是去考研。(D34)

从访谈内容可以看出,之所以在大三阶段学生自我认知的实践性知识会快速发展,一方面是因为大三处在大学学业的后半段,学生即将面临毕业之后的实习、工作等社会压力,这些会时刻提醒她们对未来进行思考;另一方面是因为周围环境的影响,主要是来自同伴的影响。刚从高中时代出来,离开父母,进入小型社会般的大学校园,寻找同伴并与其一起生活的案例比比皆是,这时同伴的思想和行为会对学生产生重要的影响。

2. 关于幼儿一日生活组织的实践性知识的年级事后检验分析

在关于幼儿一日生活组织的实践性知识上,每个年级之间均存在显著差异,且得分的变化是随着年级的升高而逐渐递增。从图 2-3 可以看出,每一阶

---

① 李能月. 职前历史教师实践性知识发展的个案研究[D]. 兰州:西北师范大学,2015.

段都比之前发生了明显变化，整体上呈直线式上升。关于幼儿一日生活组织的实践性知识类属于学科教学法知识，这类知识具有操作性强、易模仿等特征，且在不同阶段获取的途径不同。在大一阶段，学生主要进行的是通识类、公共课程的学习；在大二阶段，随着专业课程的比例增加，学生的实践性知识逐渐增长；在大三阶段，获取实践性知识的途径逐渐多样化，有教育见习、课堂试讲、案例讨论、微格教学、专家讲座等，相比于大二阶段，这一阶段的学生实践性知识更加丰富；在大四阶段，教育实习是学生系统掌握实践性知识的重要途径，也是检验其课堂所学知识的实践平台，学生在实习的过程中，会产生顺应式知识建构图式，改变自己原有的错误认知而吸收正确的实践知识。因此，这一时期学生的实践性知识发展水平达到最高点。

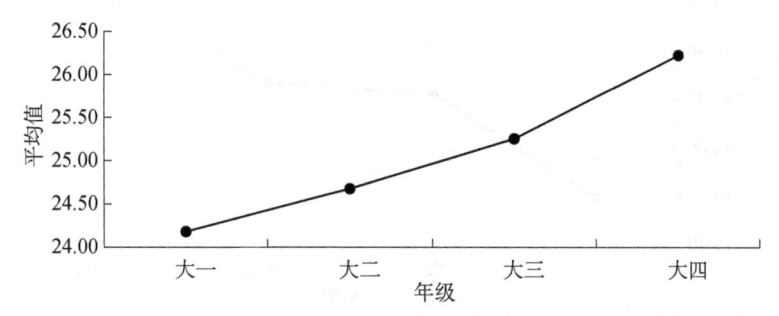

图2-3 关于幼儿一日生活组织的实践性知识的平均值

在访谈中，有学生提出：

> 我们接触比较多的还是怎么给幼儿上课，因为我们现在上课的时候会组织试讲课，就是以个人或小组的形式来设计一堂课，主题不定，就是自己来选择。还有就是我们有时候会去幼儿园参观，观摩幼儿园老师的讲课，也学到很多。（D31）

可见，师范生通过课程实践、课堂试讲、观摩等途径，能够了解更多并锻炼自己关于幼儿教学方面的知识。但也有学生提到：

> 我们一般选择语言、科学、生活、艺术这些方面的活动，因为不需要做特别多的道具，主要就是通过说话、PPT放图片、音乐或者动画。游戏活动讲得比较少，因为没有幼儿，都是我们班同学，肯定活动不起来。（D33）

由此可见，由于缺少在真实教育环境中的实践机会，尤其是与幼儿互动的体验，学生在掌握关于幼儿游戏方面的实践性知识上遇到了一些困难。

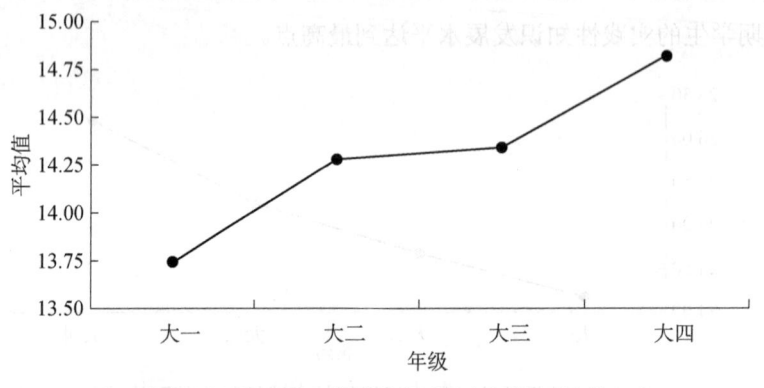

3. 关于幼儿发展的实践性知识的年级事后检验分析

在关于幼儿发展的实践性知识方面，除了大二学生与大三学生之间不存在显著差异之外，其余年级之间均存在显著差异。从图2-4可以看到，学生关于幼儿发展的实践性知识在大一至大二呈快速上升发展趋势，大二之后呈现较平稳的状态，在大四达到最高点。关于幼儿发展的实践性知识强调的是教师对幼儿身心发展特点和规律及其差异性的了解与认识，也就是对儿童观的考察。

图2-4　关于幼儿发展的实践性知识的平均值

在大一所学的课程中，通识类课程占了较大比例，因此学生对幼儿教育专业理论知识了解相对较少。进入大二，学生开始深入学习专业课程，但该阶段她们较少有机会接触到真实的教育环境，所以她们对专业理论知识的理解和运用主要依赖自我的知识建构能力、先前的生活经验以及授课教师的指导，并且她们对自我知识学习质量持有较高的评价。到了大三阶段，关于幼儿发展的实践性知识发展显得较为缓慢，这主要是因为理论与实际之间的矛盾对学生的认知结构产生了冲击，导致一定的认知出入。为弥补这一不足，学校开始组织相关的见习、观摩等实践活动，旨在增加学生在真实幼儿园环境中的感受和体验，使她们逐渐认识到幼儿园中实际存在的问题和现象。然而，在尝试解决这些实际问题的时候，学生会发现自己之前所建构的知识体系并不能有效地应对，正如一些学生所提到的：

实际中的场景并不完全是理论中所阐述的那样，理论中的观点可能针对的是一个整体，是一般状态下的结论，而在实际问题中，由于幼儿之间的差异性，又会产生一些独特的现象。（D36）

因此，学生在这一阶段的知识学习会经历一段重新编码的过程，需要重新修改和过滤自己的知识。等到大四进入实习期，随着与幼儿园系统、全面的接触，学生对幼儿的身心发展有了更加深入的了解，此时实践性知识的学习逐渐变得清晰和完整。

4. 关于幼儿研究的实践性知识的年级事后检验分析

在关于幼儿研究的实践性知识方面，除了大二学生与大三学生之间差异不显著之外，其余年级学生之间均存在显著差异。从图 2-5 中可以看出，大二至大三阶段，学生的实践性知识发展水平变化幅度相对较小，呈现平稳态势；而到了大四阶段，学生的实践性知识发展水平则迅速上升，这表明大三阶段可能是一个发展过渡期，在此期间并未产生特别显著的变化。

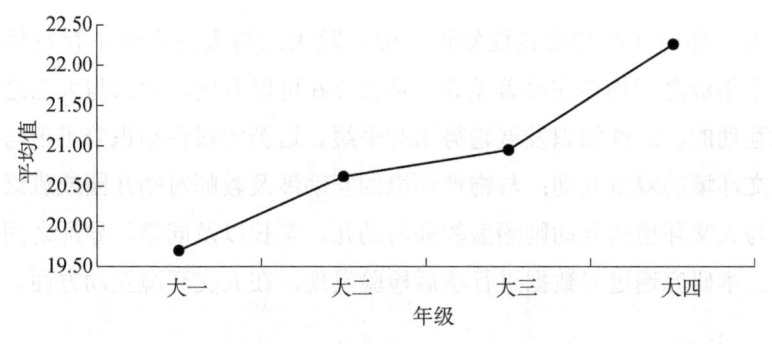

图 2-5 关于幼儿研究的实践性知识的平均值

职前幼儿教师在校期间主要致力于学术研究，其要求颇为严格。大学毕业论文的撰写成为推动大学生深化幼儿研究实践性知识发展的关键动力。在大二阶段，这方面的知识有所增长，通过访谈我们了解到其中的原因：大二学生在学业上的负担相对较轻，除了每日固定的课程外，其余时间均可自由支配。部分学生表示，为了锻炼自己，她们会利用空闲时间积极参与学校组织的各种活动：

因为现在自己还不忙，没什么压力，就想着多参加学校组织的一些活动、比赛什么的，多锻炼一下自己，以前在高中净学习了。我们学校每年都会有大学生创新创业比赛，还有各种征文比赛，我会和同学一起报名参加，感觉收获挺大的。（D22）

这种通过亲身实践获得的知识对学生的成长和发展都具有举足轻重的作用。到了大三阶段，学生的学业压力逐渐增大，见习、观摩、讨论、作业等活动占据了她们的大部分空闲时间，因此参与活动比赛的次数也相应减少：

我们这学期任务、作业什么的都挺多，还有一些见习活动，比如写报告什么的，所以参加学校活动的次数比较少。（D34）

因此，这一时期学生接触幼儿研究性知识的机会相对较少。到了大四阶段，学生开始系统地学习教育研究方法的运用和论文的撰写，主动查阅幼儿教育相关文献，并与指导教师深入讨论论文事宜，这一时期，学生的研究性知识开始发生质的飞跃。

5. 关于环境互动的实践性知识的年级事后检验分析

在关于环境互动的实践性知识方面，除大二与大三之间不存在显著差异外，其余年级之间均存在显著差异。从图2-6可以看出，大二与大三之间的关于环境互动的实践性知识发展趋势相对平缓。这类实践性知识着重于与物理环境和人文环境的双重互动：与物理环境的互动涉及教师对幼儿园或班级环境的创设；与人文环境的互动则涵盖教师与幼儿、家长以及同学、导师之间的沟通与交流。本研究通过对数据进行事后检验发现，在人文环境互动方面，大二学

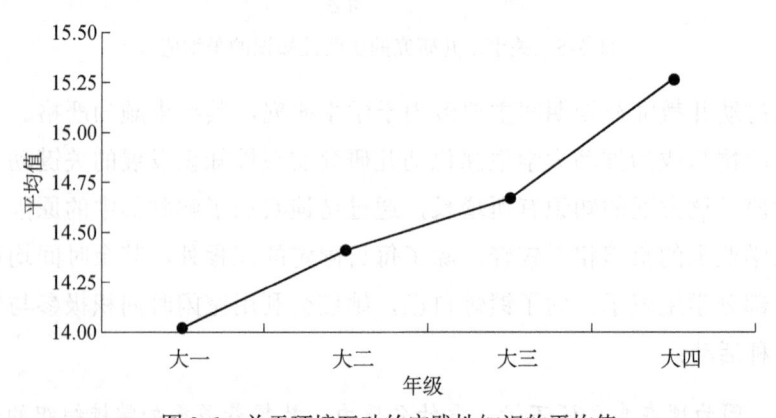

图2-6 关于环境互动的实践性知识的平均值

生与大三学生之间并未表现出明显的变化。究其原因，在于系统实习之前，学生难以真正接触到幼儿和家长，因此与她们进行互动交流只能依靠自身想象，诸如如何表达、如何措辞等交流技巧更是无从得知。

在访谈中，有学生提出：

> 我觉得自己挺能说的，与老师、周围的同学相处得都很好，但是如果要让我跟幼儿家长进行交流，我就感到有点困难，主要是不知道怎么说，也不知道说什么。（D21）

> 因为我们很难接触到幼儿和幼儿家长，我们基本上都在学校，试讲课的时候下面坐的也是同学。（D33）

显然，一方面，大多数学生缺乏对幼儿及幼儿家长需求的深入了解，难以触及幼儿家长最为关切的话题。这往往源于学生对幼儿家长持有的刻板印象，如认为幼儿家长喜欢挑剔、不易沟通等，这些心理预设导致沟通障碍。另一方面，在校期间，师范生接触幼儿及家长的机会非常有限。因此，这一阶段的学生在环境互动方面的实践性知识增长较为缓慢。

本节调查结果显示，职前幼儿教师实践性知识的总体发展状况良好，职前幼儿教师的实践性知识在性别、生源地、学前教育专业是否为报考本科的第一志愿以及年级等人口学变量方面均存在显著差异。

第二节　职前幼儿教师实践性知识的发展特征

本节以语言作为显性知识的表现媒介，主要研究职前幼儿教师实践性知识的发展特征。研究主要采用情境案例作为访谈文本，要求职前幼儿教师针对案例问题进行开放式回答。通过对这些回答内容进行整理和分析，我们归纳并明确了其实践性知识的发展特征（表2-6）。

表 2-6　职前幼儿教师实践性知识发展特征分析

年级	"如何做"	"为什么"	特征表现
大一	能够提出自己的观点，但观点较为简略、笼统；对问题的剖析并不深刻，比较浅显；在观点表述方面欠缺技巧，不能运用专业术语清晰表述	不能够详尽阐释，无法提出明确的理论依据，多依赖个人先前经验	经验性

续表

年级	"如何做"	"为什么"	特征表现
大二、大三	能够从多种角度考虑问题，观点明确，内容具体，语言表述较为丰富、流畅	能够联系一定的理论知识，从幼儿身心发展规律与特点出发，提出比较合理的理论依据	理论性
大四	能够从多种角度考虑问题，观点明确，内容具体，语言表述丰富、流畅，且具有可操作性	能够在理论知识的理解基础上结合实习过程中的真实案例进行分析，提出合理的理论依据	理论与实践的结合

一、大一学生实践性知识的发展特征表现为"经验性"

人们凭借经验来认知一切事物，这一过程形成了知识。正如建构主义所主张的：任何学习者在进入教室前都非空白状态。这意味着师范生在踏入大学校园前已具备一定的学习和生活"经验"。通过调查发现，这些经验在师范生刚开始大学生活时就发挥着重要作用。在访谈中，大一年级的学生在解决实际问题时，通常依据先前的生活和学习经验，通过提取大脑中相似情境的认知经验来解答问题。

大一阶段的学生尚未接受系统专业知识的熏陶和学习，也缺乏教育实践的真实体验。因此，在建构自我观点时，她们很大程度上依赖于先前的教育或生活经验。然而，这些经验仅停留在个体感官层面，缺乏系统的建构。所以，在实践性知识方面，她们虽然能够针对"如何做"的问题提出自己的观点，但这些观点往往较为简略、笼统。同时，在回答"为什么"的问题时，她们无法给出详尽的阐释，也无法提出明确的理论依据。例如，在观摩幼儿园李老师组织幼儿做游戏的课程后，学生发现了课堂中存在的问题：

> 我觉得这个问题出在老师身上。如果我是李老师，我会在发出指令后，监督执行情况，就是看着他们一个一个停下来，我觉得这样比较有效果。我觉得在组织游戏活动的时候，要注意沟通，说清楚玩什么，什么时候玩，怎么玩，以及如何结束游戏，让他们明确规则。（D11）

D11学生在关于"如何做"的问题上提出了自己的想法：在发出指令后，会监督执行情况，即观察孩子们一个一个停下来。从这一回答中可以看出，学生的观点内容相对简单，从专业角度来看，显得较为肤浅，缺乏适切性和有效性。在关于"为什么"的问题中，学生回答"我觉得这样比较有效果"，这是基于自我主观感受出发，将原因归结于个人体验，而没有从科学、客观的理论角度提供事实依据。在回答第三个问题时，学生回避了解释"为什么"的问题，这表明其无法明确表述其中的缘由。

> 我觉得是老师的语气太严厉了，孩子们不喜欢。如果我是李老师，我会用温柔的语气跟孩子们说："我们来比赛看谁收拾得最快，好吗？赢的小朋友，老师有奖励。"因为以前见过有幼儿园老师这样做。我们应该组织孩子们感兴趣的、安全的、有意义的游戏活动。（D13）

D13学生将问题原因归结为教师的"语气太严厉了，孩子们不喜欢"。因此，在第二个问题关于"如何做"的陈述中，学生提出"会用温柔的语气跟孩子们说：'我们来比赛看谁收拾得最快，好吗？赢的小朋友，老师有奖励'"。与案例中教师的做法不同，该学生采用强化策略。但在解释"为什么"的问题时，学生给出的理由是"因为以前见过有幼儿园老师这样做"。这种解释表明，该阶段的学生在解决问题时很大程度上依赖先前的生活经验，但这些经验仅停留在感官层面。在第三个问题关于"如何做"的陈述中，学生给出的答案是"应该组织孩子们感兴趣的、安全的、有意义的游戏活动"，这一内容较为笼统，缺乏具体的可操作性。在随后的"为什么"的问题上，学生也没有给出明确的解释，这反映出其在实践性知识的内在层次方面较为模糊。

> 我觉得因为李老师是新老师，孩子们都不怕她。要是换作是我的话，我会一个一个过去跟他们说，就是让他们知道我在跟他们说话。在组织游戏活动的时候教师应该适当干预。因为以前上学的时候印象里觉得老师就是这么做的。（D14）

D14学生在陈述关于"如何做"的问题时提出："我会一个一个过去跟他们说，就是让他们知道我在跟他们说话。"这个观点的内容比较简略，虽然具有一定的可操作性，但缺乏有效性。在回答第三个问题关于"如何做"时，学生答道："在组织游戏活动的时候教师应该适当干预。"这一回答的内容比较笼统，缺乏具体性。在关于"为什么"的问题上，该同学提出"印象里觉得老师就是这么做的"，这表明先前的受教经验对教师角色的认知有着较大的影响。

从以上分析可以看出，大一学生所形成的实践性知识尚处于较为浅薄的层面。她们的知识大多是从先前的受教经验或生活经验中抽取而来的，但这些经验仅停留在感官层面，缺乏个体的主动加工。在实践性知识的表现上，虽然学生能够陈述自己对某一问题的观点，但对问题的剖析并不深刻，显得模糊和笼统。此外，在观点表述方面，她们欠缺技巧，不能运用专业术语来清晰表达并丰富自己的观点。在描述缘由时，她们也不能充分利用言语或专业知识来支撑自己的观点。因此，这一阶段学生的实践性知识主要表现为经验性。

二、大二、大三学生实践性知识的发展特征表现为"理论性"

随着课程学习的逐渐深入和心智的逐渐成熟，大二、大三学生对专业知识有了一定的积累和了解。因此，这一阶段的学生在解读实践问题时，不再仅仅陈述过去的经验，而是能够基于一定的理论知识对问题进行深入剖析。此外，她们这种实践性知识的获得主要来源于"实践共同体"。在"实践共同体"中，学生可以自由地针对某一主题进行交流和讨论，分享自己的见解和观点，通过一种团体学习的形式来提高自己的专业素养和专业能力，进而形成一种教师文化。[1]

以学习专业课程为主的大二、大三学生，在这一阶段会通过小组合作、案例讨论、团队学习等形式深入实践课程的学习。例如，在案例教学中，教师常以小组为单位组织讨论；在课程试讲环节，为提升学生的教学能力，教师也常按小组分配任务，小组成员会分工合作，分别承担资料收集与整理、试讲PPT制作、课程主讲等不同职责。在这种实践共同体中，学生相互作用，共享资源，充分发挥能动性，在讨论和交流中碰撞思想，从而快速提升实践性知识。访谈显示，学生们更愿意在共同体中学习，因为与同龄人的交流讨论能使她们更加活跃、自如，激发激烈的争辩和思维碰撞，有效促进实践性知识的发展。

这一阶段的学生，随着年龄的增长和心智的成熟，形成了自我的观点和主张。因此，她们的实践性知识具体表现为：在阐述"如何做"时观点明确、内容具体、表述流畅且具可操作性；在解释"为什么"时，能够提出一定的理论依据：

孩子们注意力转移能力不强，老师没能吸引住幼儿的注意。如果我是

---

[1] 姜美玲. 教师实践性知识研究[D]. 上海：华东师范大学，2006.

李老师，我会放音乐，轻柔的音乐往往能让孩子从兴奋中脱离，然后跟孩子说今天早饭有多好吃，表扬一下收拾得较快的小朋友。在组织游戏活动的时候先给孩子们定好规则，因为他们现在规则意识发展得不好。（D22）

孩子没有时间观念和纪律意识，老师的管理方法不得当。如果我是李老师，我会奖励听话的孩子下次可以早一点去玩玩具，对不听话的孩子剥夺明天玩玩具的权利。我认为在组织游戏活动的时候应该奖惩相结合，因为这样可以激励幼儿遵守纪律，遵从老师的命令。（D25）

D22学生和D25学生在分析问题时，首先能够从幼儿和教师两方面进行综合考虑，这一点与大一学生有所不同。其次，在解答关于"如何做"的问题时，她们的陈述内容具体，语言丰富。D22学生提出问题原因所在："孩子们注意力转移能力不强"，并表示"如果我是李老师，我会放音乐，轻柔的音乐往往能让孩子从兴奋中脱离，然后跟孩子说今天早饭有多好吃，表扬一下收拾得较快的小朋友"。这显示出该学生的观点和措施具有较强的逻辑性和可操作性。D25学生则提出"如果我是李老师，我会奖励听话的孩子下次可以早一点去玩玩具，对不听话的孩子剥夺明天玩玩具的权利"，这一方式同样具体且可操作。在回答关于"为什么"的问题时，D22学生指出"因为他们现在规则意识发展得不好"，而D25学生则认为"因为这样可以激励幼儿遵守纪律，遵从老师的命令"。由此可见，大二学生对幼儿这一阶段的心理发展特点是有一定了解的。

孩子们还没有被建立一种规则意识，他们不觉得老师下了命令自己就一定得立马去做，老师应先教给孩子应"守规矩"这一点。如果我是李老师，我会跟孩子们说：如果再不吃饭，饭菜就凉了。总之，先哄孩子们去吃饭，饭后根据这件事情进行总结，教孩子们应听老师的话。因为孩子们身体是最重要的嘛，就先不要把时间浪费在教训他们，先想办法让他们吃饭。我认为在组织游戏活动的时候，要控制游戏的新颖程度，让孩子们有的可玩，同时也比较容易收住，在游戏前讲好规则。（D31）

问题出在教师身上，教师可能对班上孩子不熟悉，平时与孩子上课时，没有树立威信。如果我是李老师，我打算采用激励的方式。拿一个正面例子来说，比如小明小朋友做得真好，我看谁做得更好，我觉得对幼儿

来说榜样学习是很有效的方法。我认为在组织游戏活动的时候，教师要参与其中，但不应过多干涉，在必要时给予指导。（D35）

大三两名学生的访谈表现与大一学生之间产生了较大差异。在关于"如何做"的问题上，两名学生分别给出了自己的详细解释。D31学生提出："如果我是李老师，我会跟孩子们说：如果再不吃饭，饭菜就凉了。总之，先哄孩子们去吃饭，饭后根据这件事情进行总结，教孩子们应听老师的话。"D35学生则提出："如果我是李老师，我打算采用激励的方式，拿一个正面例子来说，比如小明小朋友做得真好，我看谁做得更好，我觉得对幼儿来说榜样学习是很有效的方法。"从中可以看出，两名学生所述内容都比较具体，具有可操作性，且语言丰富。

在关于"为什么"的问题上，D31学生解释："因为孩子们身体是最重要的嘛，就先不要把时间浪费在教训他们身上，先想办法让他们吃饭。"D35学生则认为通过榜样学习对幼儿十分有效。两位学生能够基于幼儿的发展特点，并联系实际，从一定角度做出合理解释。

从以上分析可以看出，大二、大三学生在关于"如何做"的问题表述方面相比于大一学生而言更加具体、具有可操作性和逻辑性，且语言较为丰富，能够从多种角度考虑问题。在"为什么"的问题回答中，学生能够结合一定的理论知识，从幼儿发展特点出发，提出合理的理论依据。因此，这一阶段的学生在实践性知识的表现上更多地融入了理论成分。

三、大四学生实践性知识的发展特征表现为"理论与实践的结合"

随着年龄的增长，大四学生在学习上和处理事情上都展现出更加成熟、稳重的特质，责任感和使命感也愈发强烈。在看待问题时，她们能够从多角度进行深入思考。实习作为大四学生职前教师教育过程中的重要阶段，旨在检验她们的专业理论知识并提升实践能力。通过实习获得的实践经验，能够进一步促进学生对专业知识的深入理解。这一阶段的学生，由于自身成长和环境影响，心智更加成熟，思考问题也更为全面。因此，在面对幼儿实际教育问题时，她们能够依据多种资源妥善处理，避免了无知和迷茫的状态。此外，有学生认识到，对实践行为的反思是形成个人实践理论的关键途径。已有研究表明，行动的执行与反思的参与在获取实践性知识的过程中是不可或缺的。通过反思实践行动，发现并解决行为背后的问题和漏洞，找寻改进和完善的措施，对教师实践性知识的发展具有重要意义。在实习期间，学生真正踏入教育实践场域，面临诸多实际问题，这促使她们进行课后反思，积极探索解决问题的有效策略。

在案例访谈中，大四学生的表现相较于大一至大三学生更为成熟、专业。在回答"如何做"的问题时，她们陈述的内容具体、观点明确且具可操作性，同时能够结合实践经验，运用专业理论知识合理解释措施背后的缘由，表述清晰详尽。

> 幼儿的身心发展还不是很成熟，而且游戏对于幼儿来说是非常具有吸引力的，所以李老师在孩子们玩得正开心的时候突然要求他们停止游戏，这对于幼儿来说是非常困难的事情。如果我是李老师，我会温柔地对小朋友们说："小朋友们，现在到吃早饭的时间了，大家现在赶紧收拾好玩具，准备洗手。哇，××小朋友是第一个收拾完的，太棒了，老师一会儿给你发一朵小红花。我看看第二名收拾完的是哪个小朋友。"因为幼儿的思维正处在具体形象阶段，榜样强化法和物质强化法对幼儿来说是培养他们规则意识最有效的方式。那么在组织游戏活动之前，教师首先得强调游戏规则，说清楚游戏是有时间限制的，教师会在游戏结束前的5分钟提醒大家，然后大家要有序收拾好玩具，不遵守规则的小朋友就要受到惩罚。其实，在我们实习的时候，这些情况都是比较常见的，所以，也不是太难应对。（D41）

D41学生在第一个问题回答中提出发生这种现象的原因："幼儿的身心发展还不是很成熟，而且游戏对于幼儿来说是非常具有吸引力的。"在第二个关于"如何做"的问题上，学生谈及"我会温柔地对小朋友们说：'小朋友们，现在到吃早饭的时间了，大家现在赶紧收拾好玩具，准备洗手。哇，××小朋友是第一个收拾完的，太棒了，老师一会儿给你发一朵小红花。我看看第二名收拾完的是哪个小朋友……'"。其观点明确，内容具体、可操作，语言丰富，在之后的"为什么"的问题回答中，D41学生同样给出解释："因为幼儿的思维正处在具体形象阶段，榜样强化法和物质强化法对幼儿来说是培养他们规则意识最有效的方式……在我们实习的时候，这些情况都是比较常见的。"学生从幼儿的身心发展特点角度出发，并结合自己的实习经验，提出自己的理论依据，合理地解释了自己的观点，而且语言具有专业性和逻辑性，表述清晰详细。

  这种情况我在实习的时候经常能看到。李老师是个新老师，没有太多的经验，而且幼儿都是很活泼好动的，在玩的正高兴的时候老师突然说不能玩了，他们还沉浸在游戏里。如果我是李老师，我会先放一段舒缓的音乐或者动画片，先转移他们的注意力，让他们静下来，然后告诉他们"现在游戏的时间结束了，要马上开始吃饭了，大家赶紧把玩具收起来，我看谁是最后一名收拾完的，他会没有饭吃哦"。因为幼儿对自己感兴趣的事情会特别关注，注意力特别集中，游戏是他们最喜欢的活动，那就要想办法找一个东西来代替游戏，转移他们的注意力，而且这个东西也必须是幼儿感兴趣的，就比如儿歌或者动画片。在组织游戏活动的时候，教师要有组织地带领幼儿一起游戏，如果是自由活动的话，孩子们会特别疯，集体游戏比较容易把控，而且幼儿在集体游戏中会更加守纪律。（D44）

  D44学生从教师和幼儿两方面提出问题发生的原因，考虑问题较全面："李老师是个新老师，没有太多的经验，而且幼儿都是很活泼好动的。"在关于"如何做"的问题上，学生提出："我会先放一段舒缓的音乐或者动画片，先转移他们的注意力，让他们静下来，然后告诉他们'现在游戏的时间结束了，要马上开始吃饭了，大家赶紧把玩具收起来，我看谁是最后一名收拾完的，他会没有饭吃哦'。"所述内容具体且可操作，语言陈述也比较连贯，在解释其背后缘由时，D44学生答道："因为幼儿对自己感兴趣的事情会特别关注，注意力特别集中，游戏是他们最喜欢的活动，那就要想办法找一个东西来代替游戏，转移他们的注意力，而且这个东西也必须是幼儿感兴趣的，就比如儿歌或者动画片。"同样，学生从幼儿注意力发展规律角度，并结合自己在实习过程中所见所闻，提出自己的理论依据来支撑自己的观点，内容合理，表述清晰。

  从以上分析内容可以看出，大四学生的实践性知识发展水平比大一、大二、大三学生更加完善、全面。通过实习期，学生积累了更多关于解决实践问题的经验，能够结合专业理论知识，全面且深刻地解读实践问题。她们的言语表达清晰，问题分析深入，内容陈述具体、详细，且具有逻辑性。因此，这一阶段学生的实践性知识主要体现了理论与实践的紧密结合。

第三节 职前幼儿教师实践性知识的影响因素

本节采用问卷调查结合访谈的方式，对职前幼儿教师实践性知识的影响因素进行了深入调查。影响因素主要源自学校和个体两大方面。具体而言，学校因素涵盖教育实习、教育见习、专业课程学习等方面，个体因素主要包括自我个性特征、早期经验、学习动机等。

一、学校因素

在学校因素中，学生普遍认为大学教育实习、大学教育见习和大学专业课程的学习是影响实践性知识生成的重要因素（表2-7）。教育实习是师范专业学生成为一名正式教师前的过渡时期，是促使师范生真正走入教育实践场域接触教育环境的重要途径。已有研究也证实了教育实习对师范生实践性知识生成的影响。已有研究，如陈兴华[①]和魏善春[②]的观点，对于职前教师教育而言，教育实习是实践性课程的重要环节之一，对实践性知识的生成起着无可替代的作用。

除了教育实习之外，教育见习也是师范生进入真实教育场所的重要实践方式。在教育见习时期，师范生以亲历者的身份观察、体验教师的教学过程，并对通过感官获得的课堂信息进行分析、概括，从而理解抽象、一般化的知识如何与具体、多样化的课堂问题相结合，进而促进有效教学经验的积累，为日后在教育实习中主导教学过程、启发激励学生成长打下坚实基础。

专业课程的学习是师范生在校期间必须完成的重要任务，且在大学四年的学习时间里占据了相当大的比重。因此，这一因素对师范生实践性知识的形成具有不可忽视的重要性。刘忠喜通过叙事研究实习中的师范生，同样发现教师

[①] 陈兴华. 实践性知识与幼儿教师职前教育改革[J]. 周口师范学院学报，2012（2）：154-156.
[②] 魏善春. 师范生实践性知识及其有效教学途径探析[J]. 课程·教材·教材，2009，29（7）：73-77+83.

教育课程对其在实习前实践性知识的获取具有显著影响。[1]

表 2-7　学校因素的描述占比统计

因素	影响非常大/%	影响比较大/%	影响一般/%	影响很小/%	没有任何影响/%	平均值	排名
大学教育实习	50.6	43.4	4.2	1.2	0.6	4.42	1
大学教育见习	44.6	40.8	13.7	0.7	0.2	4.29	2
大学专业课程的学习	42.1	46.3	10.3	0.8	0.5	4.28	3

（一）教育实习

据表 2-7 可知，50.6%的学生认为大学教育实习的"影响非常大"，43.4%的学生认为"影响比较大"，平均值达到 4.42，被学生视为最重要的影响因素。教育实习是师范专业学生迈向正式教师生涯的过渡时期。学生在大学四年中所学的各种专业理论知识，都将在这一时期接受实践的检验。多数师范生的教学能力和专业素养会在这一阶段中实现质的飞跃。作为实践教学的重要一环，教育实习对实践性知识的积累具有无可替代的作用。[2]对本科阶段的学生来说，教育实习无疑是踏入教育实践场域、亲身接触教育环境的重要途径。关于教育实习的重要性，陈兴华、魏善春等学者在其研究中都有阐述：教育实习是教师教育实践课程体系中的核心环节，通过教育实习，职前教师能够有效弥补实践经验的不足。[3][4]

在访谈过程中，相较于其他年级的学生，大四学生对实习的关注程度明显提高，这源于她们在亲身经历这一阶段后，能更深刻地体会到实习对实践性知识发展的重要性。

> 我觉得在实践性知识形成的过程中，实习的影响力是最大的。因为它能够让你直接接触教育环境，可以让你深入到一线中去亲身体验教学，与幼儿真实接触，而且体验的时间也是最长的。我们在实习的时候会讲课，但次数不是很多，主要还是主班老师来讲，只有当主班老师比较忙或者我们实习生要进行公开课教学的时候，才会有机会来讲课。第一次讲课肯定

---

[1] 刘忠喜. 英语师范生实习期间教师实践性知识发展的个案研究[D]. 海口：海口师范大学，2013.
[2] 陈兴华. 实践性知识与幼儿教师职前教育改革[J]. 周口师范学院学报，2012（2）：154-156.
[3] 陈兴华. 实践性知识与幼儿教师职前教育改革[J]. 周口师范学院学报，2012（2）：154-156.
[4] 魏善春. 师范生实践性知识及其有效教学途径探析[J]. 课程·教材·教法，2009，29（7）：73-77+83.

会特别紧张，但时间长了、次数多了，就好多了，园里的老师都会给我指导。这肯定和课堂上的试讲不一样，毕竟下面都是真正的幼儿，会发生很多预料之外的事情。(D54)

从中可以看出，由于学校课堂中的教育情境具有虚拟性，因此学生在面对真实教育实践情境开展教学活动时，仍缺乏自信和技巧。然而，在实习过程中，学生能够有效地锻炼自身的教学能力，学会根据幼儿的反应作出适当调整，从而积累实践经验。这为师范生将来从事幼儿教师一线工作奠定了经验基础，并提供了必要的心理准备。

（二）教育见习

除了教育实习之外，教育见习是师范生能够走进真实教育实践场域的另一种重要实践方式。教育见习与教育实习的最大区别体现在实践时间的长度上：教育见习是一种短期的实践活动，主要通过观摩的形式来加深学生对专业知识的理解，并帮助她们更好地把握真实教学情境。吕静在其研究中提出"分散式教育见习"的观点[①]，即建议在师范生学习的每个阶段都应安排数次教育见习，而非仅限于一两次，以此来促进学生将理论知识与实践相结合，检验其学习效果，并积累教育教学经验。教育见习受到了学生的高度重视，其中44.6%的学生认为其"影响非常大"，40.8%的学生认为"影响比较大"，平均值达到4.29，重要性在所有因素中排名第二。

教育见习与教育实习不仅在实践时间上有明显差异，还在实践目的和内容上各有不同。大多数高校会将本科阶段的教育见习安排在大二、大三时期。在此期间，师范生通常以学习者的身份，观察并模仿其他教师的教学行为，之后对观察所得进行分析与思考，为大四的教育实习积累宝贵经验。

榜样学习是社会心理学家班杜拉提出的一种重要学习方式。在教育见习的观摩过程中，师范生对优秀教师教育行为的学习和模仿便是一种榜样学习。这一过程能让师范生直观感受到教育智慧的魅力，激发她们的崇拜和求知欲望。对此，有学生表示了强烈认同：

[①] 吕静. 教师职前实践性知识培养：现状与途径——以边疆民族地区教师教育为例[J]. 全球教育展望, 2009 (10): 72-77.

在见习的时候，我们有时候会参加幼儿园里的优秀老师的示范公开课，她们准备的活动都特别充分，效果也特别好，园长与其他老师都会给出比较好的评价。她们就说自己展示的公开课并不是第一次拿出来，而是反复练了好多次，经过很多次修改，我觉得这个过程对于我们师范生实践性知识的学习特别重要。观摩完，老师就会带我们做一些讨论、反思什么的，就说一说感受，证明我们没白来，确实学到了一些东西。(D34)

从中可以窥见，学生在见习期间，通过观摩优秀教师的示范教学活动，并随后进行分析、讨论与反思，能够形成个人的实践认知，这一过程对学生的实践性知识形成具有积极的促进作用。

（三）专业课程学习

由于本科阶段的师范生大部分时间专注于专业课程的学习，因此，专业课程这一因素对学生实践性知识的影响作用极为重要。专业课程是师范生在校期间获取实践性知识的主要途径，因为它们占据了大学四年的大部分时间，也是师范生必须完成的核心学业任务。在调查中发现，大部分学生强调，在专业课程学习中，教师的指导方式及教学方法对实践性知识的获取尤为重要。相较于传统的"教师在上面讲，学生在下面听"的教学模式，互动式或由学生主导的教学方式更受学生欢迎。这是因为互动式教学方式能够激励学生主动思考并解决问题，更有效地锻炼学生的自主学习能力。由此可见，在教育师范生实践性知识的过程中，教育课程的影响和作用是不容小觑的。

由表2-7可知，42.1%的学生认为大学专业课程的学习"影响非常大"，46.3%的学生认为"影响比较大"，平均值为4.28，在所有因素中排名第三。专业课程中的理论课程与实践课程的配置比例、课程实践学习方式、教师的指导等因素都会在一定程度上对师范生的实践性知识产生影响。

在访谈过程中，有学生提到，在专业课程的学习上，教师的教学方式和指导方式对她们实践性知识的形成起到尤为关键的作用。她们更倾向于那种由教师引导、学生占主体地位的教学方式，而非传统的以教师为主体的"教师在上面讲，学生在下面听"的模式：

实践性知识的形成必须通过实践活动，我们现在的实践类课程很多都是老师布置任务让我们自己去做，比如幼儿教育的五大领域，我们这学期主要是学习科学领域活动，老师就会让我们自己设计一堂科学领域活动然后在班里进行试讲，讲完之后，老师和同学们都会给出评价。我觉得这个过程让我得到很多锻炼。（D21）

从中可以看出，多样化的课程实践学习方式对师范生实践性知识的形成具有积极的促进作用。

二、个体因素

在个体因素中，自我个性特征、生活经验、大学之前的学习经历以及学习动机是影响职前幼儿教师实践性知识生成的关键因素。个体性是教师实践性知识的基本特征之一，教师的个性特征对其实践性知识的形成与发展具有显著影响。它会形成一种特定的倾向或态度，不仅影响幼儿教师关于自我认知的知识，还会作用于其实践行为，在反复的实践尝试与错误纠正中逐渐塑造实践性知识。教师的个性特征决定了其看待和处理教学问题的方式，这种影响渗透到实践性知识的各个方面，从而形成了各具特色的实践性知识体系。通常，外向型幼儿教师的实践性知识倾向于更加活泼开放，调整变化更为迅速；而内向型幼儿教师的实践性知识则相对更加稳定保守，多在微调中逐步修正。

此外，生活经验也是塑造教师实践性知识的重要因素。建构主义学习理论指出，学习者并非空着头脑进入学习环境。这意味着师范生在进入大学接受专业学习之前，作为孩子和学生在家庭和学校中所积累的经验，对其后续的专业学习具有深远影响。

学习动机同样直接关乎职前幼儿教师实践性知识的形成与发展。每位师范生选择专业的背后都有其独特的理由，这些理由往往转化为学习动机，进而左右她们专业学习的进程与效率。当职前幼儿教师的学习动机强烈时，她们会投入更多时间与精力认真学习，不断提升自我。相反，若学习动机较弱，学生则可能学习目标不明确，缺乏实践与反思的积极性。

（一）自我个性特征

个体性是教师实践性知识的基本特征之一，因此，自我个性特征在实践性知识的生成过程中存在着重要的影响。从表2-8可知，35.4%的学生认为自我个性特征"影响非常大"，52.9%的学生认为这一因素的"影响比较大"，只有0.3%的学生认为这一因素"没有任何影响"，平均值为4.22，在所有因素中排名第四。已有研究指出，自我个性会随着个体的成长逐渐形成一种学习态度，操控着实践行为的发生，进而在不断的实践过程中生成实践性知识。[①]不同性格的教师，其处理实际教学问题的态度或方法不同，从而生成的实践性知识也不同。性格外向的幼儿教师，其实践性知识更加开放，也更加容易调整，而性格内向的幼儿教师，其实践性知识会更加保守，不易大幅度修正。[②]

表2-8 个体因素的描述统计

影响因素	影响非常大/%	影响比较大/%	影响一般/%	影响很小/%	没有任何影响/%	平均值	排名
自我个性特征	35.4	52.9	10.3	1.1	0.3	4.22	4
生活经验	40.6	42.0	14.0	2.9	0.5	4.19	5
学习经历	38.7	43.5	12.6	3.0	2.2	4.14	6
学习动机	33.1	46.9	16.6	2.5	0.9	4.09	7

在访谈中，大多数学生也提及这一因素的具体影响作用。

我觉得每个人的个性方面对这个实践性知识的影响挺重要的。因为个性很难会因为外在的环境而发生改变，个性不同，他的做事风格呀，说话语气呀都不一样。（D26）

我觉得自己本身内在的因素影响会非常重要，比如性格，每个人的性格不一样，他的行为处世方法就不一样。比如有的人性格特别外向，说话什么的特别直爽，这种人跟人打交道就会很容易。（D32）

每个人身上的这种内在品质我觉得对实践性知识的发展特别重要，比如他的性格，还有这种好学呀、认真呀、有毅力呀等等，这种是内在的，有的可以培养，可以通过后天锻炼得到，有的就是天生的，像性格，就很难改变。我们班像有的学生性格就比较内向，平时也不怎么说话，跟老师跟我们都很少交流。（D42）

[①] 袁敏. 民办幼儿园教师实践性知识发展现状的个案研究[D]. 成都：四川师范大学，2014.
[②] 李丹. 幼儿教师实践性知识发展研究[D]. 重庆：西南大学，2011.

从以上访谈内容可以看出，大多数学生认为性格对实践性知识的影响至关重要，特别是在人际交流方面，偏内向性格在为人处世中处于相对劣势，进而在一定程度上影响其在学习和工作中的表现，而活泼开朗的性格则更加容易与人相处，从而有助于建立更广泛的人脉。

（二）早期经验

早期经验对实践性知识的获得具有一定的影响。每位师范生在踏入大学校园之前，都经历了丰富多彩的生活与学习历程，无论是生活琐事还是学业挑战，这些经历并不会随时间流逝而消逝。相反，其中一些"关键事件"会被个体通过选择性记忆保留在大脑中。当日后遇到相似情境时，个体会自动调用这部分记忆来指导问题的解决。实际上，早期经验不仅来源于"学生经历"，还深受家庭教育的影响。[①]

1. 生活经验

家庭生活一直伴随着学生的成长。早期的家庭教育对个体的发展非常重要。父母的家庭教育方式、教育理念等都会无形中影响个体一生的发展。在调查中发现，40.6%的学生认为这一因素的"影响非常大"，42.0%的学生认为这一因素的"影响比较大"。在访谈中，也有学生提到：

> 我觉得对我实践性知识影响最大的是我的父母。因为我爸妈都是知识分子，他们现在都是老师，我记得他们在我很小的时候就教我做任何事的时候都要特别认真，你要么不做，要做就认真地做。我学这个专业也是他们建议我的，他们觉得这个专业比较轻松，比较适合女孩。（D16）

从中可以看出，父母的做事风格会体现在对孩子的教育过程中，而孩子接受的这种教育往往会延续父母的做事风格。此外，当学生面临选择的时候，父母通常会根据自身经验提供建议，而大多数学生倾向于遵从父母的建议。由此可见，父母在学生个体的成长过程中扮演着至关重要的角色。

2. 学习经历

38.7%的学生认为学习经历对于实践性知识的"影响非常大"，43.5%的学

---

① 李利. 职前教师实践性知识发展研究[D]. 苏州：苏州大学，2012.

生认为"影响比较大",平均值为 4.14。大多数学生在谈到学习经历给自己带来的影响时,会提及"曾经的老师"。在她们的心目中,"曾经的老师"给她们留下过深刻的印象,有的是老师上的一堂课,有的是老师对自己的关心,有的是老师的某一个行为等等。这些"深刻的印象"形成的关键事件被学生深深记忆在大脑中,影响着她们的成长。

> 其实在我上学的时候,我觉得以前的老师教得特别认真。有一个给我印象特别深的就是我上高二的时候,我们数学老师,很多高中老师只管前几名学习好的,就是为了保证班里有希望的学生能考上大学,像成绩排在中等和后面的,老师们通常不管。但我们数学老师就不是,我当时成绩在我们班里算中等,不算太好,然后我们数学老师叫人补课,刚开始念的都是前几名学生,后来就念了我的名字,我就特别感动,感觉没有被老师放弃。然后我就想着我以后如果当老师了,也要像我们数学老师一样。(D34)

从访谈内容可以看出,"曾经的老师"往往能因某一特定事件而深深打动学生,从而在学生心中树立起一个榜样的形象,激励学生持续朝着这一目标努力。我们常说,先前经验在学生心中更多地形成了"教学意向",这种教学意向进而转化为一种意念与动力,在思想意识层面推动学生的成长与发展。因此,这种内在的影响因素更加值得人们的重视与关注。

(三)学习动机

每一位师范生在踏入大学校门之前,都怀揣着自己的职业理想,这个理想是她们进行专业选择的重要驱动力。如果学生所学正是其理想中的专业,那么他(她)的学习动机便会相对强烈,愿意投入更多的时间和精力去深入钻研,不断取得成长;反之,若因外在因素而被迫选择了自己不感兴趣的专业,那么他(她)的学习动机便会相对较弱,这往往导致学习目标不明确,缺乏实践与反思的积极性。因此,不同的学习动机对职前幼儿教师实践性知识的形成与发展具有直接影响。①

33.1%的学生认为这一因素的"影响非常大",46.9%的学生认为"影响比较大"。学习动机在很大程度上影响着学生对于专业的选择问题。在访谈过程中,

---

① 袁敏. 民办幼儿园教师实践性知识发展现状的个案研究[D]. 成都:四川师范大学,2014.

大二学生 J 表示学前教育专业并不是自己的初衷，自己当初报考的第一志愿是计算机，高中理科出身的她根本没想过自己会学习师范专业，以后当一名老师。但是，因为成绩和名额的原因，她被学校调剂到学前教育专业，只能无奈接受现实。现在的她在班里成绩并不是很好，课堂表现也不尽如人意，用她的话来说："对这个专业不感兴趣，只要毕业能拿上证就行。"对专业的不满与不感兴趣使得该学生在学习过程中缺乏动力，进而影响了其实践性知识的发展水平，表现相对较差。然而，在另一名学生的访谈中，情况与学生 J 截然不同。同样是因调剂而进入学前教育专业，D22 学生在经过一年的学习后，并未对该专业产生反感或不满，反而依然保持认真、专注的学习态度。当问及原因时，她表示：

> 本来我就挺喜欢小孩儿的，见到小孩儿就感觉特别可爱，想摸一摸呀，逗一逗他呀。一开始没想到要报这个专业，因为觉得幼儿老师这个职业地位还是比较低的，而且工资好像也不高。但现在国家也开始重视幼儿教育了，我就接受这个专业了。然后家里人也都说这个专业比较适合小女孩儿，挺好的。我就慢慢不排斥了。

从中可以看出，学习动机对师范生的专业学习以及后续职业发展都具有深远的影响。并且，影响师范生学习动机的因素并非单一，而是内在因素和外在因素并存。

第四节 职前幼儿教师教育建议

职前幼儿教师教育实习、教育见习、专业课程学习以及个性特征、早期经验、学习动机等个人因素是影响其实践性知识发展的核心要素，共同指引着其实践性知识的发展路径。显而易见，影响职前幼儿教师实践性知识的因素是多元化的。因此，本节将从自我认知、人际关系、学校教育等多个角度展开探讨，旨在开辟多样化的教育实践渠道与形式，为职前幼儿教师实践性知识的发展营造一个有利的环境。

一、加强职前幼儿教师对自我的关注和理解

自我认知被视为其他各类知识的"后设层次"知识，教师的教学知识运用

是在其自我知识的监控之下进行的。根据调查结果，职前幼儿教师在自我认知方面的实践性知识发展水平相对较低，而个性特征、先前经验以及学习动机是影响其实践性知识发展的几个关键因素。因此，提升职前幼儿教师对自我的关注和理解显得尤为重要。要实现自我认知，首要任务是树立客观的自我评价意识，避免自我贬低或自我夸大的极端倾向，积极正视自我，既要认识到自身的优势，也要关注自身的不足。其次，制定职业前景规划，要求大学生在充分自我认知和专业了解的基础上，对未来职业生涯进行合理规划。调查中，不少大学生表示不清楚所学专业未来在社会中的价值定位，因此，帮助她们了解社会职业发展动态，明确个人态度、兴趣、就业理想和行为动机，激励她们朝着职业目标努力奋斗，显得尤为重要。

（一）专业能力认知

教师作为一个拥有悠久历史的职业，被公认为"专业"的。在与医学、法律学等专业的比较中，教师的"专业"身份同样具备坚实的底气。传统观念中，教师的工作被概括为"传道、授业、解惑"，被誉为"人类灵魂的工程师"。长期以来，关于教育是科学还是艺术的争论从未停歇；历史上也曾出现过"以吏为师""以德为师""以学为师"的现象，似乎有道德、有学问或有官职的人皆可胜任教师一职。然而，今日的教育已与传统教育有着根本性的不同。在现代社会，教师是开发人力资源的重要途径，特别是在现代认知科学、信息科学等学科发展的推动下，教师的工作日益成为一项高度复杂且充满创造性的活动，具有自己独特的职业特征和不可替代的专业性，"教师专业化"正是这一变化的概括与体现。这样的"教师专业化"要求教师需具备自身的"专业精神"，明确"专业定位"，并对自身的"专业能力"有清晰认知。在职前幼儿教师实践性知识初始调查问卷的结果中，关于自我认知的实践性知识维度平均得分为18.91，处于五大维度的中等水平，这提示我们在职前幼儿教师的教育中，应当重视并加强对其专业精神和专业能力认知的培养。

职前幼儿教师的自我专业能力认知是其专业成长的重要基石。职前幼儿教师应树立自信，深化对自身专业能力的认知，明确自身的优势与不足，以便在教育实践中扬长避短，充分发挥个人特长。在一般能力（即智力）方面，职前幼儿教师须达到一定水平，以确保能胜任正常的教学活动。而在教师专业特殊能力方面，职前幼儿教师应夯实基础，通过自我评估、同伴评价、专家指导等多种途径，全面了解自身在教学能力、组织能力、语言表达能力、学科教学能力等方面的表现，及时发现存在的问题并寻求改进方法。对于能力突出的职前幼儿教师，可以进一步深化其教育科研能力，加深对教学实践的认识。同时，她们还应密切关注幼儿教育领域的前沿动态，了解最新的教育理念和教学方法，以便不断更新知识结构，提升自身的教育教学水平。

1）自我评估：职前幼儿教师应定期进行自我评估，以全面了解自身在教学设计、课堂管理、学生评估等方面的能力。自我评估的具体方式包括填写自我评估表和参与自我反思日记等。这些活动有助于职前幼儿教师清晰认识到自己的强项和有待改进之处。

2）同伴评价：通过同伴评价，职前幼儿教师可以获得来自第三方的反馈，从而能够从不同视角审视自己的教学实践。同伴评价可通过小组讨论、教学观摩等形式展开。在这些活动中，职前幼儿教师能够相互观摩教学，并给出建设性的反馈意见。

3）专家指导：教育专家能为职前幼儿教师提供专业的建议，助力其改进教学方法，提升教育质量。专家指导可以采取一对一辅导、工作坊、研讨会等形式。在这些活动中，职前幼儿教师有机会向专家学习，汲取宝贵的经验和知识。

（二）职业生涯规划

教师的职业生涯规划是指教师基于自身优势和特点，结合时代、社会的要求等主体共同愿景，所制定的旨在促进自身有计划、可持续发展的预期性、系统性的自我设计和安排。教师进行职业生涯规划具有极其重要的意义。

职前幼儿教师尚处于学生阶段，尚未正式步入教育教学岗位，她们对未来工作满怀热情与期待，但同时也因缺乏教育实践经验而感到迷茫。为职前幼儿教师构建合理的职业生涯规划，是实现其职业目标的重要途径。"凡事预则立，不预则废"，职业生涯规划如同航标，对职前教师的未来发展与成长具有不可估量的引领作用。通过职业生涯规划，学生可以清晰地确定自己的职业方向和发展目标，制定出科学合理的职业计划，并按部就班地实施，以期实现自己的职业梦想。因此，学校应当加强职业生涯规划教育，帮助学生深入了解幼儿教育的职业特性和发展趋势，引导她们树立正确的职业观念和价值观，明确职业目标和发展方向，从而更好地规划自己的职业生涯。

1. 职业目标设定

职前幼儿教师应基于对自己的观察、判断、评价及感受，结合自身的兴趣和能力，设定短期与长期的职业生涯目标。短期目标可能涵盖完成特定的培训课程、获取教师资格证书等；而长期目标则可能涉及成为某一领域的专家、担任教育领导职务等。合理的职业目标设定，一方面能为职前幼儿教师提供持续专业发展的思想动力，另一方面也能引导她们关注自我，努力实现全面而持续的发展。为了便于目标达成，职业目标可以进一步细化为总体目标、阶段性目标和分项目标。其中，总体目标代表3—5年后教师专业发展的预期成果；阶段性目标和分项目标则应设定得具体而明确。此外，明确实现职业目标所需的必要条件，将目标分解为易于实现的阶段性小目标，并根据外界环境的变化及时修正目标，同样至关重要[1]。

一般说来，教师在制定专业发展规划时，应注意以下几点：①正确认识自己当前所处的专业发展阶段，并接纳自我；②明确当前职业工作提出的职业要求；③审视自身条件和职业要求，判断自己的发展方向；④制订总体规划和研修计划，确定发展目标和行动策略；⑤实施计划，收集相关资料；⑥整理资料，积累经验，提炼成果；⑦评价自己的专业发展业绩，提出改进意见，设计下一阶段的研修计划。[2]

2. 职业路径规划

职业路径规划是实现职业目标的具体行动蓝图。它能够帮助职前幼儿教师清晰地认识到实现目标所需经历的步骤以及所需调用的资源，进而使她们能够更有条不紊地进行职业发展。职前幼儿教师应制定一份详尽的行动计划，其中涵盖将参加哪些培训课程、参与的时间安排，以及如何平衡工作与学习之间的关系等内容。这份计划需要具备灵活性，以便根据实际情况做出适时调整。

---

[1] 彭兵.成就专业的幼儿教师——幼儿教师专业发展阶段研究[M].北京：北京师范大学出版社，2012：182.

[2] 周冬祥.校本研修：理论与实务[M].武汉：华中师范大学出版社，2007：174.

3. 持续学习

持续学习是职业生涯规划中不可或缺的一环。随着教育领域的持续进步，新的理论与实践层出不穷，职前幼儿教师需要保持好奇心与学习热情，坚持持续学习，不断更新知识结构，以应对教育改革的挑战。这可以通过参与工作坊、研讨会、在线课程等多种途径来实现。此外，职前幼儿教师还应密切关注教育领域的最新动态，例如订阅专业期刊、加入专业社群、参加教育展览等。除了专业知识的学习，职前幼儿教师还应注重培养自身的软技能，如沟通能力、团队合作能力、创新思维等。这些技能在未来的教育工作中同样至关重要，能够帮助她们在多变的教育环境中更好地适应与创新。

4. 定期评估

职前幼儿教师应定期评估自己的职业发展进度，并依据评估结果对职业规划进行相应的调整。这可能包括重新设定目标、调整职业路径或增添新的学习内容。通过持续的自我评估与调整，她们能够确保自己的职业生涯始终沿着正确的方向前进。

总之，职业生涯规划是一个动态的持续过程，要求职前幼儿教师不断地进行自我反思、学习以及调整。通过确立清晰的目标、制定详尽的路径规划、保持持续的学习以及执行定期的自我评估，她们能够为自己的职业生涯铺设一条通往成功的坚实道路。

二、促进职前幼儿教师发展人际交流知识

学生的大部分时间在学校度过，因此所能接触到的交流对象相对有限，主要是授课教师和同学。能够真正与幼儿及幼儿家长面对面交流的机会，通常仅在实习或见习过程中才会出现，这导致大学生在人文环境互动实践性知识方面的缺失，特别是与未来职业中需面对的人群互动的知识。在资源有限的情况下，专业教师可凭借自身经验增加教育实训环节，例如，以小组为单位，通过设定情境主题、情境再现、情境解决等活动，让学生在角色扮演中体验幼儿、家长及幼儿教师的角色特点，感受和学习与幼儿及家长交流互动的方式。此外，高校可与幼儿园合作，邀请优秀的园长或带班教师为大学生开展教育活动观摩，通过重现真实场景并分享亲身经历，为师范生提供宝贵的经验和有效的

应对策略。这样，学生更容易受到幼教工作者的启发，以积极的心态吸收更多有益的知识和经验。

（一）教育者：职前幼儿教师的支持者

教育者，包括教师和教育专家，对职前幼儿教师的成长起着至关重要的作用。有研究指出，新入职教师会从昔日从学教师的教学态度中，评判出哪些行为是属于正面的，哪些行为是属于负面的，并向正面者学习[1]。在职前幼儿教师专业学习的过程中，她们会接触到众多不同教师的课程，这些教师的教学态度和方法会在她们脑海中留下深浅不一的印象。职前幼儿教师正式步入教师岗位后，会在自然的教学情境中回想起当年老师们的教学方式，尤其是那些令她们钦佩的教师的教学，不由自主地产生模仿和学习的冲动。教育者在职前幼儿教师的成长历程中扮演着关键的支持者角色，她们不仅传授教育理论和专业知识，还提供实践指导和心理支持，帮助职前幼儿教师克服学习道路上的困难和挑战。因此，在与教育者沟通交流时，教育者能够关注到职前幼儿教师的学习需求和心理变化，为她们提供个性化的教育支持和帮助，从而促进其实践性知识的发展。

1. 教学态度

教育者应当展现出积极的教育态度，为职前幼儿教师树立起良好的榜样，这种态度具体体现在对教育的满腔热情、对学生的深切关爱以及对教学工作的严谨认真等方面。已有研究表明，教师的热情与积极态度能够显著提升学生的学习动机及学业成绩。[2]教育者的态度不仅直接关乎职前幼儿教师对教育的认知与态度，还可能深刻影响她们的教学方法选择及职业满意度。

2. 个性化支持

教育者应当关注职前幼儿教师的个性化需求，并为她们提供针对性的指导和帮助。个性化的指导和支持能够显著提升职前幼儿教师的自信心和职业胜任感。这种个性化支持可能涵盖制定个性化的教学计划、提供额外的辅导时间，以及协助职前幼儿教师解决她们所面临的特定问题等。

---

[1] 邵光华. 教师专业知识发展研究[M]. 杭州：浙江大学出版社，2011：163.
[2] 孙彬彬. 教师态度对学生学习动机的影响[J]. 科教文汇（上旬刊），2018（16）：23-24.

（二）管理者：职前幼儿教师的协调者

管理者在职前幼儿教师的培养过程中扮演着至关重要的协调角色。她们不仅是协调各方关系的纽带，更是坚定的支持者和资源的提供者。管理者需要确保职前幼儿教师能够获得充分的支持和资源，以推动其专业成长。这包括协调学校内部各部门，为职前幼儿教师提供高质量的教育资源和实践机会；同时，也需要协调学校与外部社会组织的关系，为职前幼儿教师开辟更多的实践途径和发展平台。因此，管理者应当强化对职前幼儿教师的培养与管理，构建起完善的培养机制和管理体系，确保学生能够获得充分的锻炼与提升。

1. 资源协调

管理者应当协调学校内外的各类资源，为职前幼儿教师提供丰富多彩的实践机会。这可能涵盖与其他学校的协作、与社区组织的合作，以及与企业的联合等。通过这些合作渠道，职前幼儿教师能够获取更多的实践锻炼机会，进而提升自己的实践能力。例如，她们可以参与到社区举办的儿童活动中，或者在企业资助的教育项目中担任实习教师，以积累实际的教学经验。

2. 制度建设

建立和完善培养机制与管理制度，是确保职前幼儿教师在一个有序环境中成长的关键。这可能涵盖设定清晰的培养目标、提供全面的培训课程，以及构建有效的评估体系等方面。借助这些制度，职前幼儿教师可以更加有计划、有方向地推进自身的专业发展。例如，学校可以成立专门的教师发展中心，定期举办培训和研讨会，助力职前教师紧跟最新的教育理念与教学方法。同时，构建一套管理者主导的评估机制，不同于同伴评价，该机制能够依据职前幼儿教师的培养目标，定期评估其学习进展与教学能力，并及时提供反馈与指导。

总之，在培养职前幼儿教师的过程中，管理者不仅要负责协调资源，还需致力于建立和完善培养机制与管理制度，从而为职前教师的专业成长提供全面而深入的支持。通过这些举措，可以确保职前幼儿教师在未来的教育岗位上能够胜任有余，为儿童的成长与发展贡献出积极的力量。

（三）同侪者：职前幼儿教师的知心伙伴

同侪是职前幼儿教师在其学习与成长旅程中的重要伙伴。同侪关系指的是两个或多个在年龄、地位、兴趣等方面相近的平辈之间，共同学习、反思教育教学实践、掌握新技能、分享经验并携手进步的友好互助关系。经验交流至关重要。同侪间的交流能够增强职前幼儿教师的职业归属感，促使她们共同参与教学研究并应对实际问题。通过与同伴的交流，职前幼儿教师可以获取更多宝贵的间接教学经验，这些经验经由教师的内化，转化为学科教学知识。为职前幼儿教师创造更多同侪交流的机会，有助于她们更快地适应教学环境。许多新手教师在入职初期都表示，同事或资深教师的一语点拨往往能让她们在教学难题上豁然开朗。众多研究也指出，新入职教师在教学遇到挑战时，最倾向于也最常向校内经验丰富的同事求教。在日常交流中，同事间的相互学习、沟通和合作，对于职前幼儿教师的成长与学习至关重要。同伴间的共同学习促进了知识与经验的分享，激发了创新思维，帮助解决难题，并推动共同成长。

为促进职前幼儿教师间的合作与交流，学校可采取多种措施，搭建多样化的学习平台。例如，学校可以组织学习小组、定期研讨会及多种形式的工作坊。这些活动不仅为职前幼儿教师提供了交流的平台，还鼓励她们积极投入教学实践。通过这些平台，职前幼儿教师可以探讨教学案例、分享心得、相互评价教学设计并提出改进建议。此外，她们还可以共同参与教学研究项目，团队合作深入探索教育理论与实践中的问题，共同寻求解决方案。这样的互动不仅加深了职前幼儿教师之间的理解和友谊，也为她们提供了相互学习和成长的空间。在此过程中，她们能够学习到多样化的教学理念和方法，提升专业素养。同时，这种合作与交流的氛围也有助于职前幼儿教师树立终身学习的观念，为她们未来的职业生涯奠定坚实的基础。

（四）师幼互动：职前幼儿教师的经验来源

陈向明指出，实践性知识的形成和所有知识学习的过程一致，都是一个认知主体"建构"的过程。[1]职前幼儿教师要想真正构建属于自己的实践性知识，与幼儿的互动是不可或缺的环节。只有通过与幼儿的互动，职前幼儿教师才能够深入了解幼儿的需求和行为特征，进而更有效地进行教学设计与实施。这种互动是她们除课本知识外，获取主要经验的重要途径。

---

[1] 陈向明.实践性知识：教师专业发展的知识基础[J].北京大学教育评论，2023（1）：104-112.

1. 观察学习

职前幼儿教师应仔细观察有经验的教师如何与幼儿进行互动，并从中学习有效的互动策略。这可以通过观摩优秀教师的教学实践、参与教学研讨等多种形式来实现。通过这些活动，职前幼儿教师可以掌握与幼儿建立良好关系的方法，以及有效引导幼儿学习的技巧。例如，她们可以观察到经验丰富的教师如何利用游戏、故事讲述等手段吸引幼儿的注意力，以及运用提问、鼓励等方式激发幼儿的思考与创造力。此外，职前教师还可以从观察中学习如何处理幼儿间的冲突、如何在课堂上维护秩序，以及如何依据幼儿的反馈灵活调整教学策略。师幼互动是一门深奥的学问，要求职前幼儿教师在观察有经验教师的过程中，融合自身思考，生成并应用实践性知识。

2. 实践体验

通过实际的教学实践活动，职前幼儿教师可以亲身体验与幼儿互动的过程，从而积累宝贵的经验。这可以通过参与实习、担任助教等途径来实现。在这些实践中，职前幼儿教师可以提升自己的教学技能，更深入地理解幼儿的需求。例如，在实习期间，职前幼儿教师有机会亲自策划并实施教学活动，尝试采用不同的教学方法，观察幼儿的反应，并根据幼儿的反馈灵活调整教学计划。同时，她们还能在实践中学习如何与家长有效沟通、如何评估幼儿的学习进展，以及如何为每位幼儿提供个性化的支持与指导。这些实践经验对职前教师而言极为珍贵，不仅有助于她们构建对幼儿教育的深刻认知，更为她们未来的职业生涯铺设了坚实的基础。

三、把握职前幼儿教师实践性知识发展的关键期

大三阶段，在大学四年的学习历程中起着承上启下的关键作用，是职前幼儿教师实践性知识发展的黄金时期。在这一阶段，大三学生往往面临着实然与应然状况的冲突，因为许多师范生开始踏上教育实习的征程，实习过程中她们会发现，先前学习的理论与一线教学实践之间存在一定差距，同时缺乏将理论知识转化为实践教学以及解决实践问题的能力。为了化解这一矛盾，首要任务是鼓励师范生主动与指导教师沟通交流，分享自己对知识的理解及对教育教学

的见解,在互动中推动实践性知识的发展;其次,应增加师范生的实践机会,让她们在亲身实践的感悟、体验和反思中促进实践性知识的成长。因为,单纯追求理论知识的学习而忽视实践经验的积累,容易导致理论与实践脱节,使得学生对理论知识的掌握变得一知半解甚至困惑不解。因此,一方面,要加大教师职前教育中实践课程的比重;另一方面,要积极创造条件,为学生提供更加多样化的实践平台,使学生在学习理论知识的同时,能够结合真实的教育情境,深化对知识的理解与应用。

(一)"实践教学"为内化

实践教学是职前幼儿教师专业成长不可或缺的一环,它使职前幼儿教师能够将课堂上学到的理论知识转化为实际操作能力。为了更有效地促进知识的内化,学校应当设计多样化的实践教学活动,例如模拟教学、微格教学、参与式观察等,让职前幼儿教师在模拟或真实的教学情境中尝试、体验、反思并不断改进。此外,诸如专题讲座、课程研讨、学术报告等专业活动,对于增进教师的学科教学知识具有直接作用。教研组或教研室组织的观摩教学、公开课等活动,同样是提升学科教学知识的重要途径。通过观察他人的教学过程,即"旁观学艺",职前幼儿教师不仅能够深化对学科教学知识的理解,还能学习到教学态度等宝贵经验。

1. 多样化活动

参加多样化的实践教学活动,如模拟教学、微格教学、参与式观察等,旨在提升职前幼儿教师的实践能力。这些活动能够让职前幼儿教师在多种情境中运用所学知识,从而增强她们的适应能力。实践教学的核心目标是帮助职前教师深入了解幼儿的身心发展特点,掌握并熟练运用幼儿教育的基本方法和策略,同时在多样化的活动中锻炼其初步从事幼儿教育科研的能力。在模拟教学中,职前教师可以自主设计教学活动,独立选择合适的教学方法,并学习制作多媒体课件,以此获取实践性知识。相较于单纯的课堂观摩,参与式观察能更深入地引导职前幼儿教师进入教学实践之中。

2. 专业活动

组织专题讲座、课程研讨等专业活动,旨在增进职前幼儿教师的学科教学知识。这些活动能够为职前幼儿教师提供了解最新教育理念和教学方法的平台，进而提升她们的教学水平。

教师的专业性成长与专业活动的进步紧密相连。教师在以"学习"和"反思"为核心特征的专业活动中，不断积累实践性知识和教育智慧。鉴于教育活动本身的复杂性，这就要求教师必须深入教学一线，不断总结宝贵的教学经验；在观摩研讨和教学研究活动中，积极寻找对同一课题感兴趣的同事进行交流与合作；同时，对自己的专业需求保持敏锐的洞察力，以便选择适合自己的学习方式。专业活动不仅能为教师带来阶段性的成长，更能实现其职业生涯的跨越式进步。

（二）"教学竞赛"为强化

教学竞赛作为一种充满竞争性的实践活动，不仅能够激发职前幼儿教师的内在潜能，还能显著提升她们的教学技能和创新意识，为职前幼儿教师搭建了一个展示自我、提升自我、学习成长的宝贵平台。通过参与教学竞赛，职前幼儿教师在有限的时间内，能够充分调动自己的知识储备，展现独特的教学风格，并接受来自同行的评价与建议。这样的经历对她们而言极为珍贵，有助于她们总结经验、发现不足，并在未来的教学实践中持续强化与提升自我。

1. 竞赛准备阶段

职前教师应积极投身于教学竞赛的准备工作之中，这一过程对于提升她们的教学设计与实施能力具有举足轻重的作用。竞赛准备涵盖选择教学主题、设计教学方案、准备教学材料等关键环节。通过这些活动，职前教师能够增强自身的教学设计能力，并对教学内容有更深入的理解。

2. 经验总结与反思

通过参与教学竞赛，职前幼儿教师可以回顾自己在比赛中的表现，明确自身的优点及有待提升之处。竞赛结束后，她们应进行深刻的反思，总结经验与教训，以便在今后的工作中扬长避短，并针对发现的不足制定改进策略。这一持续的自我提升过程，将助力职前幼儿教师逐步成长为更加杰出的教育工作者。

3. 同行交流与合作

在教学竞赛的过程中，职前幼儿教师有机会与其他教育工作者深入交流和合作，这不仅能拓宽她们的视野，还能促进相互间的学习。通过与同行的互动，职前幼儿教师可以了解到多样化的教学方法和策略，进而丰富自身的教学手段。此外，团队合作的经历也能帮助她们学会如何在集体中发挥自己的作用，并掌握在团队中有效沟通和协作的技巧。

4. 应对压力与挑战

教学竞赛常常伴随着一定的压力和挑战，当面对时间紧迫、资源有限以及评委的严格要求时，职前幼儿教师需要学会如何保持冷静，有效地管理自己的情绪和压力。这种能力对于她们未来在真实教学环境中的表现至关重要，毕竟教育工作本身就是一个充满挑战与压力的领域。

5. 教学理念的形成与创新

通过教学竞赛，职前幼儿教师不仅能够实践和检验个人的教学理念，还能够激发创新思维，逐步形成自己独特的教学风格。在准备和参与竞赛的过程中，她们有机会尝试多样的教学方法，探索理论知识与实践相结合的有效途径，进而逐渐塑造出别具一格的教学理念。

四、提高职前幼儿教师教育实习和见习的质量

当前，教育实习普遍被大学生视为影响其实践性知识发展的关键因素之一，然而其真正价值却未能得到充分发挥。部分院校为达到《教师教育课程标准（试行）》的相关要求，不顾及自身的办学基础和条件，仅一味追求实践课程学时与学分的达标，或采取"放羊式"管理，让学生在幼儿园实习长达一学期，这种"盲目实践"的做法将导致未来幼儿园教师在实践性知识上的匮乏。就师范生个体而言，她们在实习过程中大多只是机械地重复教育任务，为"工作"而"工作"。这些问题的本质凸显了职前幼儿教师教育实习与见习的质量不高，未能有效促进职前幼儿教师实践性知识的良好发展。从实践性知识的生成角度看，至少需要两个条件：一是实践行为的存在，二是反思的进行。单纯通过外界模仿获得的知识并非实践性知识，而是程序性知识，只需要按照操作

步骤执行即可。实践性知识是个体化的知识，需经过个体内部的反思和体悟才能获得。因此，高校应建立科学、合理、有效的师范生实习管理制度，制定完善的师范生专业实习考核标准，充分发掘实习的潜力，鼓励大学生带着研究课题进入幼儿园进行观察和实践，不断对学前教育理论与实践中的各种问题进行深入的思考与研究，从而实现理论与实践的有效融合。

（一）创新培养方式，帮促职前实践性知识技能的掌握

为了提高职前幼儿教师教育实习和见习的质量，学校和教育机构应不断创新培养方式。例如，可以采用项目制学习、翻转课堂等形式，让职前幼儿教师在实际的教育项目中实践和学习；同时，还可以利用数字技术，如虚拟现实（VR）和增强现实（AR），来模拟真实的教学场景，从而增强实习的多样性和丰富性。

1. 项目制学习、翻转课堂

通过参与实际的教育项目或者带着问题、目的进行探索，职前幼儿教师能够在实践中学习和提升。项目制学习作为一种创新的教学模式，着重培养学生综合运用知识解决问题的能力，它能够帮助职前教师了解教育项目的各个环节，进而提高自身的项目管理能力。翻转课堂的形式则能够促进职前幼儿教师带着问题进行学习，探索课堂理论如何与课堂外的实践相联结，发现其中的差异。

2. 数字技术应用

利用 VR、AR 等技术模拟真实的教学场景，能够优化实习的效果。这种数字技术的应用打破了学生对书本的过度依赖，使职前幼儿教师能够进入模拟的真实环境中，进行远程观察幼儿表现或模拟课堂教学。这不仅构建了多媒介、多模态、多层次的学习资源，还加强了职前幼儿教师与幼儿之间的无限制互动和远程互动，进一步促使职前幼儿教师获得实践性知识技能，提升实践活动能力。

此外，除了采用灵活多样的培养方式外，还可以通过针对性增加实习时间、建立稳定的实习基地、组建合格的实习指导教师队伍等措施来提高职前幼儿教师实习与见习的质量。首先，针对性增加实习时间意味着在理论学习阶

段，为职前幼儿教师提供更多进入幼儿园实习、见习的机会，例如，多数职前幼儿教师培养院校设置了"幼儿园游戏""幼儿园课程评价"等课程。在课程设计中应增加职前幼儿教师实地接触相关内容的环节，根据课程内容需求设计相应的见习时间，将表层的理论知识转化为深刻的实践性知识。职前教师的实践性知识唯有在教育教学实践中才能得以丰富与发展，而知识的获取必须以充足的时间和机会为前提。

其次，职前幼儿教师获取知识有两大主要场所：一是师范院校的课堂，二是幼儿园。师范院校应当与幼儿园建立稳定的实习基地，便于职前教师将理论知识与实践知识紧密结合，在理论指导下进行实践，同时在实践过程中修正理论，进而生成个人的实践性知识。

最后，合格的实习指导教师队伍能够为职前幼儿教师习得实践性知识创造条件并提供全面指导，满足职前幼儿教师的个性化发展需求，促进其教育教学实践能力的提升。幼儿园的实习并非仅仅为了让职前幼儿教师观察、模仿，而是给予她们生成实践性知识的机会。在实习与见习过程中，职前幼儿教师会获得初步的教学体验和角色意识，但这些体验和意识往往是模糊且可修正的。合格的指导教师队伍能够与职前幼儿教师深入探讨专业领域的问题，引导她们评价与反思自身的教学方式并提供指导意见，同时能够从职前幼儿教师现有的能力出发规划教学活动，以满足其个人发展需要。

（二）注重实践反思，助推智能教育教学能力的提升

教师的实践性知识来源于教师教学的实际过程，形成于教师长期的职业实践场景之中。教师的实践性知识既不是一种纯熟的技能，也不是一种具体的能力，而是教师在实践教学中形成的一种感知力和对实践情境的判断力，表现为教师在对待和处理教育问题时体现出的个人特征和教学智慧。实践性知识不同于教育理论知识，它具有明显的情境性，是教师对复杂和不断变动的教育情境的一种判断和处理，教师个人的经历、意识、风格以及行为方式都会对它产生影响。对于实践性知识来说，有的是明确意识的，是经过审思的；有的是无意识的或者是潜意识的，总之，它是一种反思的缄默知识[1]。

---

[1] 黄俊. 卓越教师背景下学前教育专业人才培养研究[M]. 天津：天津科学技术出版社，2023：8.

反思是心灵对自身活动及其方式的关注和审视，是生成"内部经验"与知识的途径。只有经验与反思相结合，职前幼儿教师才能迅速成长为合格的新手教师。单纯的自我反思有时难以深入且可能不够全面，因此还需要实践反思的融入，这不仅是个体行为，也是群体间思想碰撞的火花。我国心理学家林崇德亦指出：优秀教师=教学过程+反思。[1]在教学实践中，职前幼儿教师将自己对某一问题的思考与解决过程呈现给其他成员，在深入交流与相互质询的基础上，反观自身意识与行为，从而加深自我认知，并了解多元化的观点。

实践反思是职前幼儿教师成长的关键步骤，有助于教师系统地总结经验、洞察问题、调整教学策略，并不断优化教学方法。这是一个循环往复、螺旋上升的过程。一方面，教师可以对日常教学实践和现象进行反思，从中发掘问题、领悟新现象的意义，保持对日常工作的敏感性和探索精神，通过不断反思形成理性的知识；另一方面，通过对新兴教育问题、理念、方法的探索，运用广泛的经验和知识，综合且创造性地提出解决新问题的方案。因此，学校应当鼓励职前幼儿教师培养反思的习惯，并提供群体反思的平台，以促进其智能教育教学能力的提升。

1）反思习惯：鼓励职前教师养成反思的习惯，借助日志记录、同伴评议等手段，深化对教育实践的理解和掌握。这一习惯的养成能使职前幼儿教师更透彻地理解自身教学行为，进而提升教学效果。在反思过程中，职前幼儿教师不仅能从日常教学实践中发现问题、领悟新现象的意义，还能通过探索新的教育议题、思想和做法，综合运用多方面的经验和知识，创造性地提出解决新问题的方案。这种能力对职前幼儿教师尤为宝贵，使她们能在日新月异的教育环境中灵活应变，持续创新。

2）群体反思：在教育领域，群体反思是一个至关重要的环节，它涉及职前教师在群体互动中进行深刻思考和交流。职前教师不仅能加深对自己教学理念和方法的理解，还能接触并学习到多样化的教育观念和策略。群体反思如同一面多棱镜，折射出教育实践中的多元可能性和视角，帮助职前教师从多角度审视和分析教学问题。在此过程中，职前教师通过分享个人经验和观点，倾听他人见解，进行建设性的讨论和辩论，从而激发思维碰撞。群体间的反思交流

---

[1] 转引自朱煜. 课程改革与教学反思[J]. 历史教学，2004（6）：46-50.

使职前教师能更深入地了解自己，拓宽视野，了解不同的观念。群体反思有助于职前教师从多角度审视问题，提升思维能力。

五、优化职前幼儿教师教育课程的设置与实施

对于职前幼儿教师而言，课程学习是核心任务之一，也是获取实践性知识的重要渠道。为职前幼儿教师提供科学合理的专业课程，帮助其构建全面的知识结构，是高校培养优秀人才不可推卸的责任。然而，许多高校在培养过程中忽视了师范生实践性知识的发展，理论性课程与实践性课程的配置比例严重失衡，致使师范生实践性知识的发展水平偏低，难以适应未来的工作需求。为确保学生未来的专业发展具有可持续性，高校应当对相关课程的目标、内容、实施方式及评价体系进行改革，重视培养学生的实践能力，从侧重教材、概念、原理等理论性知识的教学，转向更加关注学生的专业实践知识。同时，应综合运用多样化的实践方式，充分尊重学生的主体地位，提升学生的知识应用能力和问题解决能力。

（一）增强学生课程主体意识，深化学生对课程主体意识的理解

增强学生的课程主体意识是提高职前幼儿教师教育质量的关键所在。这意味着学生不应仅仅是课程内容的被动接受者，而应被视为课程的积极参与者和贡献者。通过强化学生的主体意识，她们能更加主动地投身于课程学习之中，从而提升学习效果。为了达到这一目标，教育者可以设计多种教学活动形式，例如设置选修课程、举办工作坊、开展讲座等，赋予学生根据个人兴趣和需求自主选择学习内容的机会，进而激发她们的学习动力与创新精神。

1. 选修课程的多样化

提供丰富多样的选修课程，让学生根据自己的兴趣和需求来挑选学习内容。这种选择不仅能激发学生的学习热情，还能促使她们更加积极地投入到课程学习中。例如，可以开设涉及幼儿心理学、幼儿教育法、艺术教育、音乐教育等领域的选修课程，供学生依据个人兴趣进行选择。

2. 工作坊和实践项目的引入

通过工作坊和实践项目，学生能够亲自动手操作，将理论知识应用于实际

情境中。这种实践性的学习方式能够有效提升学生的实践能力，并加深她们对课程内容的理解和掌握。例如，可以安排学生参与幼儿园的教学设计工作坊，或者让学生加入幼儿园的实际教学项目，通过亲身实践，学生能够更深入地理解理论知识，并将其灵活运用到实际教学中。

3. 学生参与课程设计的机制

鼓励学生参与到课程设计中，让她们对课程内容提出个人的意见和建议。这种参与感能够增强学生的主体意识，使她们更加关注课程内容，从而提升学习效果。例如，可以邀请学生参与课程内容的讨论，或者让学生参与到课程评估与改进的流程中。通过这种方式，学生不仅能更深入地理解课程内容，还能在此过程中培养她们的批判性思维和创新能力。

（二）构建学习共同体，提升学生课程能力

长期以来，教师劳动的独立性和创造性，导致教师彼此在专业上、文化上的疏离和孤立。瑞吉欧代表人物马拉古奇这样评论："这种疏离已经被人以学术自由的名目合理化，但事实上是一种错误的理解。"[①]瑞吉欧教师极为重视同事间的交流，她们每周平均花 6 小时进行讨论与沟通，协商解决教学中遇到的实际问题。通过构建学习共同体，职前幼儿教师可以与同伴、资深教师及行业专家一道参与学习、讨论，共同应对挑战，实现共同进步。这种共同体的建立有助于营造积极向上的学习氛围，推动知识与经验的共享，进而提升职前幼儿教师的课程实施能力和职业素养。构建学习共同体可通过以下两种途径实现。

1. 同伴互助和合作学习

同伴互助是指在两个或两个以上教师之间进行的、以专业成长为目标、通过多种途径展开的，旨在促进教师持续、主动地自我提升、相互协作并共同进步的教研活动。合作学习则是一种强调教师与学生、学生与学生之间密切合作的教学方法，在教师的引导和帮助下，学生通过自身努力克服难题，共同完成学习任务，实现彼此间的共同进步。通过小组讨论、合作项目等形式，学生能够相互学习、相互支援，联手解决难题。这种合作学习方式强调自主性、实践

---

① 屠美如. 向瑞吉欧学什么：《儿童的一百种语言》解读[M]. 北京：教育科学出版社，2002：100.

性、过程性和开放性,有助于推动学生的自主发展,激发其主动学习的热忱,增强其团队协作能力,并促进学生交流与合作意识的双重提升。在实施过程中,教师可以围绕教学目标设计多样化的情境,组织学生参与小组教学设计项目,使她们携手完成教学计划的拟定与执行。需注意的是,合作学习并非放任自流的学习,教师应对分组给予恰当的指导,避免分组任务成为学生的"人情包袱",鼓励学生围绕教学重点与角色特性进行组合,并帮助学生明确角色定位、设定任务导向。

2. 与行业专家的互动

通过与行业专家的互动,学生能够掌握行业的最新动态,并获得宝贵的实践经验。这种互动不仅能提升学生的实践能力,还能增强她们的职业素养。在与行业专家交流的过程中,不仅是教师个人教育观念和教学技能的转变与提升,更应是幼儿园全员范围内的学习与交流互动,以此促使教师迅速适应变革,积极参与改革,勇于创新和面对各种挑战,而非故步自封。例如,可以邀请幼儿园园长或资深教师到校举办讲座,或组织学生参观幼儿园,与在岗教师进行深度交流。众多研究表明:支持教师学习的组织文化、鼓励教师对日常工作进行积极反思的文化、强化学校知识管理的文化,均有利于教育改革的推行,并有助于构建民主、平等、合作、创新的教研氛围。

在构建学习共同体的进程中,同样可以促进职前幼儿教师反思与自我评估机制的建立。通过反思与自我评估,职前幼儿教师能够总结和评价自己的学习,识别自身的不足并进行改进。这种自我评估机制能够增强学生的自我管理能力,推动她们的自主学习,例如,可要求学生在每学期结束时进行自我评估,概括学习成果及需改进之处。

(三)"岗课赛证"中培养学生实践性知识

教育作为一种社会行为,其过程的优劣、结果的好坏均会受到社会的影响,同时也接受社会各界的评判与检验。将岗位需求、课程学习、教学竞赛以及职业资格证书考试相融合,能够为职前幼儿教师搭建一个全面发展的平台。在这一过程中,职前幼儿教师不仅能学到与未来岗位密切相关的知识和技能,还能在教学竞赛和证书考核中验证自身的实践能力,推动理论与实践的深度融合。实用主义教育理论同样倡导"做中学",鼓励学生在实践中学习,边实践边学习。

1. 岗位需求与课程内容的对接

课程内容应当紧密贴合岗位需求,确保学生所学能够满足未来工作的实际需要。通过校企合作,双方共同制定人才培养方案及教学实践内容,充分发挥各自在资金、技术、知识等领域的独特优势,助力学生将课堂理论学习与现实实践有效融合,进而提升学生的全面素质和综合能力。校企合作还能使企业、学校对职前教师的具体要求得以明确,便于将这些要求融入职前幼儿教师培养的课程设计中,确保学生所学与未来工作需求相匹配。同时,岗位需求和课程内容需根据时代特征进行适时调整,以满足社会的不断变化。例如,在当前少子化趋势日益显著,以及党的二十大报告将"托育"与就业、教育、医疗等列为重点民生问题的背景下,托育知识已成为职前幼儿教师必备能力的新增内容。

2. 多种教学讲课类竞赛的组织

教学讲课类竞赛涵盖模拟教学竞赛、微课设计大赛等形式。首先,参与模拟教学竞赛能让学生在实际教学场景中展现其教学能力、形体礼仪素养等综合素养,并接受同行的评审与建议。此类竞赛不仅能提升学生的教学技艺,增强其自信心,还能帮助学生发现自身存在的不足。模拟教学竞赛对学生的考核相当全面,既重视教学能力,也关注形体礼仪素养,因为形体礼仪作为一种无声的语言,对于职前教师而言,进行良好的形象塑造至关重要,以便为幼儿树立正面的"模仿榜样"。其次,微课设计大赛的开展,微课是指运用现代信息技术,遵循人类认知规律,为学习者提供碎片化学习内容、过程及拓展素材的结构化数字资源[①]。微课设计要求学生能够清晰界定教学主题、凸显教学重点,做到在有限时间内精准传达信息,且主题多源自个人实践中的实际问题,微课大赛促使学生真正将所学应用于实践之中。

3. 职业资格证书考试的准备

最早的教师资格证书制度诞生于美国,随后在西方国家相继推行,其目的

---

① 张显华. 微课的课堂运用模式[J]. 中文信息,2017(12):128.

十分明确且一致，即通过立法手段规定教师的任职资格，从而确立教师的社会地位；保护教师资格证书持有者免受不合格教师的竞争冲击；对入职及在职教师实施质量监控，以保障教育质量。尽管当前教育改革背景下，多数学校已实施师范专业认证，使得大多数学生无须自行参加考试即可获得教师资格证，但仍鼓励学生积极参与职业资格证书考试，通过考核来检验自身的实践能力，提升专业水平。这类考试能够增强学生的专业素养，为她们的未来职业生涯奠定坚实的基础。

在实施上述建议的过程中，学校和教育机构还应着重关注以下几个方面：

1）持续的评估与反馈机制：须定期对职前幼儿教师的教育质量进行评估，收集反馈，并据此进行改进。这种机制能确保教育质量的不断提升。

2）资源的整合与优化配置：通过整合和优化教育资源，包括教师资源、设施资源及社区资源等，提高资源利用效率，为职前幼儿教师创造最优质的学习环境。

3）教师的专业成长与发展：重视教师的专业发展，提供持续不断的培训和学习机会，确保教师能够紧跟教育发展的步伐。教师的专业成长将直接提升其教学能力，促进职前幼儿教师的全面发展。

4）学生的个性化成长路径：尊重并支持学生的个性化发展，提供定制化的学习方案和支持，助力每位学生充分发挥其潜能。个性化成长路径能够激发学生的学习动力，促进其全面发展。

5）社区与家庭的协同参与：鼓励社区与家庭积极参与到职前幼儿教师的教育中来，形成教育合力。社区与家庭的参与将为职前幼儿教师提供更多学习资源与支持，促进其社会化成长。

在具体的实施过程中，学校和教育机构可能会遭遇一些挑战，诸如资源限制、教师的培训需求以及学生的个性化需求等。面对这些挑战，学校和教育机构需采取灵活策略，勇于创新改革，以确保教育目标的顺利达成。例如，在资源有限的情况下，学校可以积极寻求与社区及企业的合作，以获得外部资源的支持；针对教师培训需求，学校可借助在线教育平台，提供灵活多样的培训课程，以满足教师的个性化学习需求；对于学生个性化需求，学校可提供定制化的学习计划和辅导，助力每位学生达成自身学习目标。

职前幼儿教师的专业成长是一个持续演进的过程，这不仅是学校和教育机构的职责，更是整个社会的共同责任。我们需要携手努力，为职前教师创造最佳的学习环境，提供全方位的支持，助力她们成长为杰出的教育工作者。通过本节内容的探讨，我们不难发现，通过强化自我认知、明确职业规划、拓展人际交流知识、把握实践性知识发展的关键阶段、提升实习和见习质量、优化课程设置与实施，以及在"岗课赛证"融合中培养学生的实践性知识，我们能够为职前幼儿教师的专业成长提供强有力的支撑。实施上述建议后，我们有充分理由相信，职前幼儿教师的实践性知识水平将得到显著提升，她们将在学前教育事业中发挥重要作用。

第三章　职前幼儿教师实践性知识的生成过程

实践性知识具有内隐性和个体性的特征，能够准确且有效地呈现出其实践性知识的生成和发展过程。基于本研究的目的，在广泛参考相关文献的基础上，为确保研究对象能够提供"深度"与"多元"的资料，我们选择 X 师范大学大一至大四的学前教育专业学生作为职前幼儿教师实践性知识生成的研究对象。在确保研究对象自愿参与的前提下，研究者通过同学介绍和教师推荐，采用滚雪球的方式，对大约 70 人进行了访谈，并从中精选出大一至大四年级的学前教育专业学生，每年级各 10 名，共计 40 名作为研究对象。

本章主要通过深度访谈这 40 名学生、观察她们的课堂表现，并结合作业等文本资料，深入了解和分析了当前职前幼儿教师对教学的真实看法、态度与感受，旨在把握教学行动中的深层意义，进而揭示其实践性知识的发展历程，并探究影响其实践性知识发展的主要因素。在此基础上，我们探讨了有效促进职前幼儿教师实践性知识发展的建议，旨在为提升职前幼儿教师的专业学习效率、促进其实践性知识的发展提供有价值的参考。

第一节　职前幼儿教师实践性知识生成概述

结合建构主义学习论、情境认知学习以及内隐学习理论的观点，可以认识到职前幼儿教师实践性知识的生成过程是一个由浅薄逐渐走向丰富、从摸索不断进步至创新的过程，这一过程呈现出连续性变化的特征。每一种变化形态都是在职前幼儿教师进行理论学习及教育实践的各个阶段中逐步实现的。研究者对职前幼儿教师实践性知识的特征进行了整合,并根据其发展速度和内容,将其整体发展历程划分为萌芽浮现、逐渐生成以及发展更新这三个阶段。

一、职前幼儿教师实践性知识的萌芽浮现

每一位职前的幼儿教师都曾有过作为学生的经历,在家庭教育和学校教育中,她们通过无意识的观察和体验,对幼儿教育有了初步的感知。这种感知会渗透到她们对教育实践的理解之中,构成其教学信念的前结构。因此,她们形成了一些相对零散的关于自我、幼儿及教学的观点和信念。在这一阶段,她们对幼儿教育专业以及教师职业尚处于懵懂状态,同时对实践性知识的理解也处于空白期。

(一)浅薄的自我认知知识

职前幼儿教师在曾经的学生时代,或许从未设想过自己会成为一名幼儿教师,即使对将来想从事的职业有过设想,也往往是模糊且不确定的。因此,在早期的学校学习中,她们会无意识地观察自己老师的教学状态和行为。这里的"无意识"指的是职前幼儿教师在没有特定意识的情况下,不自觉地观察自己的教师,并将其视为模仿的榜样。有研究表明,教师的教学行为、方法、态度等均可成为学生模仿的对象。关于自我认知的实践性知识,它体现了职前幼儿教师的身份认同、自身发展期望以及对学习认知的理解等。艾尔贝兹曾强调,教师的自我知识是教师实践性知识中的关键组成部分,它关乎"教师对自身专业角色的看法、对自己在教师和学校之地位的观感、对教师的权利和义务的看法等"[①]。幼儿教师关于自我认知的实践性知识还涵盖了教师对自我学习和反思的认识,即幼儿教师的反思学习元认知知识,它会影响教师实践性知识的整体发展速度,直接关系到教师专业成长的快慢。

1. 职前幼儿教师对自身的身份认同感比较弱

由于传统思想观念的影响,在许多人心中,幼师往往等同于"保姆",认为她们的工作就是整天带孩子、唱歌、跳舞,无须具备高深的文化知识,只需

---

① Elbaz. F. The teacher's "practical knowledge": Report of a case study[J]. Curriculum Inquiry, 1981, 11(1): 43-71.

将孩子照顾好即可。尽管当前国家高度重视学前教育专业的发展，并出台了多项政策以丰富和提升学前教育的专业性，但要从根本上扭转社会对幼儿教育行业的固有观念，从内心深处尊重幼师，尚有一段距离。例如：

> 对幼儿教师的第一印象，就是带孩子，不用学太专业的知识，应该会很容易。当初选择这个专业并不是我自己的意愿，是我的高中班主任介绍的。当时，我高考分数出来的时候并不理想。班主任说这个专业的就业前景非常好，让我考虑考虑。我回家和父母商量，大家的第一印象就是阿姨，就是带孩子。本来不想报这个专业，后来妈妈和我说，别的专业想去也不一定能去，这个专业对女孩子来说挺合适的，我就报了这个专业。（st35）

> 当有人问我学的是什么专业的时候，我可能只会回答"教育专业"，在大家的观念中，教书是一项很崇高的工作，所以，这样回答问我的人，我会觉得比较有面子。但是，我不喜欢让人家知道我是一名幼儿教师，只要一说我学的是学前教育，问的人就会说就是带孩子的专业呗，这样我感觉一点面子都没有。（st32）

2. 职前幼儿教师对所学理论专业性认识不足

学前教育专业实际上是一门综合性极强的专业。要踏入儿童教育领域，必须掌握扎实的专业理论知识与专业的实践技能，其中专业理论知识涵盖幼儿心理学、学前教育学、学前卫生学、幼儿园环境创设等课程；而专业的艺术类课程则包括钢琴、舞蹈、手工、美术以及幼儿游戏创编等。根据研究结果，职前幼儿教师们对自己所学专业的认识存在差异：一部分同学认为学前教育专业缺乏专业性；而另一部分同学则认为其专业性很强。

> 有爱心、童心和责任心，年轻、有活力、有热情，知识面广，幼儿教师掌握唱歌、跳舞、画画等技能技巧好就可以了。（st35）

徐丽玲的研究发现，有48.6%的学前教育专业师范生表示幼儿教育根本没有什么专业可言，因为非幼儿教育专业的人也可以从事幼教工作，并且依然可以做得很好。[①]这一结果表明社会上对学前教育专业性的重视程度不足，导致

---

① 徐丽玲.学前教育专业学生专业思想状况的调查与分析：以长沙师范学校为例[J].徐特立研究：长沙师范学校（专科）学报，2010（2）：19-23.

师范生自身也可能认为幼儿教育的专业性不强。若要从根本上解决这一问题,就需要对师范生进行专业的训练,以强调学前教育的专业性。

(二)有限的幼儿发展知识

职前幼儿教师在尚未进入幼儿园工作之前,与幼儿接触最多的通常是邻居家和亲戚家的孩子,因此对幼儿的印象大多停留在表面层次。每位教师都曾有过当学生的经历,都是从学习经验中通过观察、模仿他人的教学来进行学习的。这种方式虽然直接且快速,但教师的过往经验可能并不愉快或科学,然而除此之外,她们往往缺乏其他可供模仿的途径,罗蒂将其称为"学徒式观察"。同时,有研究指出,职前幼儿教师在未实际接触幼儿的情况下,对于幼儿的发展特点以及在一日活动中的表现的认识,完全是基于理论构建起来的,她们所设计的活动、组织的活动都是围绕想象中的"虚拟幼儿"进行的。根据收集到的资料,职前幼儿教师对幼儿的理解处于一种假设状态,她们对幼儿发展的认识主要来源于书本知识的介绍。

> 最开始对幼儿的印象是我哥哥家的孩子,4岁,男孩。非常淘气,特别任性,每次家庭聚会我都不喜欢带他,可是家里人总说我是已经考上师范学校的人了,将来就是幼儿教师,让我帮忙照顾侄儿,当时只会嫌弃,觉得这个孩子本身太任性,太闹了。之后,接触幼儿心理学,回想起来才觉得,幼儿这样一定不是孩子本身的问题,一定和家长教育或者环境有关系。但是,具体怎样教育他,我还是感觉无从下手。理论上说教育需要配合有趣的活动,不能只说教。可是,我依然一头雾水。(st31)

职前幼儿教师在早期的求学经历中,当时的课堂情境以及教师的做法对她们日后了解幼儿、组织课堂活动等实践性知识的形成具有深远的影响。在初中或高中时期,职前幼儿教师通过观察教师的教学行为、体验教师的教学状态,开始了对实践性知识的初步积累,这可以被视为她们在这一领域的"第一桶金"。这些早期经历成为了她们日后进行教学实践的重要参考和原型,尤其是当她们遇到优秀教师时,会在脑海中留下更多关于教学实践的生动情境和具体案例。

比如:st3非常喜欢她的高中英语老师,她这样说:

> 英语老师的教学活动非常幽默，让原本不喜欢英语的我爱上了英语课。并且，在教学方法上，她不像一般教师那样照本宣科，而是会播放一些英文原声电影，或给我们表演英文对白。与这位老师的相遇，让我觉得教师这一个职业很可爱，能成为这样一位受欢迎的教师，肯定也不是一件容易的事情。

对于每个人而言，各自的经历都是独一无二的，这些多样化的经验在职前幼儿教师的脑海中转化为各具特色的实践性知识。从上述叙述中可以看出，在这一阶段，职前幼儿教师初步形成了对教师角色以及教育观等价值观念的认识。由于亲身经历过，她们会在不知不觉中模仿教师的语言、行为乃至思维方式，并在遇到相似情境时，将这些模仿的内容应用到自己的教学实践中，从而形成了对教学的初步感知与理解。

（三）良好的环境互动知识

关于环境的实践性知识体现在职前幼儿教师对教育教学情境的理解和认知上，这包括人际关系、幼儿园环境等方面。在访谈过程中我们发现，职前幼儿教师在与同学和教师进行互动时，已经掌握了基本的表达、倾听、合作以及移情等交往技能，她们知道如何有效地与他人进行交流和沟通。例如：

> 小学期的时候去幼儿园见习，见习的时间非常短，只有半天。我被分到小一班，一开始会因为不熟悉而有一点不好意思，但现在较熟以后就也觉得蛮自然的，会和班级的教师聊一聊幼儿的事，学习一些课堂管理的方法。（st2）

> 如果遇到困难，我会与人分享，特别是自己的好朋友琪琪。我和琪琪并不是一个班级的，也不是同一个寝室，但是我会觉得我们个性比较合。我们每一学期的作业都非常多，经常有忘记的时候，我们也会相互提醒，而且，我们都在学生会，工作忙的时候也会相互帮助。（st2）

在幼儿园环境创设的方法及其认识层面，大多数职前幼儿教师倾向于从普通且表面的美化角度来审视幼儿园环境，而对幼儿园环境中蕴含的丰富教育意义的认识相对不足。

我很喜欢美术、手工，曾经主动担任过美术课程的课代表。对于幼儿园的墙饰、区角设计以及玩教具制作，我还是挺有信心的，如果给我一个主题，我能做出很多作品。因此，我对自己也是比较自信的，但是等我把自己的作品上交之后，得到的分数却不是我预期的那样。后来才知道，原来是方案设计的方面出了问题，没有体现出环境的教育功能。（st15）

幼儿园环境创设不仅涵盖物质层面，还包含精神层面。对于这一方面的知识，职前幼儿教师需要拓宽视野，需要在广泛的参观访问、学习借鉴以及自我创新的过程中不断提升。

（四）空白的课堂教学知识

幼儿教育活动是幼儿教师依据《幼儿园工作规程》的要求和幼儿园的培养目标，结合幼儿的实际发展水平而设计的，旨在促进幼儿全面发展的相关活动。在幼儿园的教学活动中，常以综合活动为主，这些活动涵盖语言、健康、科学、社会、艺术五大领域。关于幼儿教育活动的实践性知识，是指幼儿教师在设计并实施幼儿教育活动时所具备的动态认识，即知道如何操作的知识，它是幼儿教师实践性知识的核心组成部分，直接影响着幼儿教师的实践质量及其专业发展的水平。

在接触专业学习之前，职前幼儿教师对幼儿课堂教学的认识主要基于自己童年时期所经历的幼儿教育阶段，例如：

　　我当时在幼儿园的时候，非常轻松。教育活动就是带着孩子一起做游戏，照顾幼儿的生活起居，如果遇到六一等节日，我们的教师会组织排练，别的就没有什么了。来到师范学校学习，觉得现在的教育和以前真的不一样，但是，具体怎么上课，我还是不清楚。（st15）

在职前幼儿教师实践性知识生成的过程中，关于自我的知识、关于幼儿发展的知识、关于环境互动的知识以及关于课堂教学的知识，在她们进入师范院校学习之初便开始萌芽并逐渐显现。尽管这些知识的出现时间和程度各不相同，但它们之间存在着一个协调运作的模式，即原有的理念认识、具体的情境体验以及行动后的反思。职前幼儿教师在这一过程中形成了原有的理念知识，这些理念意象体现为她们对幼教职业的期望、理想、职业认同和身份认同，为她们提供了一个在面对具体情境时采取行动的视角。随后,当职前幼儿教师遇到与原有理念意象不符的期望时,她们会陷入反思。

由此可知,原有的理念认识、具体的情境体验和行动方式之间存在着紧密的相互关联,各类要素之间表现为相互促进、相互协调、共同发展的关系,一方的进步会带动另一方的成长。同时,这些要素的整合与协调发展有力地推动了职前幼儿教师实践性知识的萌芽与显现。其结构如图 3-1 所示。

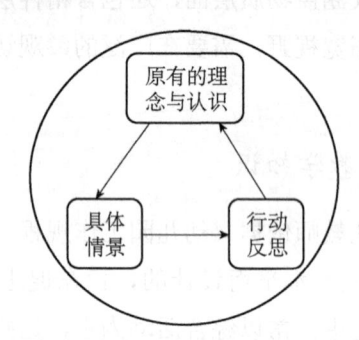

图 3-1　职前幼儿教师原有的实践性知识的萌芽浮现

二、职前幼儿教师实践性知识的逐渐形成

进入师范院校后,职前幼儿教师主要学习了相关的理论知识,涵盖学科知识、专业理论以及如"学前教育学""学前儿童心理发展与教育""幼儿园教育活动设计""幼儿玩具设计与制作"等课程;此外,她们还参与了社团活动,部分同学还参与了校外的与幼儿教育相关的兼职工作。然而,由于实践机会相对匮乏,这些知识并未能迅速且直接地转化为教师们在实际教学中应用的知识,而大多数知识仅仅存储在职前幼儿教师的大脑中。例如,在面对案例中的问题时,职前幼儿教师虽然能够提出描述性的解决办法,但由于缺乏真实环境的接触,因此她们的解决方案往往显得较为理想化。

(一) 缓慢变化的自我认知知识

1. 理论学习提高了职前幼儿教师的专业认同程度

部分职前幼儿教师对自己专业的自豪感相对较低。她们并不太愿意与他人谈及自己目前所学的专业。正如访谈的过程中,st22 说:

> 春节回家的时候我都不敢提起我的专业。别人问我学什么，我总是说教育，除非对方追问我学的哪个阶段的教育，才迫不得已说自己是幼师。

造成职前幼儿教师职业情感不高的一个重要原因是幼儿教师职业地位和社会声望相对较低。许多人仍受传统观念束缚，将幼儿教师视为仅是照顾孩子的阿姨，忽视了其专业的技术价值，这导致部分职前幼儿教师感到不被尊重，甚至羞于承认自己的职业身份。然而，也有职前幼儿教师对自己的专业有着较高的认同度，这种认同源于学校教师的正面引导以及周围同伴的认可。

在进入大学课程学习后，st29接触并学习了许多之前未曾涉足的艺术课程，如钢琴、舞蹈、声乐等。在与其他专业同学的交流中，她因这些技能而受到赞扬。此外，st29还积极参与学校举办的各类活动，结识了许多新朋友。她将这一切积极的变化都归功于学习了学前教育专业。通过学习理论课程，她不仅掌握了许多心理学和幼儿相关的知识，这些知识对她的未来工作大有裨益，而且她感慨地说："学习了心理学让我知道了早期经历对我的影响，我的个性特征是现在这个样子也是有原因的。"

当谈及专业课程时，st38回忆起几门印象深刻的课程：卫生学、心理学、学前教育学、幼儿园课程论。她提到，由于授课教师的不同，这些课程展现出了多样的教学风格。

> 我很喜欢儿童心理发展，通过这门课程的学习，让我对孩子有更深的了解。有的教师会不看教案，会举一些例子，让我们快速了解。但是，有的课程的教师，按照教材教案上课。这样的授课方式，可能会让我们也有局限。在其中，不足的地方是，我只通过这些学习理论的方式能够觉知幼儿的发展，对于整体幼儿是什么样子的，还有很多细节不了解。（st38）

st1对幼儿的教学抱有自己的理想，她认为教师首先要有耐心、爱心、责任心，同时，能够激发幼儿的兴趣是教师的一项重要能力。她对幼儿教师的教学状态的了解和认识主要来源于课堂中教师的描述。

> 在我们上课程论的时候，老师给我们介绍了教师的游戏教学，如果幼儿教师在游戏中充当了"汽车头"的角色，那么在扮演的时候，会摆出

"转方向盘"……"拉车闸"……"踩油门"等的细微动作,还会发出"呜呜""咔咔咔"等汽车开动的声音。就这样和孩子一起玩游戏的老师是我最敬佩的,也是我最想成为的老师。(st1)

2. 理论学习更新了职前幼儿教师对幼儿教育的认识

职前幼儿教师在进入师范院校学习专业理论之后,对幼儿教育形成了新的看法和观点。在此之前,她们普遍反映认为幼儿教师的工作很简单,幼儿教育非常单纯,不过是带着孩子玩耍并确保其安全无虞。通过专业理论课程的学习,职前幼儿教师更深入地理解了幼儿教育的真谛。同时,她们对于幼儿环境的知识、幼儿研究的知识以及幼儿教学的知识都有了全新的认识,比如,st3就特别喜爱"幼儿心理学"这门课程。

> 我觉得我一下子就母爱泛滥了,对我以后孩子可以进行一手教育,成天幻想以后我有孩子要怎么样去培养她。(st3,反思)

当谈及进入专业课学习时,部分职前幼儿教师表示她们已经转变了对幼儿教师角色的以往看法,认为一位优秀的幼儿教师并不像之前预想的那样,仅仅负责看管幼儿的安全,具备爱心和耐心就足够了。实际上,幼儿教师所需学习的专业知识是丰富且多样化的。此外,在教育幼儿的过程中,如果一味依赖爱心,有时幼儿可能不听话,没有适当的引导和管理方法,是难以有效管理幼儿的。

(二)逐渐系统的幼儿发展知识

职前幼儿教师经过教育理论的学习,将这些理论融入其已有的认知结构中,并通过个人的筛选过程,保留了与原有认知相契合的部分,进而形成了她们所信奉的教育理念。除此之外,在校外实践过程中,她们对于幼儿发展的认识可能会与原有认知产生一定的差异。经过大脑的整合,职前幼儿教师有可能会放弃原有的经验,转而顺应新的教育理念。在经历大量的教育情境后,理论与实践二者多次相互交替并建立紧密联系,这一过程有助于职前幼儿教师更为准确地认识幼儿的发展。

> 我因为钢琴弹得比较好,就去琴行教小朋友弹琴。最开始的时候也很

忐忑，不知道怎么教，就回忆我学琴那会，老师怎么教的我，然后我去教小朋友。从基础开始，认识五线谱，认识音符，我教得很慢，也没有方法，发现小朋友记不住。后来教得多了，慢慢地找方法，结合自己所学的幼儿年龄特点，还有上课的时候老师会带我们做一些小律动，我都把它加进我的钢琴课里，最后小孩儿都挺愿意和我学琴的。（st18）

学校外的兼职为职前幼儿教师提供了接触真实幼儿的机会，因此，她们形成了初步的实践性知识。在这一期间，职前幼儿教师关于幼儿的知识和教学的知识，从最初的理论空白状态，逐渐过渡到实践，并开始不断丰富自己。

（三）进一步发展的环境互动知识

职前幼儿教师在学校生活中，除了进行理论学习外，还积极参与各种活动，通过活动来锻炼自己的能力，丰富自身的内在发展。其中，学校社团活动成为职前幼儿教师人际互动的主要渠道。许多研究也表明，当教师在教学过程中遇到困难时，她们最常求助的对象是同校中有经验的同事。除此之外，职前幼儿教师在与同伴相处的过程中，学会了如何处理问题以及如何处理人际关系。

  我参加了学校的社团，觉得还是收获很多的。当时因为兴趣参加了一个春之声社团，然后社团里的姐姐说需要帮忙去幼儿园做志愿者，当时我就想可以通过这个锻炼自己。其实，这个活动的目的是在操场上组织亲子互动，所以当天有家长也有小孩儿。最开始真的不知道要做什么，因为组织者也没有分配任务，把我介绍给一个带班老师后，她就走了。我自己属于比较内向的，就帮忙维持纪律什么的，也不会和小孩子聊天。我另外一个同学就很活泼，看她跑来跑去的，我就问她是怎么做的。后来，我也问带班老师需要什么样的帮助，试着和家长、孩子沟通。当时我还记得家长有夸我，说你们师范专业的真有素质，懂得也多。所以，这让我之后做事情更有力量。（st38）

从上述叙述中可以看出，在校园生活中，除了专业课程的学习之外，参加社团活动也是促进职前幼儿教师实践性知识生成的重要因素。她们在与同学和教师的互动过程中，学会了人际交往的知识，并提高了处理突发事件的能力。

（四）开设丰富的课堂教学知识

在进入师范院校学习之前，对于幼儿教学知识，职前幼儿教师主要是基于自己的理解。虽然进入师范院校学习后有所改观，但效果并不显著，因为此时的职前幼儿教师主要还是在听学校教师授课，尚未真正接触教育现场，对真实的教学情况了解有限。

1. 模拟课堂教学为职前幼儿教师组织课堂活动奠定了基础

学校为了培养职前幼儿教师的实践能力，在大三学年的课程方案计划中加入了基于幼儿园五大领域设计的"模拟课堂"训练。部分职前幼儿教师在初次进行模拟教学时表现欠佳。观察发现，她们在组织课堂活动时常常出现语言不连贯的情况，不知道下一步该做什么、如何衔接下句话、何时使用教具。因此，指导教师在听过她们的模拟课后给出的建议是：虽然准备得很充分，但声音太小，且因过于紧张而忘词。建议她们以后在授课时多设计一些过渡语句，以使前后环节衔接更加自然流畅。

经过一段时间的学习与努力，职前幼儿教师开始认真观摩他人的教学过程，并从网上查找幼儿园教师的示范课程视频来学习，从而提升了自身的实践性知识水平。

> 我多看教案，多思考，到后来，就能够轻松上完一节课。虽然还有些紧张，但是越来越自信了，我没有想过我会有这么大的进步。我觉得这一切的一切是我慢慢换来的，这让我更加相信我应该学得更好。……（st23，反思）

2. 观察体验丰富了职前幼儿教师的教育教学方法

在进入真实的教学情境之前，职前幼儿教师关于幼儿发展的知识相对匮乏，且主要来源于课堂中的理论学习。她们认识到应当平等地对待幼儿，尊重幼儿的想法，但这些认识很少有机会付诸实践。这主要是因为她们与幼儿深入接触的机会并不多，正如有的学生所言：

> 我先前一直觉得自己在辅导班上过课，也做过家教，我来上课不会有太大的问题，但是真正站上讲台才发现自己根本不知道学生的想法，他们都有自己的水平和标准，而我在教室后面听了一周的课，有些是我都没有

发现的。真的遇到问题了，知道了孩子们的思维方式，我才知道下次该如何去面对。(st23)

如果说互动是增进职前幼儿教师实践性知识的桥梁，那么任课老师就是引领职前幼儿教师迈向理论与实践融合的引路人。在职前幼儿教师专业发展的初期，任课教师的许多言语和行为，让职前幼儿教师有了豁然开朗之感。经过模拟课堂试讲、教育见习等环节，直至最后，职前幼儿教师的理性思维能力开始发展，逐渐领悟到教学其实也是一个需要不断做出选择的过程。

每个人的经历都是独一无二的，这些不同的经验在职前幼儿教师的头脑中转化为各具特色的实践性知识。从上述叙述中可以看出，职前幼儿教师在这一阶段初步形成了对教师角色和教育观等价值观念的认识。她们会在无形中通过观察、体验、探索和学习模仿其他教师的语言、行为乃至思维方式，并在模仿之后将这些融入自己的教学实践中（图3-2）。

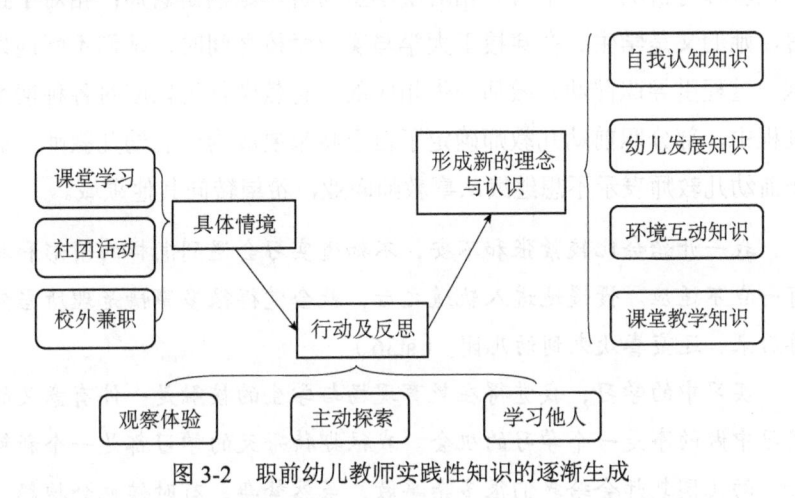

图 3-2　职前幼儿教师实践性知识的逐渐生成

三、职前幼儿教师实践性知识的生成更新

"符号互动"理论认为，人类的行为是建立在对事物赋予意义的基础之上，遵循"符号—诠释—运用—修正"的过程。人类并非直接对外在世界的刺激做出反应，而是先对所受刺激赋予意义后，才产生相应的反应。因此，职前幼儿教师对自身遭遇的问题及其产生因素的认识、理解与归因会因人而异。不同的人面对不同的情境会有不同的感知，进而产生不同的应对策略和行为反

应。在这一阶段，职前幼儿教师的教育理念已初步形成，但相对宏观且抽象，具有较大的想象空间，尚未具体落实到实践中。

（一）从模糊走向确定的自我认知知识

实习前，职前幼儿教师对自我的认识主要受到外在环境中人、事、物的引导，尚未形成对自我的清晰批判与反思。

>我还不知道我能做什么，面对幼儿会是什么样子，毕竟我没有真正去过幼儿园实习。我只是觉得，现在所看见的教师的样子也不是我的标准，那个标准太低了，不是我要的教师的形象。我认为当一位教师不只是会教书、会辅导，还要教会学生适应未来社会和解决问题。（st16）

实习后，职前幼儿教师将自己的角色定位为学生与教师的结合体，这是对职前幼儿教师身份的一种丰富。相对于学生而言，她们是老师；相对于正式教师而言，她们又是学生。在穿梭于大学与实习学校之间时，她们不断地切换角色，这一过程引导职前幼儿教师产生相应的教育教学行为以应对各种情境。在这一过程中，部分职前幼儿教师确定了自己将来要成为一名幼儿教师，而也有部分职前幼儿教师表示不想继续从事教师职业，希望转向其他领域。

>我一开始会比较紧张和不安，不知道实习会遇到怎样的情形和状况，有一点不适应。慢慢地进入轨道之后，就会觉得很多事情是理所当然的，再后来，还蛮喜欢来到幼儿园。（st36）

>实习中的学习，我觉得在教育现场与学生的接触是一件有意义的事，实习中做的事是一个学习的机会。我很期待每天的学习都是一个新鲜的经验，幼儿园教师会给我们很多杂事做，虽然繁杂，有时候也会抱怨，但是我们并不反对去做。毕竟做事情还是能够锻炼自己的能力的。（st39）

>自己还是会有一些自卑感，地位还是较低的。我不喜欢让人家知道我幼师的身份。如果不当老师，我会去教育机构做培训，或者课程销售，也是一份关于教育的工作。（st33）

职前幼儿教师在完成实习后，会对自己有更加清晰的定位，这种认识在很大程度上受到实习环境的影响。也有相关研究指出，实习教师在实习期间对自己的角色定位会影响其在教学现场中的实际操作，也会影响实习期间教学意象的形成[①]。

(二)从理论走进实际的幼儿发展知识

实习前，职前幼儿教师关于幼儿发展的知识相对匮乏，且主要源自课堂中的理论学习，她们认识到应当平等对待幼儿、尊重幼儿的想法，但这些认识很少有机会付诸实践。实习期间，职前幼儿教师与幼儿们朝夕相处，通过深入的交流，能够帮助她们深入了解每个孩子的独特之处：

> 刚开始我总觉得这些幼儿什么都不懂，或者说挺天真，好像是那种无忧无虑的，但是我们觉得短短两个月就能看出那些孩子的一个成长变化，而且变化好大。从最开始觉得他们很幼稚，就是想法很简单，到现在可能跟他们接触多了，他们那种真的面目就暴露出来了，觉得孩子怎么这么早熟，他们没有我们想得那么简单，不是那么天真，不是什么都不懂，他们其实什么都懂。(st36)

研究者进入实习生所在幼儿园进行观察和分析，对实习教师在组织幼儿生活活动中存在的问题进行梳理，发现职前幼儿教师在走进实际的教学活动中有以下几种现状。

1. 对生活活动中蕴含的教育价值认识不足

幼儿的年龄特点决定了科学有序的生活活动既是幼儿的基本需要，也是其发展的需要。然而，在实际工作中，不少实习教师习惯于把生活活动单纯地看作是满足孩子吃喝拉撒睡的生理需要，而忽视蕴含其中的教育价值，把生活活动中对孩子进行常规培养当成管理手段，而忽视对孩子的行为习惯、社会适应能力和良好个性的养成。

> 虽然知道幼儿教育很重要，我们也学习了非常多的理论知识。但是每天面对一个班级的幼儿，跟着他们的常规走，非常的累。一日活动中的各个环节之间，幼儿需要去洗手、喝水、小便。教师得不停地提醒他们，还

[①] 罗凯，刘颖. 教育实习对学前教育师范生教育信念的影响及对策[J]. 贵州师范学院学报，2023(8)：60-67.

需要照看那些行为比较淘气的幼儿，组织课堂活动的时候，顾不上什么理论、什么教育的。只是说想把眼前的工作做好，首先保证幼儿的安全，一不小心，有个别幼儿就会把其他小朋友打伤。身心真的很疲惫。（st36）

2. 对幼儿的生活管理力不从心

实习教师大多数是家中的独生子女，在家里她们没有擦过地，没有擦过玻璃，更别提照顾孩子的大小便等"难闻""难干"的工作了。有些实习教师在遇到孩子"拉在裤子里"的情况后，说"闻不了那种味儿"；有的实习教师觉得，很多小细节自己总是关注不到，比如，带孩子外出，别的老师一眼能看出孩子的鞋穿反了，而自己居然带班一天都没发现；有的孩子尿裤子了她们也不知道……太多的"看不到""想不到"，甚至"做不到"，"迈出职业生涯的第一步怎么这么难！不少实习教师下班后累得坐在地上腰都直不起来"。

3. 缺乏常规培养的经验和技巧，生活活动组织混乱无序

作为实习教师，在常规培养方面缺乏经验和技巧，即所谓的"管不住孩子"，导致孩子们在其他老师带班时表现一个样，而在自己带班时则是另一个样。同样的要求，由老教师提出，孩子们能够很好地执行，而自己提出时却未必如此。这归根结底还是因为实习教师在常规培养上技巧和经验不足，无法将常规要求转化为孩子们乐于接受的形式和内容，同时也无法有效且及时地应对常规中出现的问题，从而使得生活活动显得混乱无序。例如，在来园和离园环节，实习教师缺乏引导孩子进行自我物品整理及进行礼貌礼仪教育的意识。

> 我是早晨7点20进入班级，因为孩子7点20入园，我会跟着主班教师一起迎接孩子。最开始的几天，我都是看着主班教师和孩子以及孩子的家长打招呼、安排事情。我自己不知道做些什么，也不知道说些什么，后来和主班老师沟通才知道，早晨入园晨检的时候，一定要看幼儿的身体状态。一旦发现幼儿有磕碰的地方也要问清楚，不然等晚上家长来接的时候，家长问幼儿在幼儿园怎么受伤了，这个时候作为班级的教师一定要清楚，幼儿的伤是原来就有的，还是在园里受伤的，一定要解释清楚。不然，家长可能有意见，就算家长不当面表现出来，事后家长对教师的信任度也会降低。还有，在幼儿离园的时候，一定要检查孩子的穿衣情况，看

看裤子有没有提好等。（st38）

4. 会注意生活中的细节

在一次针对实习教师组织的进餐环节交流活动后，一位实习老师说：

> 原来吃饭这看似简单的生活活动中却蕴含着这么多的学问！我会在日后的工作中，结合本次活动学到的经验去有效地指导孩子进餐。（st23）

另一位实习老师说：

> 通过这次培训认识到，每一个常规都不是对孩子的束缚，是孩子在集体环境中形成的自觉行为。（st38）

通过实践，职前幼儿教师开始根据学生的特点进行教学，并且，通过观察其他教师的授课过程，职前幼儿教师也学到了如何避免无意中伤害到孩子，这一发现与胡重庆和缪淑芳的研究结果相吻合，即他人的实践性知识对自我实践性知识的生成具有重要影响[①]。

（三）从疏离走向融合的环境互动知识

职前幼儿教师在与幼儿以及幼儿园教师的交往过程中，从"疏离"到产生"联结"，最后走向"融合"。有研究指出，在情境中学习是有关人类知识本质的一种理论。人类的知识是如何在活动的过程中发展的。知识需要在动态中组织与建构，是个体与环境互动过程中的一种状态。[②][③]职前幼儿教师的实践性知识正是在与幼儿及幼儿教师之间的交流、移情、模仿、熏陶和共鸣这一系列互动中得以传递和转化的。

1. 对幼儿看法的转变

对于老师而言，幼儿给予的反馈既是了解幼儿进而积累成为日后开展活动经验基础的重要途径，同时也是激发她持续设计更多、更优质活动的动力源泉。

[①] 胡重庆，缪淑芳. 师范生实践性知识生成的影响因素及作用机制模型：基于扎根理论的研究[J]. 教育学术月刊，2024（11）：52-59.

[②] 程丹. 教师学习情境性评价研究[D]. 重庆：西南大学，2017.

[③] 李雪波. 基于情景认知理论的初中方程应用题教学研究[D]. 长春：东北师范大学，2009.

>我是一个性格非常开朗的人，我喜欢孩子，愿意和孩子一起玩。同时我也不认为幼儿教师一定要"凶"，我想好的教育方式是让幼儿既尊重你又喜欢你。其实，最开始我也掌握不好这个度。刚刚接触孩子的时候，我特别好说话，孩子好像觉得对我怎么样都可以，我的话他们都不听。主班老师过来之后，瞪了孩子们一眼，大家就安静了，这个让我觉得不太好。（st37）

由此可知，职前幼儿教师起初仅对幼儿有一个直观的表面印象，且对管理幼儿的初步认识仅限于使用眼神等简单策略。经过一段时间的实习后，st32不仅从指导教师的示范中学到了与幼儿相处的模式，还从书籍中获得了许多理念的启迪和实践策略的指导：

>我实习的班级中有一个孩子比较慢热，不爱说话，就算我主动和她聊天，也是不爱理我。后来，我去找班长老师了解情况，班长老师告诉我说那个孩子刚刚转学过来，认生，过一段时间就好了。我很诧异这个老师什么努力都不做，只是静静地等待孩子自己融入这个班级。后来我去图书馆找相关的书籍，运用一些方法贴近孩子。

实习结束之后，st32对孩子们怀有依依不舍的情感，认为成就感是她继续努力的源泉：

>在这次实习中，孩子和你的亲近，让你觉得根本不想离开他们，更多是当你决定要走时有一种舍不得，他们可爱，他们喜欢你，把你当成老师一样看待，这种感觉真的是有一种荣誉感一样。我也学习到了怎么和孩子相处，老师在上课时对孩子关爱的眼神，孩子睡觉时温柔地哄着他们。虽然很累，但更多的是收获他们纯真的笑脸。

2. 与指导教师之间关系的转变

当职前幼儿教师在教学实务中遇到疑惑或问题，比如课程计划、活动组织、与幼儿互动等方面时，他们最愿意且最常请教的对象往往是有经验的指导教师。在处理不同的人际互动时，职前幼儿教师认为与人相处是一门至关重要的课题，特别是与指导教师的关系。在访谈中，有的职前幼儿教师表示，指导教师对自己非常关照，教会了自己许多东西，例如：

我觉得我们这里的老师都还不错，不像别人说的教师之间总是比较什么的。我觉得我园的教学主任很厉害，每次听评课她都会参加，有的时候会指出问题。同时，她也很公平，每次讲评都是对事不对人。（st31）

st36 与班长老师相处得并不那么顺利。她坦言，有一次与朱老师共同带班的经历，让她的教学心情跌入了谷底，且久久不能自拔。她认为自己虽然是实习生，但理应关心对方的感受与想法，然而当她提出想要分担一些教学工作时，却遭到了冷漠的拒绝，这让她感到不知所措、难以应对。在沟通课程活动或情境布置时，她不敢提出自己的异议，只能顺着对方的心意行事，最终她也不知道该如何与朱老师进行有效的互动。

那时候我觉得自己好无力，挫败之情油然而生，整个教学心情大受影响，难以再专心于课程准备，对教学工作缺乏动力，以及对待孩子都显得耐心不够……我们两个是比较互补的方式去做，她忙她的，我也忙我的，只是俩个人尽量把工作互补完成…其实我不太在意我与辅导老师的互动，因为这个班级本来就是辅导老师的，我只是来实习，但是在实习制度上，我尊重我的辅导老师的做法。（st36）

有时候，职前幼儿教师在实习期间会突然被指派工作，由于不便当场拒绝，只能按照班级教师或者保育员的指示去做。如果这种情况持续发生，心理上难免会感到不舒服。

（四）从摸索走向创新的课堂教学知识

实习一个月后，实习生开始涉足教学工作。从备课、组织幼儿活动到最后的自我反思，这一系列过程中，职前幼儿教师的实践性知识得到了飞速发展。其中，来自指导教师的帮助和提醒是最为重要的影响因素。

1. 职前幼儿教师能够根据幼儿发展的特点选择备课内容

st36 在第三学年学习了关于"幼儿园课程设计"的课程，她明白应依据幼儿年龄发展的特点、幼儿园教师指导用书等材料设计教案，同时，一些出版的教案集也是可供参考的依据。在听课两周之后，st36 备课程序如下：首先阅读《3—6 岁幼儿活动指导》参考书和教材，其次征求当地老师的建议，最后结合大学所学知识及自己的思考进行教学设计。

st31 的备课程序则有所不同。她的第一步先向指导教师请教。第二步是撰写教案初稿。第三步请指导教师进行修改，这一阶段被 st31 认为是最重要的阶段，她表示在写教案前的思路是清晰的（图 3-3），但落在笔头时，可能出现偏差或逻辑混乱，难以明确教学的重点和难点。因此，在教案初稿完成后（图 3-4），指导教师会对 st31 未描述清楚的部分提出修改意见。第四步是试讲与修改。在这一过程中，st31 发现，在选择辅助游戏活动时，指导教师通常不会提出异议，但在教学流程以及教学内容的难易程度上会进行多次修改。

在我备课前，盛老师会详细地讲解该课的备课思路，包括教材分析、班级中幼儿的年龄特点和个性特征，以及教学目标、教学内容及教学流程等。盛老师非常棒，她是经过实习之后就留在了这个园，先从助教开始做，现在已经是班长老师了。她的经验也很丰富，组织活动非常有意思，幼儿也爱听，所以她讲的思路一定会很有用。（st31）

有趣的七巧板

一、教学目标：
1. 使学生进一步了解平面几何图形的特征。
2. 通过小组合作，培养学生的合作意识。
3. 激发学生学习数学的兴趣，体验成功的快乐。

二、教具学具：
1. 教师准备：七巧板一套，民族音乐磁带一盒。
2. 学生准备：一人一套七巧板。

三、教学过程：

（一）教师引入
师：小朋友们，这是什么？（七巧板）
师：你们玩过七巧板吗？
师：七巧板游戏是我们老祖先的一项卓越的创造。宋朝有个叫黄伯思的人，对几何图形很有研究，他热情好客，发明了一种用6张小桌子组成的"宴几"——请客吃饭的小桌子。后来有人把它改进为7张桌组成的宴几，可以根据吃饭人数的不同，把桌子拼成不同的形状，比如3人拼成三角形，4人拼成正方形，6人拼成六边形……这样用餐人人方便，气氛更好。后来，有人把宴几缩小改变只有七块板，用它拼图，演变成一种玩具。因为它十分巧妙好玩，所以人们叫它"七巧板"。七巧板在世界上有"东方魔板"之称，风靡全世界。今天这节课，我们就来玩玩"有趣的七巧板"。

（二）赏一赏
1. 师：下面请小朋友观赏几幅由七巧板拼成的图形。
(1)出示一艘帆船并介绍：这是一艘由七巧板拼成的乘风破浪的帆船，它是1994年由香港

图 3-3　修改前的文本

有趣的七巧板

一、教学目标：
1. 使学生进一步了解平面几何图形的特征。
2. 通过小组合作，培养学生的合作意识。
3. 培养学生观察力、记忆力、空间想象能力和创新意识，创造性思维能力，发展学生实际操作能力。
4. 激发学生学习数学的兴趣，体验成功的快乐。

二、教具学具
1. 教师准备：七巧板一套，民族音乐磁带一盒。
2. 学生准备：一人一套七巧板。

三、教学过程
（一）教师引入
  提问
（二）教师介绍黄伯思，讲授七巧板的来历
  对几何图形很有研究，他热情好客，发明了一种用6张小桌子组成的"茶几"——请客吃饭的小桌子。后来有人把它改进为7张组成的宴几，可以根据吃饭人数的不同，把桌子拼成不同的形状，比如3人拼成三角形，4人拼成正方形，6人拼成六边形……这样用餐时人人方便，气氛更好。后来，有人把茶几缩小改变到只有七块板，用它拼图，演变成一种玩具。因为它十分巧妙好玩，所以人们叫它"七巧板"。七巧板在世界上有"东方魔板"之称，风靡全世界。
（三）看一看。
  出示PPT，请幼儿观赏七巧板都可以拼出什么样的图形。
（四）试一试。
  小朋友自己拼一拼，讲一讲。全班交流。

图 3-4 修改后的文本

2. 职前幼儿教师在进行教学时的注意范围由窄变宽

职前幼儿教师在初次授课、设计教学活动时，往往能够做到环节紧凑、流畅自然。然而，一个普遍存在的问题是，她们过于注重教学设计，而忽视了幼儿自身发展的年龄特点。在后续的访谈中，st36 也意识到了这一问题：

> 指导老师也和我说，不要想着自己怎么教，不要太过于关注教案，教案是死的，而方法是灵活的。这个对于我来说有点儿难，但是我正在学习。
>
> 在组织教学活动的时候，以前我学习或做事重在质量，要做到自己比较满意，对时间和效率看得比较淡，认为自己勤奋点、多花点时间也可以把作业做得比较满意。现在我觉得勤奋要和效率并重。记得有句话说，老是加班的人，说明工作能力不强。所以我要告诉自己，做事要质量效率并重，接受第一遍多花点时间去做中学习，下次再做同样的工作时就要提高效率。并且，在进行教学的时候，原来我只注意自己的教案写得够不够好、我的方法够不够新颖。当我用自己准备好的教案进行课堂教学的时候，我觉得不能说非常好吧，也应该差不多。可是，真正去实施的时候，

却发现我根本控制不住课堂，小朋友也不是很喜欢我讲的内容，他们在底下说话的情况比较多。后来我根据主班教师的意见，以及自己的观察再去修改教案内容，情况会好一些，但是也是上课上得不够好。控制不住幼儿，不能很好地把握方向。再后来，我抛开那些束缚，把自己准备的工作做好，然后经常和幼儿聊天，了解他们喜欢的事物，把这些东西加入到自己所设计的教案中。慢慢地，我觉得情况好很多。在设计教案组织活动的时候，我可以不拘泥于教案，能够做到灵活地适应幼儿。这一个过程我觉得，没有这些实践，是得不来的。

3. 职前幼儿教师对教学方法的运用由讲授式转变为启发式

在实习初期，多数职前幼儿教师在教学过程中会倾向于采用探究学习的方式，其原因是"这种教学方式在理论学习中接触最多，且被认为能促进幼儿自主探索能力的发展"。然而，当职前幼儿教师在真实的场景中尝试使用这一方法却遭遇失败时，她们发现这一方法并不总是适用。随着时间的推移，职前幼儿教师逐渐放弃了让幼儿进行探究的方式，转而采用更为稳妥的教学方法——"讲授和练习"。通过访谈得知，职前幼儿教师将这些转变归因于幼儿的学习习惯以及当前幼儿园普遍采用的教学形式。

有一次我想用探究的方式组织幼儿活动。但发现给了幼儿时间去自主探究，大多数是自己玩……自己的，或者根本偏离了原本想要讲授的课程。

之前在模拟课程中我们都用探究的方式进行试讲，当时面对的是同班同学，并不觉得有任何不妥。但是，这样的方式放在这个班级里，没有几个幼儿可以探究出来，他们不知道怎么探究。而且当下的幼儿教师在组织活动的时候，没有那么多的时间和精力去等待幼儿进行讨论、探究。
（st36）

同时，在访谈中，可以频繁听到st36因失败的体验而反复提到一个观点："大学里学的东西在教学中根本用不上"。

到了实习后期，由于学校方面组织考试，st35除了需要在幼儿园实习外，也开始复习专业课的书籍，这时她的观点有了一些变化。

最近在读《3—6岁儿童发展指南》解读，里面对五大领域的内容解释得很详细，特别是相应的领域对应不同的方法。读过书后发现，原来启发教学方法是探究的一种。还有，最开始看主班老师的课，她运用的也是讲授法，可是感觉幼儿听得很轻松，气氛也很活跃。经过对比之后发现，她设计了很多问题让学生思考和回答。所以虽然没有整节课让学生去探究，但他们是在思考的。

……随后，她也将这种教学方式应用到自己的教学活动中来，但是效果并不理想：

我设计的问题，小朋友经常回答不出来，有的时候会冷场，很尴尬。原来问题也不是随便问的，而且不能问类似"好不好""行不行"这样的问题。我的指导老师说，这些问题算无效问题。

职前幼儿教师在模拟课堂教学中试讲时，由于扮演幼儿的是同班同学，这些同学对于各种教学方式都非常配合。这样的环境容易让职前幼儿教师忽略现实中的幼儿与同班同学之间的差异，使她们误以为探究、合作等新型教学方法与讲授法在实施难度上并无太大区别。

总而言之，职前幼儿教师实践性知识的生成过程，是通过之前教学经验的积累，在进入具体教学情境后，针对情境中遇到的问题而生成新的知识，这一过程进而影响或改变其原有的信念。图3-5清晰地展示了职前幼儿教师实践性知识生成的运行过程：当幼儿进入具体情境后，教师会调动其已有的信念，根

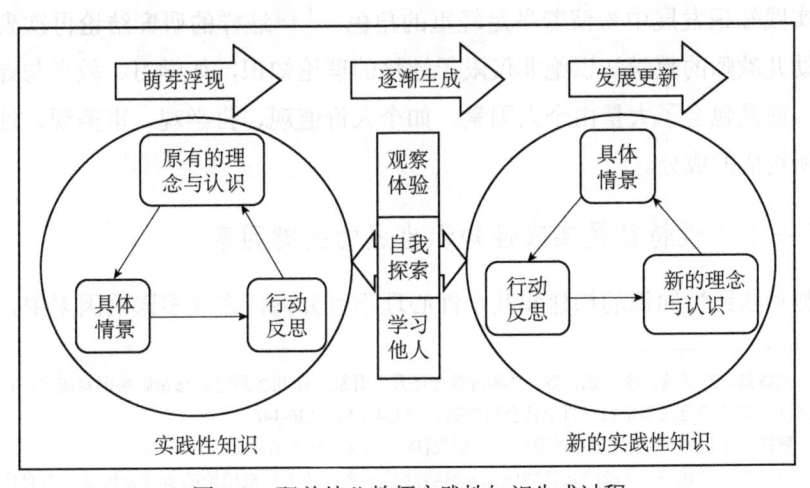

图 3-5　职前幼儿教师实践性知识生成过程

据情境中的问题尝试做出反应，并根据结果修正自己的策略和方案。若问题得到解决，有用的关键性信息就会被存储在个体的知识经验中，以备将来遇到类似情况时使用；若问题未能解决，职前幼儿教师则会通过观察体验、自我探索、向他人学习或不断反思等方式，生成新的实践性知识。

第二节　职前幼儿教师实践性知识生成的影响因素

职前幼儿教师实践性知识生成的影响因素是多方面的，从她们的生活经历和教学故事中我们可以深刻体会到这一点。具体而言，职前幼儿教师实践性知识生成的主要影响因素包括内部因素和外部因素。在这些影响因素之中，个人因素是最为重要且关键的一环，对实践性知识的发展起着决定性作用；其次是实习经验，它在实际操作中为职前幼儿教师提供了宝贵的实践基础；而其他因素则在一定程度上也影响着实践性知识的生成，但相对前两者而言，其影响程度较低。

一、影响实践性知识生成的内部因素

职前幼儿教师实践性知识生成的影响因素，是个人特质、教育价值理念与学校情境相互作用的结果，这一过程错综复杂而非单一，是个人与社会互动所产生的动态变化过程。国内近年来的众多相关研究同样发现，"个人"因素在影响实践知识发展中扮演着举足轻重的角色。[1][2][3]这样的研究结论再次表明，职前幼儿教师的教学知识绝非仅限于纯粹的理论知识，如学习、教学与课程的理论，而是包含了大量由个人因素，如个人价值观、哲学观、审美观、性格倾向等所构成的成分。

（一）个性特征是实践性知识生成的关键因素

教师实践性知识的构建和其个性心理不可分离，在众多影响因素中，个人

---

[1] 刘妍慧，叶子萱，李一帆，等．"学前教育提升"背景下幼儿教师留职意愿影响因素研究：以湖北省H市为例[J]．湖北师范大学学报（哲学社会科学版），2024（4）：136-146．

[2] 罗伟．幼儿教师专业发展中的隐性知识研究[D]．武汉：华中科技大学，2022．

[3] 赵红霞，刘建清．卓越幼儿教师成长的影响因素研究：基于扎根理论的质性分析[J]．教育研究与实验，2022（2）：101-106．

的人格特质可以说是影响实践性知识发展的最关键因素，其中包括自我概念、自我认同以及自我效能感。[1]从本书研究职前幼儿教师皆展现出各自独特风格这一现象即可看出这一点。教师的实践性知识，绝非纯粹的理论知识，如关于学习、教学与课程的理论，而是包含大量由个人因素构成的内容，例如个人价值观、哲学观、审美观等。

1. 灵活应变能力

灵活应变能力对职前幼儿教师具有重要影响。具备灵活应变能力的职前幼儿教师能够迅速适应不同的教学情境，有效应对课堂上的突发状况，如孩子突然的情绪波动、意外事件等，确保教学活动的顺利进行。这种能力有助于她们建立良好的课堂管理，维持积极的学习氛围。同时，灵活应变也体现在能够根据孩子的不同需求和兴趣调整教学策略，提供个性化的指导，从而激发孩子们的学习兴趣和潜能。

在教学过程中，教师的个性倾向性与其独特风格、动机与责任感能够相融合。在实习工作中，一位个案教师谈及她与生俱来的特质，如模仿能力强、记忆力出众、敏锐度高等，这些个人特质在某种程度上确实对她的实际教学工作产生了影响，时而成为助力，但也可能构成阻力。她自认为擅长观察孩子的情绪变化，当孩子们一早走进教室，她能迅速察觉到他们的心情状态；如果某位幼儿情绪低落，她会推测可能与亲子互动有关，并会引导孩子说出原因，然后通过教学活动来帮助调整孩子的心情。

> 因为我比较擅长模仿，在组织活动的时候，幼儿觉得我扮演小动物会很像，所以一起游戏的时候她们也非常开心。我是一个特别爱玩爱闹的人，周末的时候不会宅在家里，一定会和朋友出去玩儿，比如去爬各种山。我们有一个登山队，经常去爬山，像是千山啊、凤凰山啊、小红罗啊等等，那些有名的没名的，我们都去，我们不走寻常路。登上山顶的那一刻，我真的很开心。这就是我的性格，这种性格也被我带入班级中，我们实习的这个幼儿园对环境创设的要求特别高，我总想做一些和别人不一样的东西。上一次环境创设，大家都用不织布，但是她们做的都是平面的。然后，我就想怎么能做一个不一样的东西呢。因为我负责的屋子是构建

---

[1] 陆秀梅. 小学数学初任教师实践性知识的内容类型与影响因素研究[D]. 上海：上海师范大学，2022.

室，房子和汽车这个主题比较符合构建室的风格，后来我就用不织布做了立体的房子，还有小汽车，并且小汽车是各种功能的，比如消防车、警车、出租车。后来，我们教学主任去检查环境创设，我做的小汽车还受到了表扬。(st24)

上述的敏锐力也影响了st24与班级指导教师相处的关系，例如，她非常敏感班长老师的言行举止，并据此调整自己的教学行为。

2. 工作风格

工作风格对职前幼儿教师有着显著的影响。首先，独特的工作风格可以帮助职前幼儿教师在与孩子们的互动中建立起个人特色，从而更容易获得孩子们的信任和喜爱，这对于建立良好的师生关系至关重要。其次，不同的工作风格会影响职前幼儿教师的教学方法和策略选择，比如一些教师可能更倾向于通过游戏和互动来教授知识，另一些则可能更注重纪律和规范。此外，工作风格还会影响职前幼儿教师的职业满意度和成就感，一个与自己性格和理念相匹配的工作风格往往带来更高的工作热情和更好的教学效果。因此，了解和塑造适合自己的工作风格对职前幼儿教师的职业发展具有重要意义。比如，st24提到：

以前我都是埋头苦干、努力做，因为我常常会注意别人对我的表情，所以我会很在意声音，反正我那时候体力又很好，只要有声音我马上改变。因为我觉得我储存的能量很多，我能够改变，就马上那样改，然后符合你的要求，那时候效率真的很高。

我的性格比较内向，同时也追求完美，做一件事一定要做好。有一次我们学校组织创新创业比赛，我报了一个项目，是关于幼儿绘本阅读的。为了那个项目，我自己一个人去收集资料，去各个图书馆查看幼儿绘本，特别去了大悦城的绘本馆观察幼儿借阅绘本的情况。最后这个项目虽然没有评上省级创新创业的项目，但是通过这个过程我对幼儿阅读绘本越来越感兴趣。在这一过程中，我自己也了解了哪些绘本特别受幼儿欢迎，对我自己的成长也是有帮助的。在这个幼儿园工作，我也是同样要求自己的，不管是写教案还是组织幼儿活动，我都非常认真，希望通过每一次的活动找出不足，改正自己，让自己变得越来越好。每当幼儿园有活动需要张贴海报、设计墙面等任务，主班老师能够很放心地交给我做，我也拥有一份自豪感和归属感。

上述职前幼儿教师的个性表现为事事追求完美，尤其是在实际教学方面。她非常在意教室环境的布置美化、教案设计的整体美感以及班级墙外公告栏上字体的端正。她认为这些都与整个环境的美感息息相关，因此，在选用笔、纸，调配颜色以及制作教具等方面，她都保持着严谨而慎重的态度，希望能够展现出自己最好的一面。

3. 积极进取的态度

积极进取的态度不仅能够激发职前幼儿教师的学习热情和动力，帮助她们在专业知识和技能上不断进步，更能够使她们主动面对工作中的挑战和困难，积极寻求解决问题的方法，从而在工作中不断成长和进步。例如，st37 在面对教学工作时保持着严肃的态度，她自我要求无论每天心情如何起伏变化，对于教学工作或面对孩子的投入与表现都应维持一定的专业水平。她谈及自己个性中的一部分是不会为自己的生涯发展设置任何框架或预设立场，对于学校安排的教学事务都能乐于接受并勇于挑战。同时，她强调自己虽然有些内向，但在做事情时一定是认真仔细的：

> 我最开始真不适应幼儿园的工作，每天都起得非常早，而且因为刚刚进入班级，对很多事情非常模糊，不知道应该做些什么，也不知道怎么去开展工作，真是一头雾水。特别实习的班级是幼儿园小班，小班的孩子模仿能力强，自理能力差，所以我们要很有耐心才行。好在两个礼拜后，我慢慢适应了幼儿园的节奏，对幼儿园一日流程都了解了，知道每个环节应该做什么。随后，我开始向主班教师请教经验，比如幼儿入园了需要注意的事项是什么，幼儿早晨的时候不吃饭应该怎么办，在组织教学活动的时候幼儿经常会随意乱走怎么去吸引注意力，等等，这些问题我总会不厌其烦地问我的主班教师。我的主班教师也非常好，总会认真回答我的问题。

（二）生活经历是实践性知识生成的先决条件

教师个人的过去生活经验，包括家庭生活、儿时回忆、对他人行为的模仿、观察与认同等，都深刻地影响着教师实践性知识的生成。家人支持在教师实践性知识的转变与发展过程中具有一定程度的影响力，这使得教师在遭遇教学困难时，能够获得家人在观念或做法上的支持，从而继续坚守在教学岗位上。

1. 成长环境

成长环境对职前幼儿教师的影响是全方位的，包括职业态度和价值观、专业成长和学习动力、教育观念和教学方法以及职业适应和职业满意度等方面。在过往的生活中，几位教师与研究者分享了自己的亲身经历，她们认为在学校的学习经历、父母的要求等为自己的现在打下了基础，并且这些经历对自己的行为处世产生了潜移默化的影响。因此，成长环境的经历确实对职前教师的实践性知识有影响。

> 小时候，家里人管我管得很严，很多事情不可以做，学习是第一位的。考试考得不好，回到家，爸爸会给我脸色看，而妈妈就会一直唠叨。（st11）

这是st11回忆她童年生活的开场白。她认为自己内向的个性源自家庭环境，导致自己做事情时总是瞻前顾后，难以果断地做出决定。然而，在对待幼儿时，她会变得相对民主，不愿完全顺从幼儿。

个案教师st14谈到，父母给予她的完整家庭环境与人格教育是她这一生享用不尽的财富，至今仍深深影响着她日常实际教学的思考与行为：

> 我们家一共是3个孩子，我是老二，我还有一个姐姐和一个弟弟。尽管这样，父母总是公平地对待我们，不会很偏向某一个人。

因此，"公平对待每个孩子"成为她重要的教学意象，至今她时常提醒自己并检视是否关照了所有孩子的个别学习需求。

个案教师st14父母对她的教育倾注了极大的心力。小学时，他们安排她学习舞蹈课程；在考学前教育专业之前，还特地为她请了钢琴老师教授音乐。在生活中，她能深切体会到父母的默默付出与精神支持，并将这份感恩转化为一种教学理念，时刻提醒自己无论面对何种问题，都要保持永不放弃的态度。同时，由于学习过舞蹈，她在学院时担任了舞蹈队的队长，在幼儿园里也时常协助主班教师排练舞蹈，这些经历都让她充满了成就感。由此可知，家人的支持在职前教师的转变与发展过程中具有一定程度的影响力，使教师在遭遇教学困难时能够获得家人在观念或做法上的支持，从而直面困难。个案教师 st31 的求学经历让她意识到一个好的教师是多么重要，比如：

> 在初中的求学过程中，我非常快乐……让我学会自我管理，如何与他人有效的沟通，开口说英语，也让我体验到许多第一次，第一次和外国人对话、第一次考第一名、第一次和教官争取自己的权利、第一次策划班上的唱歌比赛，还有很多很多的第一次，这些都是我美好的回忆……记得高中毕业后，我看得懂、会念的英文单词并不多，所以上了高中，我讨厌英文的心态还是不变。上英文课的第一天，英文老师一进入教室噼哩啪啦地说着对我来说是外星语的英文。老师知道我们听不懂，放慢了说话速度，再一次从头说起并加入肢体语言，让我们去猜意思，坚持不对我们说中文。过程中老师非常有耐心、幽默，不断鼓励我们去猜。老师的鼓励让我渐渐不再排斥英文，变成主动学习英文。（st31）

个案教师 st11 与上述同学不同，她从小就不被父母重视，就算考上大学，父母也没有表现很高兴的样子，反而说"你去工作吧，不要去念了，一个幼儿园教师还要去念本科真是很浪费"。st11 没有听从父母的安排，而是毅然决然地选择继续读书，她告诉研究者，如果可以，她还想继续考研，不想回家。也是因为拥有这样的生活经历，个案教师 st11 表现出超出同龄人的坚强和认真。

2. 曾经的榜样

教师对其受教经验的回忆将形塑他们对学生的期望，这种亲身经历的经验通常提供了教师"什么是教学"及"教学应该是什么"的想法，这些图像为日后教师教学思考与决策奠定了基础。[1]在访谈过程中，当谈及生活中重要他人及重要事件时，职前幼儿教师在过往的受教育经历中，通过观察学习，将授课教师的教学态度、方式、理念与行为模式内化，使之成为个人实践性知识的一部分。因此，职前幼儿教师会将心目中的典范教师视为楷模，或者基于自身学习经验形成个人的教学意象，并据此建立个人的教学模式。相反，若遇到不负责任的教师，职前幼儿教师会根据自己的评价标准，在内心做出"如何做"的选择。

---

[1] 辛晓玲，魏宏聚. 教师教学经验概念化的内在逻辑与实践路径[J]. 教师教育研究，2023（6）：22-28.

st14 自认非常幸运，从小到大在求学过程中遇到的教师都是值得效仿的模范，至今这些师长的言行仍深刻地印在她的脑海中，甚至影响着她的日常教学工作。首先是幼儿园老师，记忆中这位年纪大到足以当她奶奶的老师，上课时总是那么尽责认真，尤其是一手好钢琴技艺，在她心中树立了一个好老师的形象，使她期许自己能够朝着成为理想幼儿教师的目标前进。

st14 遇到的教师有好的也有不如意的，特别是高中英语老师：

> 我就是因为她，英语才不好的。上高中之后，我的英语成绩属于中上等，但是我班的英语老师不喜欢我，上课从来不提问我，感觉到她的不喜欢，慢慢的我也开始讨厌英文，慢慢的成绩也开始下降。

st31 在谈及影响深刻的人时说：

> 我觉得我是受家庭影响比较多，我舅舅特别爱看书，我小时候，他就给我买书。像《平凡的世界》《穆斯林的葬礼》《浮躁》这些书，我在高中的时候就看完了。看完之后，也会去和舅舅讨论我的阅读心得，后来我的这个习惯保留下来，到大学之后，我每天都会去图书馆，看一些文学作品，也会看一些教育方面的书。我舅舅和舅妈的家庭就属于学习型家庭，每次我去他们家，都会有新的收获。在他们的影响下，我总告诉自己，我也应该像他们一样，不管做事也好，做人也好，都要认真、虚心，要积极向上。在处理问题的时候，一定要有自己的思想，也一定要分析问题的原因是什么，并且积极解决，而不是怨天尤人。

3. 实习指导教师的评价

指导教师是职前幼儿教师获取专业支持的重要依托。作为教师这一传道授业解惑的角色，优秀教师与职前幼儿教师分享个人知识和建议，是助力其提升专业发展的有效途径之一。特别是，优秀教师以"过来人"的身份，对曾经历的曲折道路深有体会，能够洞察问题的本质，指出更接近核心的问题所在，并提供贴切的建议。当职前幼儿教师在教学实务中遇到困惑或问题，比如课程规划、活动组织、与幼儿互动等方面时，他们通常最愿意且最常请教的对象，便是那些富有经验的指导教师。正如前文 st31 所言：

> 我觉得我们这里的老师都还不错，不会像别人说的教师之间会比较什

么的，我觉得我园的教学主任很厉害，每次听评课她都会参加，然后有的时候会指出问题，听她点评后，顿时有一种豁然开朗的感觉。同时她也很公平，每次讲事情都是对事不对人。

如果实习指导教师缺乏经验或责任心不强，可能导致职前幼儿教师在教学实践中得不到有效的指导和支持，进而影响教学质量和她们的自信心。缺乏激励和关怀的实习指导教师可能让职前幼儿教师感到孤立无援，缺乏前进的动力和热情，从而影响他们的职业成长和发展，例如前文 st36 所言：

> 那时候我觉得自己好无力，挫败之情油然而生，整个教学心情大受影响，难以专心于课程准备，对教学工作缺乏动力，以及对待孩子都显得耐心不够……我们两个是比较互补的方式去做，她忙她的，我也忙我的，只是两个人尽量把工作互补完成……其实我不太在意我与指导老师的互动，因为这个班级本来就是指导老师的，我只是来实习，但是在实习制度上，我尊重我的指导老师的做法。

4. 实习园所

家长与幼儿被视为一个整体，双方通过各自的反馈共同促使教师对事件进行反思。在语言教学这一实践性知识范畴内，这些反馈大多聚焦关于幼儿的知识以及教学策略的知识。仅仅停留在理论层面对幼儿的了解是远远不够的，与幼儿直接接触能更直观地感受到他们的思维、性格特点以及发展状态。同时，与家长的沟通有助于教师了解幼儿在家庭和幼儿园这两种不同环境中的多样表现。同样地，幼儿也是教师的一面镜子，能够清晰地反映出教师的教学效果，成为教师反省和改进教学策略的重要依据，从而更新和丰富相关的策略知识。

一次家长提出孩子课上没有回答过问题的反馈，引起了 X 老师的重视，她反思了自己的提问策略是否存在问题：

> 举手才能回答问题的方式，对于有些内向的孩子来说，丢失掉了很多开口说话的机会。经过这件事，我也反思如何让更多孩子开口去说去回答。后来我在设置问题的时候，让所有孩子一起回答。这时候那些内向的孩子，就敢于在混乱的声音中说出自己的看法，这时候我有针对性地听他刚才说什么，请孩子去回答。

经过这样的优化，教学策略取得了显著的成效，不仅让幼儿受益匪浅，也让教师对教学方法有了更深的认识，同时增强了教师的教学效能感。

Z老师在实习初期经历的公开课评课成为一个典型案例：

> 第一次在园里上公开课的时候，我被批斗得特别狠，就差点拍桌子那种感觉。当时我的内心是非常受挫的，都不想从事这个职业了。因为在我的大学还有高中生涯，一直都是要拿奖学金、被老师捧在手心之类的。突然一下就这样打击我，就是受不了。然后我就去反思，我就想如果我不干的话，我得站在金字塔塔尖上说我非常厉害了我不干了，不是说我现在不行我不干了。后来我就不断地反思这个过程，去总结，向这个领域比较好的人请教，想下次应该怎么上，比如提问的时候、配音乐的时候、环节设计的时候，都要去反思，后来慢慢地，自己就成长了。

Z老师经过这次公开的"批评"后，获得了巨大的成长动力，他在挫折中变得更加坚定，重塑了对自己和职业的认知。在面对研究者时，Z老师再次进行了深入的反思，并领悟到了一些之前未曾考虑到的因素：集体教研过程中产生的分歧主要集中在教学风格、教学方法以及活动设计这三个方面，而本案例中的核心分歧尤其体现在活动设计上：

> 在教案设计上，有人觉得这个环节应该这样更好，有人觉得这个环节那样更好，我也有我自己的想法，因为我也是个独立的个体，我认为这样就挺好。还有我觉得我好不容易改了它，去试课觉得挺好的，可还是不行。

一项优秀的活动设计并没有固定的答案，因此，在集体讨论中往往会出现成员想法各异、产生分歧的情况。作为新手教师的Z老师，一度因此感到无所适从，甚至产生了自我怀疑的矛盾心理。但Z老师凭借自我鼓励，勇敢地进行了反思与总结，逐一解决了这些分歧点。给予Z老师鼓励的主要因素在于，他个人性格、语言与教态形成的良好教学风格，这已成为他教师效能感的一部分，对此他始终保持自信。相较于此，Z老师认为活动设计是更容易改变与提升的部分，这为他提供了不小的动力：

> 会获取很多经验，就是这个过程会非常煎熬。尽管初期教研进程充满着煎熬，但这次的"挫折"开启了个人专业成长之路。

>我的成长还是源于我第一次上课受到的严重打击，我觉得如果我那节课上完以后不疼不痒的，我估计我也不会这么主动去学，从来没有受到过那样的打击，上完课以后在这哭，要学的东西太多了。

这次事件对 Z 教师而言是一个重大转折，以往那种信手拈来的从容在此之后遭受了不小的打击，使她开始意识到学前教育是一个自己尚未完全熟悉的领域，对幼儿的理解、课堂策略的运用、环境的设置等方面都需要进行系统的构建。目前，Z 老师在集体教学管理上已较为得心应手，回想起那段经历，她认为是反思与请教帮助自己顺利度过了新手教师的阶段，通过高强度、高频率地吸收实践性知识，教学逐渐变得从容不迫。

关键事件的发生往往能引发人们一次深刻的认知变革，是一种意识的觉醒。面对关键事件的心态，决定着个人发展的方向。教师是选择积蓄力量去解决问题，还是因受挫而停滞不前，每一个选择都富有深意，同时也反映着教师的个人信念、原则及职业态度，对实践性知识的发展产生了不可估量的影响。

（三）专业发展动机是实践性知识生成的动力要素

职前幼儿教师实践性知识的生成是一个持续建构且充满活力的动态过程。在这个过程中，职前幼儿教师的专业发展动力对实践性知识的形成起着制约作用。具体而言，当职前幼儿教师具备强烈的学习动机时，其专业认同感通常较为强烈，相应地，实践性知识的发展也较为良好；相反，当职前幼儿教师对自身的专业认同产生怀疑时，其实践性知识的发展则相对较弱。

1. 竞争意识

在研究期间，研究者观察到 st39 对自身的专业发展展现出极高的主动性。在每节课程中，她总是坐在最前排，并且积极参与讨论，几乎每次发言都有她的身影。在与任课教师的交流中，研究者了解到大多数教师对 st39 的评价非常高。通过访谈得知，st39 的这种积极状态源自她改变现状的强烈愿望。她提到，作为家中较小的孩子，学习成绩并不突出，且家人对她所学的学前教育专业不够重视，认为这只是带孩子的工作，缺乏技术含量。因此，她渴望改变这一现状，努力提升自己的能力和专业素养。

从研究的起始到结束，st39 的行动能力始终显著。在组织教学活动时，她不断向指导教师和同伴学习，认真观摩指导教师的教学，并在每次活动后主动向指导教师请教疑惑之处。她还积极观看优秀教学视频，探索如何更好地进行教学。只要有比赛，她都会积极参与。课后，她还会对自己的教学进行深入的反思。此外，学校和学院不定期组织的教师技能大赛也为她提供了宝贵的学习机会，在参赛过程中，st39 不断吸取有效经验，将其融入自己的知识体系，从而不断更新和丰富自己的实践性知识。

> 短短的 15 分钟总体来说还是比较满意的。但在讲课过程中，还有许多不足之处。但很幸运，我获得了二等奖，这让我更有自信了。通过这次比赛，也让我产生了一些思考。（st39）

2. 自我认同

在成为一名教师的道路上，学生往往会通过追问"我是谁"和"我是一位怎样的专业教师"来审视自己在社会文化规范下的专业行为。由于每位教师对自我概念和生活经验的差异，让她们形成了各具特色的专业认同脉络。教师的个人特质、专业准备期间的经历以及个人过往的学生经验，都是塑造教师专业认同的重要因素。此外，专业认同的发展还会受到与周围环境、人物和事件的互动或刺激的不同影响。[①]

> 同样一件事情，一个专业的老师跟一个保姆性质的人，她们用的方式会不太一样。幼儿园教师的专业很容易被质疑，而小学以上教师可能不会。当有人说"啊，女生当老师好啊"，我就笑一笑。那个优越感已经不见了，因为基本上现在我对教育已经是半放弃了！（st36）

> 一开始我只是想当儿童美育老师，后来参加教师种子营，了解到教育真的很重要，尤其幼儿教育是养成健全人格与良好品德习惯的开始，如果小时候教得好，奠定好的根基，长大不容易变坏。所以，我决定当个像孔子那样的老师，之后就跑去修课程，发现自己对教育很有兴趣。（st3）

不同的专业认同水平对职前幼儿教师的影响是明显的。高专业认同有助于增强职前幼儿教师的职业归属感和积极性，促进他们的专业发展；而低专业认

---

① 高旭. 幼儿教师胜任力、职业认同与职业幸福感的关系研究[D]. 哈尔滨：哈尔滨师范大学，2022.

同则可能阻碍他们的职业发展，增加离职率。因此，应重视并提升职前幼儿教师的专业认同感，为他们的职业发展奠定坚实基础。

二、影响实践性知识生成的外部因素

教师的实践性知识源于个体与环境的相互作用，因此，外界环境对语言领域集体教学实践性知识发展的影响不容忽视。与关键事件不同，外界环境在平凡的日子里悄然建构着教师的行为风格和处事方式，以浸润的方式改变着教师的实践性知识体系。

我国国情与国家政策从宏观视角影响着教师的认识方向。作为人口大国，随着二孩政策的放开，接受学前教育的人数激增，集体教学成为我国幼儿园教师不可或缺的工作日程。鉴于幼儿注意力时间较短，如何在有限时间内高效教学成为幼儿园教师必须学习和掌握的专业技能。同时，我国提出的"五育并举"教育举措，使得学前教育学段越来越倾向于综合性课程。教师在培养幼儿五大领域核心经验的同时，也在追求教育的综合性。

本部分所探讨的外部因素是与内部因素相对而言的影响因素，外部因素具体包括社会氛围、学校氛围、实习现场等。

（一）社会氛围是实践性知识生成的条件保障

社会氛围是影响职前幼儿教师职业选择的一个重要因素。研究发现，许多职前幼儿教师在初次选择专业时，对学前教育的现状并不了解。他们的选择往往基于父母的建议，而父母则根据当前的社会氛围以及教师职业的特性来为孩子提供指导。

1. 社会政策

现如今，国家高度重视学前教育，颁布了多项方案和文件以支持其发展。国家对幼儿教师的重视，吸引了众多学生选择学前教育专业。此外，教师职业自古以来在人们心目中就占有崇高地位，尤其是学生家长，他们非常认可教师职业，认为对于女孩子而言，教师职业稳定、单纯，是理想的职业选择。

> 我会选择学前教育这个专业，是因为目前的就业前景特别好，目前国家出台的多种政策支持幼儿教育。另外，我家人也很看好这个专业，认为

这个专业未来的发展一定不会差。(st1)

2. 教师地位

调研中发现，多数职前幼儿教师选择专业的理由是高考成绩、师生关系单纯、就业情况非常好三方面。这些因素共同作用，促使越来越多的学生投身于学前教育事业，为培养更多优秀的幼儿教师奠定了坚实的基础。

当时的高考成绩超过一本分数线13分，在选择一个一本学校不好专业和二本学校好专业之间我徘徊了很久，最终选择了后者。选择学前教育专业的初衷是因为学前教育专业在沈阳的就业前景好，又很适合女孩子，再加上本身并不讨厌孩子，所以最终选择了学前教育专业。(st1)

选择学前教育专业虽然也有高考分数合适的原因，但是并不是决定性因素，而是综合父母意见、未来发展以及自己喜好来选择专业的。(st3)

(二) 学校氛围是实践性知识生成的文化基础

学校教育对职前幼儿教师的影响主要体现在师范院校的教学理念以及课堂教学有效性两方面。一个良好的学习环境和氛围应包括物质条件与精神条件。物质条件方面，学校应为职前幼儿教师提供丰富的教育资源，如浩瀚的图书资料供其借阅，以及优质的实习条件供其实践学习。在精神条件方面，各科任教师学识渊博且认真负责，能够激励职前幼儿教师快速成长，积极吸收先进的教育理念与知识。

1. 师范院校的教育理念

本书所讨论的职前幼儿教师所在的师范院校，在设置培养目标时，严格遵循幼儿园教师专业标准，旨在培养具备先进教育理念、良好职业道德、坚实理论基础、突出实践能力、艺术特色鲜明，并兼具卓越教育教学、科研及管理能力的实践型人才。为此，师范院校的课程设置涵盖了儿童发展、学前儿童生理与卫生学、学前教育学、声乐与儿歌演唱、绘画基础、幼儿园科学教育、幼儿园健康教育、幼儿园游戏与指导、幼儿园组织与管理，以及幼儿园玩教具制作等多方面内容。此外，该校还特别设置了小学期实践环节，以期填补理论与实践之间的鸿沟。

2. 师范院校的课堂教学方式

师范院校在课程设计方面，除了公共基础课程外，专业课程是职前幼儿教师获取实践性知识的重要途径。师范院校课堂教学的有效性具体体现在以下两个方面：第一，示范性。例如，st4对"儿童心理学"这门课程情有独钟。在一次课堂上，老师播放了一段教学录像，内容是讲述一位园长如何在日常生活中教导一个"刺头"孩子。这位园长并没有一味指责，而是认真分析孩子的行为，给予必要的引导和合适的鼓励。孩子之后的行为变化让st4印象深刻，充分体现了示范性教学的力量。第二，教学相长。以st33为例，她在模拟教学初期表现得并不理想。在观察中发现，她在组织课堂活动时经常会出现断句、不知道下一步该如何进行、该在何时拿出教具等问题。教师在听过她的模拟课程后，给出了针对性的建议：虽然准备得很充分，但声音太小，过于紧张导致忘词，建议她以后多设计一些过渡语句，使前后环节衔接更加从容。

（三）实习现场是实践性知识生成的主要场域

纵观职前幼儿教师的实践性知识生成过程，我们可以发现一个特殊的现象：在师范院校学习期间，职前幼儿教师受教育影响而形成的教学意象，在进入教学现场后，都会受到实际教学经验的影响而产生变化。[1]职前幼儿教师的实践性知识和专业能力的发展，正是基于在实际教学情境中不断积累的经验。这既反映了职前教育对职前幼儿教师教学意向形成雏形阶段的影响，也凸显了"实际教学经验"在职前幼儿教师实践性知识生成过程中的关键作用。

1. 幼儿园的氛围

当幼儿园的氛围具有支持性时，它能够有效地促进职前幼儿教师的主动学习和创新性发展。随着众多学者对幼儿教师实践性知识和能力的日益关注，职前幼儿教师及在职幼儿教师得以置身于一个良好的学习氛围之中。这种氛围为她们的教学活动、科研活动等提供了广阔的平台，使职前幼儿教师受益匪浅。然而，幼儿园为了提升竞争力、满足家长需求，往往需要频繁举办各类活动以达到宣传效果。在此过程中，幼儿园的老师们不得不分担策划和教学工作，这

---

[1] 夏巍. 自我与他者：幼儿教师身份自我理解研究[D]. 成都：四川师范大学，2022.

在一定程度上可能对她们的教学质量产生一定影响，使得其难以完全兼顾教学的质量。

  我觉得本周在集中教学活动方面都是零零散散的，原因是彩排校庆表演活动及协助新建球池的搬球、擦球，没有更多时间去学习，同时班级里的老师也没有按照规划实施教学。都是因为太忙了。(st35)

  我们所在的是分园，远远没有总园的教学环境好。我有同学在总园，说她们每两周都会有一次教学讨论什么的。我们都没有，而且这是一个新开园，园里的教师都很年轻，我觉得自己学不到什么，大部分是我同学跟我说的。(st36)

  实习学校离家近，园长是个很有修养、谦卑有礼的人，感觉幼儿园的气氛也很好……从一进到学校，园长就把我们当正式老师看待了，对待我们的态度都跟正式老师一样，很平等……第一次到幼儿园，园长就把我们介绍给教学的主任以及教学干事，还请干事泡茶给我们喝，跟我们聊聊天。幼儿园共有八个班，一个班级两个教师和一个生活老师，幼儿园的室内设备与教材教具真的是太赞了！一个班级有两间教室，一间是学习区（语文区、娃娃家、积木区、音乐区等）的教室，另一间是上课用的教室。整个环境和氛围真的很不错，比我想象中好。在这里工作的老师都会有一种幸福感。学校也举办老师之间的联谊活动，一起聚餐，每个年级的干事都会邀请实习生参与。除了与自己的班级指导老师相处融洽之外，我和另一班的老师相处得也很好，周老师请我和另一位实习生一起出去吃饭、聊天，她会给我们一些很好的信息，也会说说她们自己的故事，有时候也会开车载我们一起去参加研习，她们班的老师属于幽默活泼很会搞笑型的，因此很容易相处，常主动分享教学心得与方法给我们。其实，园长、主任、老师都很亲切，很好相处，也会主动打招呼与聊天。(st6)

在学习教学的过程中，如果能够得到环境的激发和助力，以及建立支持性的指导关系，那么这将有益于建构清晰明确的实践性知识。反之，若缺乏这些条件，则可能会产生困惑和疑虑，甚至可能导致个体随波逐流，从而阻碍教学专业的持续发展。

2. 幼儿园中的人际关系

幼儿园的教师文化是指，在幼儿园的组织环境中，幼儿教师作为一个群体，通过教育教学过程所展现出来的共享态度、价值观、信念以及教师间建立的相互关系。这种关系主要体现在是合作性还是闭合性上。在本研究中，我们主要考察了幼儿教师之间的交流情况和分享行为。面对复杂的人际互动，职前幼儿教师认为与人相处是一项重要的课题，尤其是与指导教师的关系处理。在幼儿园实习期间，职前幼儿教师常常对自己的角色定位感到困惑，不清楚自己到底是学习者、教师，还是辅助人员。

有时，职前幼儿教师在实习过程中会突然被指派任务，由于不便当场拒绝，只好按照班级教师或保育员的指示去做。如果这种情况持续发生，难免会在心理上产生不适感。

> 我们的实习是有计划的，第一个月是保育员，按照实习的要求，我做保育员没什么问题，第二个月我的任务是观察教师教学并学习。但是由于幼儿园缺少保育员，就让我一直干保育员的活，消毒、擦灰……根本停不下来。我想要去学习，但是真的没有办法。后来我去找园长沟通，园长没帮我解决。那时候我的处理方式是向学校的带队老师反映，然后她就会帮我出面去跟行政协调。但是，和我一样的实习生，就没有做保育员，而是当班级教师的助教，我觉得挺不平衡的。（st36）

相较于前者的忙碌，也有实习教师感觉很轻松，反而觉得没有成就感：

> 我是觉得带小班感觉很像当保姆的那种感觉，学到的东西也很简单……（st28）

> 因为这个班级的老师能力都很强，然后不是特别外向的人……除了交代我做手工以外，没有什么其他的要求，也没有很多的事要我去做，反而觉得很轻松。可是，又会觉得这样比较没有成就感。（st25）

与其他班级的实习教师相比，尽管大家同样忙碌，但st37从一开始在班级中就感觉自己就是真正的老师。她能够专注地将自己的精力和心血投入到幼儿身上以及教学工作中，因此感到十分充实。面对幼儿时，她会明确地让他们区分上下课的不同，孩子们也能够分辨出上下课的差别，并相应地转换与实习教师的关系。

> 我和孩子在下课时，一起玩玩具或进行角色扮演。而在上课时，我会让孩子清楚现在是上课时间。当孩子有不适当行为时，我会立刻给予提醒，所以孩子很清楚我的角色。我和小朋友的关系很好，因为平常我会给孩子拥抱。当孩子有好的表现行为时，我会立即地给予鼓励、赞美。在户外时间，我的角色是朋友，我会和孩子一起玩耍，上课时我的角色是老师。（st37）

3. 与幼儿互动

在与幼儿互动、建立良好关系的过程中，职前幼儿教师能够增进自身的成就感。她们发现，当自己微笑着呼唤孩子的名字并给予拥抱时，能够有效地吸引幼儿的注意并与其建立良好的关系。职前幼儿教师非常享受与幼儿的互动，并善于运用肢体语言与幼儿沟通。她们希望与幼儿的关系能够亦师亦友，不仅能照顾他们，还能发挥多元的功能。

> 班上有个孩子心思较敏感，遇挫折时不愿意说话。我会摸摸她的头并微笑地看着她，我发现她会因此而心情好转，目前我们已发展到可用眼神交流。我觉得与孩子良好的互动关系是最大的成就。记得有一次生病请假，隔天孩子就问："老师你昨天怎么没来？""老师你生病好了吗？"还有家长会以开玩笑的方式问"老师昨天都没有看到你，你去约会了吗？"，或是会询问我的病情是否有好转。这些让我好感动。（st33）

> 我曾经参加手语社团，有时我会用肢体语言与孩子沟通，教学时也会善用表情与肢体动作。我和孩子们的互动很好，我经常与他们对话，他们也很喜欢跟我说话，可能是我都很专心聆听及给予响应吧，有些小朋友会自己画卡片和写信给我。上课时，我都坐旁边帮忙管秩序，下课与放学后，当然就是我和孩子们的聊天时间或者说故事时间，他们会主动拿故事书，请我讲给他们听。（st33）

随着每天与幼儿的互动，职前幼儿教师越来越关注他们的学习，并对教学产生了浓厚的兴趣。在班级经营方面，st33也取得了显著的进步。她感到自己正在孩子心中逐渐树立起"教师"的身份，这让她充满了成就感。尽管如此，职前幼儿教师对自己的不足和需要学习的地方有着清晰的认识。她严格要求自己，在每次教学后都会认真地进行自我反思和检讨，希望能够逐渐提升自己的专业能力。

  孩子们从开学到现在几乎都是称呼我"老师"，我也觉得我应该在他们心中建立起老师这个身份。如果真有不同的地方，那就是我在教学与秩序管理、班级经营方面有进步，有慢慢找到一些方法，从茫然到懂，再从懂到会。在一次一次的教学中，我都很认真地思考该修正加强及可延伸学习的地方，从一次次的错误与失败中吸取教训，一次次慢慢改进并提升自己的教学能力，我相信有一天我也能教得很好。我觉得自己很适合当老师啊，可能是因为对教育很有兴趣，觉得很有成就感，再加上很喜欢小朋友吧！但我还必须多积累些教学经验与班级经营的能力，觉得要充实与学习的地方还有很多很多。其实我自己教得不错，小朋友上课的反应都很热情、专注度也很高。因为希望可以让他们学得更多更好，我对自己的要求很高，所以会觉得自己教得不够好。目前教学上的问题就是教学前的准备工作及注意事项不够完善，还有时间的掌握不够，音量不够大。教学时有时紧张，自己讲到浑然忘我，忘了注意孩子的学习反应，忘了调整与应变。（st33）

4. 在观摩中获得的体验

  教学观察对职前教师的专业成长具有促进作用，原因在于它提供了一种不同于教师个人内在反思的专业反馈，是一种外在的反省性刺激。特别是当这种刺激来自其他同伴的集体讨论时，其激励教师专业成长的功能更为显著。观察者可以通过直接观察经验教师的教学方法以及他们如何解决教学问题，从而发现有效的行动策略，进而提升自己的问题解决能力。此外，观察者还可以根据教学观察的发现，对自己的教学情况进行诠释和理解，以帮助自己改变原有的教学信念和思考方式。

  （1）观摩指导教师的教学特征

  实践性知识的生成过程是一个复杂而细致的学习过程，它主要依赖观察、模仿和反省这三个关键环节。在这个过程中，职前幼儿教师通过细致地观察指导教师的教学表现，能够直观地捕捉到教学过程中的精髓和技巧。指导教师的教学表现，无论是课堂管理、教学方法还是与学生的互动方式，都为她们提供了宝贵的实践范例。通过观察，职前幼儿教师可以初步了解并吸收这些教学技巧；通过模仿，她们尝试将这些技巧应用到自己的教学实践中；反省则是这一过程中的重要反馈机制，它帮助职前幼儿教师评估自己的教学实践效果、发现不足，并寻求改进的方法。因此，指导教师的教学表现是实践性知识生成过程中最直接、最生动的观察对象，它对职前幼儿教师的专业成长和教学技能提升具有不可替代的作用。

> 班长老师带着玩偶上课，我坐在后面，发现每个孩子都非常安静和专注。老师的数据收集得很丰富，有图片、动画，并且重新编排上课内容，很系统，而且同一个概念会重复四五次。(st2)

> 赵老师上课时我觉得她是有准备的，而且内容是丰富的，小朋友上课时都是很投入的。老师在做任何一件事时，都是事前经过周详思考和规划的，对每个孩子的发展都很清楚；静动皆宜，教学很用心；与家长的互动关系很好，很有原则，是一位专业的幼教老师。(st1)

（2）比较、讨论几位指导教师的教学

在培养未来教师的过程中，应强调批判思考能力的重要性，因为这是迎接21世纪学校挑战所不可或缺的能力。职前幼儿教师有机会从多位指导教师的教学实践中汲取经验。她们通过观察、参与并反思这些教学过程，对不同指导教师的教学风格、策略以及与学生互动的方式进行比较和批判性分析。在这个过程中，职前教师不仅仅是在被动地接受信息，更是在主动地构建自己的实践性知识体系。她们结合个人经验、理论知识以及对指导教师们教学的深入理解，逐渐形成了自己独特的教学观念和策略。这种比较与讨论的过程，不仅促进了职前教师们批判思考能力的提升，也为她们未来的教学生涯奠定了坚实的基础。

> 我有两位指导教师，她们在教学上会给我很大的发挥空间与很好的指导。赵老师是一位很积极的老师，教学很用心，常有很多让我惊奇的点子，也是位很大方的老师。她常会将自己积累多年的教学资源与我分享，而我们聊天的内容有孩子的学习情况、旅游、衣服、趣事。她在孩子面前会称我"多多老师"，私下会叫我"多多"。赵老师经常说："我们是一样的，在教学上有不同的看法随时提出，教学相长。"赵老师也会什么都去做，如打扫清洁工作、作业事后的整理……这些都让我觉得我们是平等

的。钱老师也是一位积极教学的老师，但因钱老师是年级组长，很忙，所以班级事务大多由赵老师主导。（st2）

除了观摩张老师上课，我也在前一个月观摩例如小二班李老师的课。她和学生互动良好，上课气氛也很活泼，很有个人特色。我觉得集合不同老师的优点，在实际教学中慢慢加以发挥，对自己的教学非常有帮助。这与林老师的教学的确有很大出入，林老师以知识的传授居多，内容很充实。王老师的课堂上充满活力，课程平易近人。两位老师都同样会讲笑话，因此也少有学生上课会分心。（st15）

从上述个案的叙述中可以看出，职前幼儿教师在案例观摩之后，主动建构了关于自我认知、关于幼儿理解以及关于如何有效组织幼儿活动的实践性知识。基于以上分析，总结得出职前幼儿教师实践性知识生成的影响因素，如图3-6所示。

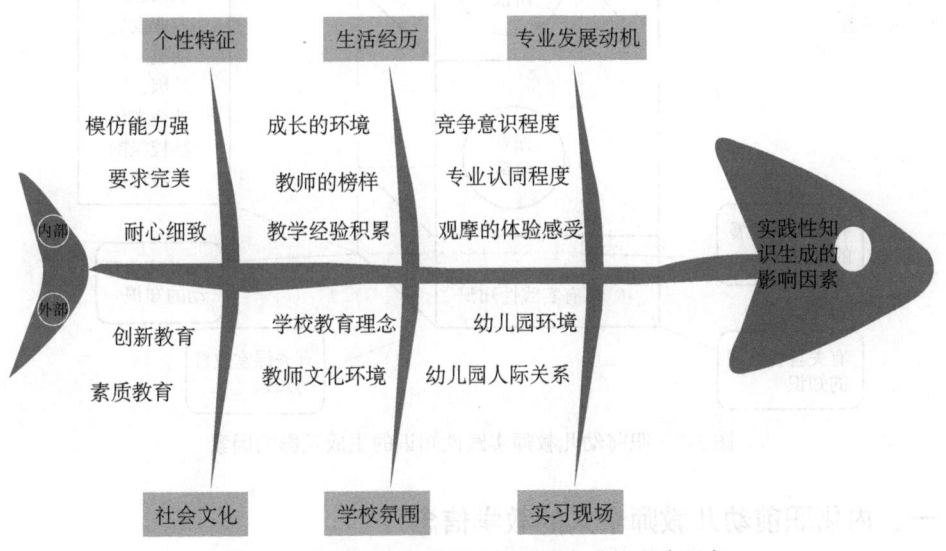

图3-6 职前幼儿教师实践性知识生成的影响因素

第三节 职前幼儿教师实践性知识生成的策略

职前幼儿教师的实践性知识是在其个人经验的基础上，通过实际的教学现场体验，并在众多因素的交织影响下逐步转化生成的（图3-7）。根据前文的分析与探讨，我们明确了影响职前幼儿教师实践性知识生成的主要因素，包括内部的专业发展动机以及外部的学校与实习环境。因此，本节从职前幼儿教师的角度出发，针对专业发展动机、学校学习经历以及教育实习体验这三个方面，提出了相应的促进策略。

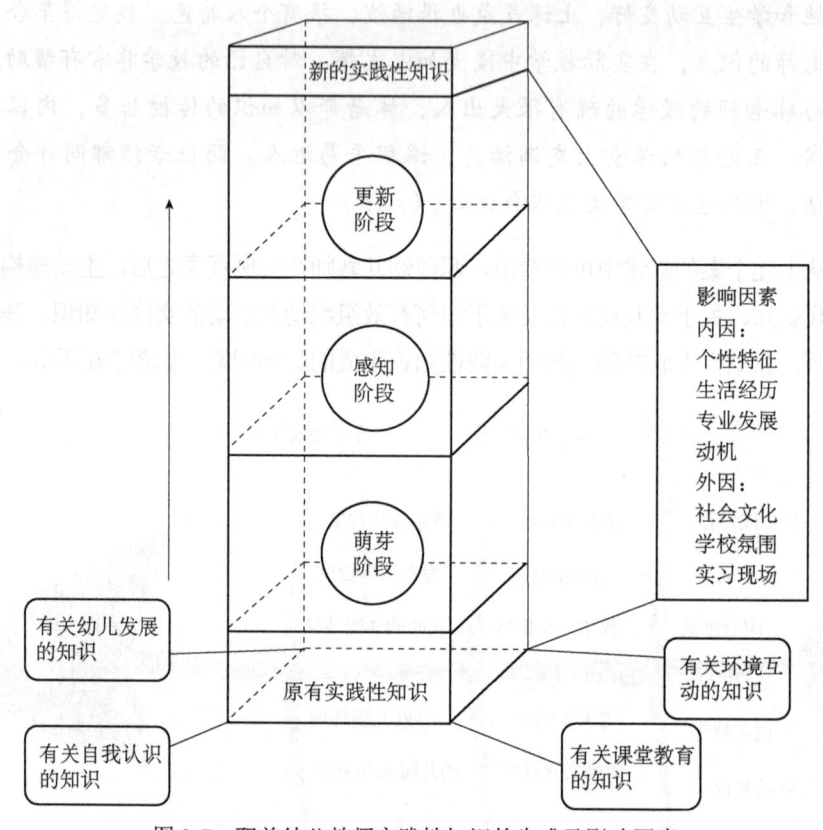

图 3-7　职前幼儿教师实践性知识的生成及影响因素

一、内化职前幼儿教师个人的教学信念

职前幼儿教师的发展动机对其实践性知识的生成具有重要影响，同时，它也是职前幼儿教师在教育与教学行为中的深层驱动力，指导并支配着他们在教学活动中的感知、理解和具体行为。

（一）形成专业认同，树立专业理想

调查发现，职前幼儿教师的专业认同感普遍偏低，这严重阻碍了她们的专业发展。因此，促进职前幼儿教师实践性知识发展的首要任务在于转变他们的知识观念，帮助他们科学认识和肯定自己的实践性知识，明确这是直接影响教育实践效果的关键因素，是体现自身专业性的重要依据。他们需要理解实践性知识对于专业成长的重要性，从而让实践性知识从沉寂状态转变为自觉状态。同时，我们还需引导职前幼儿教师形成具备自我认知能力、自主研修意识和自我发展愿景的职业追求，培养他们追求专业精深和实践卓越的实践信念。通过在实践中不断解决实际问题，并进行长期的批判性反思，他们将能够悟出一套应对实践的有效行为法则，从而更加游刃有余地应对复杂多变的教学情境，全面提升自身的专业性。

（二）正确进行自我认知，端正职业选择动机

职前幼儿教师的职业认同根植于"认知"基础之上，这包括对自我的正确认知以及对幼儿教师职业的全面理解。学生对某一专业的选择，往往预示着其未来职业生涯的方向。因此，在报考志愿时，学生需审慎行事，既要深入了解所报考专业的基本情况，又要结合自身特点做出明智选择，同时需要端正职业选择动机，树立正确的职业价值观。

首先，学生应根据自身的兴趣、爱好、性格等特质，选择适合自己的专业。在此过程中，职前幼儿教师应充分发挥主观能动性，利用职业测评工具、咨询亲朋好友、进行自我评价等方式，深入了解自己的性格特点、兴趣所在及脾气秉性，以积极乐观的态度做出选择。

其次，学生需要全面了解专业和职业的相关信息。通过网络查询、咨询专业人士、参加志愿填报咨询会等途径，搜集并了解专业及未来职业的基本情况。以学前教育专业为例，学生应对该专业的课程设置、学习内容及就业方向有初步了解，以便判断自己是否适合并愿意投身于幼儿教育事业。

再次，父母等亲属在孩子的志愿选择过程中应发挥引导作用，但避免过度干涉。在了解孩子意向和兴趣的基础上，父母应站在中立的立场，为孩子提供专业及职业性质和前景的参考信息，并在孩子做出决定后给予鼓励与支持。

最后，学生应端正职业选择动机，树立正确的职业价值观。正确的价值追求是形成职业认同的基石。在选择专业时，学生应避免唯利是图，而应意识到个人价值的实现建立在对社会及幼儿的贡献之上。只有坚定崇高的价值追求，

才能真正做到"干一行,爱一行",为未来的职业生涯奠定坚实的基础。

（三）激活幼儿教师关于自我认知的实践性知识

关于自我认知的实践性知识在引领其他实践性知识发展中起着核心作用。职前幼儿教师对自己角色的定位、发展的期望、自我学习的方式以及反思的方法，不仅关系到其实践性知识发展的方向、动力和手段，还直接决定了其实践性知识发展的速度。简而言之，自我认知的实践性知识犹如幼儿教师实践性知识体系的引擎，要促进幼儿教师实践性知识的发展，首要任务便是唤醒其对自我的实践性知识认知，激发其主体参与精神，使其更加关注自身的自主成长过程、主体地位以及实践经验。

为了激活并发展职前幼儿教师关于自我认知的实践性知识，我们可以采用多种方法，如描绘隐喻、绘制自我肖像、阐述个人发展意愿、设计自主学习计划以及规划职业生涯等。尽管我们认识到幼儿教师实践性知识的形成往往是无意识的，但有意识地进行思考和探究无疑能够加速实践性知识的发展进程，并提升其质量。

（四）增强职前幼儿教师教育信念

教师生活在形形色色的文化图景中，其思维方式和行为方式都包含在他们的文化风格里。[1]因此，在各种文化环境中成长起来的职前幼儿教师，其教育信念的培育土壤正是她们所处的文化场域，这涵盖了作为文化基石的传统文化、作为成长土壤的社会文化以及入职后作为实践舞台的幼儿园文化。社会文化不仅塑造着教育的宏观环境，也深刻地影响着幼儿教育的各个层面，比如家长的观念、幼儿教师职业的社会认同度，以及受社会文化熏陶的幼儿园文化，这些因素共同作用于职前幼儿教师的教育信念。职前幼儿教师在幼儿园工作，因此，幼儿园文化成为离她们最近的文化场域，其中的教育理念、培养目标、制度文化、人际关系氛围等都会深刻影响职前幼儿教师的教育信念。

教师教育信念的形成还原到教师的教育教学情境之中，有注重理性认知、实践反思和意志凝练三个阶段。[2]理性认知是首要环节，对所确认和信奉的教

---

[1] 龙宝新.教师教育文化创新研究[M].北京:教育科学出版社,2009:34.
[2] 文雪.教师的教育信念及其养成[J].当代教育科学,2010(9):29-32.

育主张、理论、原则等，首要任务是通过系统的学前教育理论学习来提升自身的认知水平。知识的内化是一个渐进的过程，因此，师范教育需要探索如何更有效地促进师范生内化理论知识，从注重教师的讲授转向注重学生的学习，设计能够激发学生兴趣、促进师范生自主思考的课程。教育理论唯有被师范生接纳并在教育实践中得以应用，才真正具有价值。此外，师范教育的教授方式本身也具有迁移性，即教师在传授知识的同时，其教学方式也一并传递给师范生，这往往会被师范生不自觉地记录下来，并可能在未来以相同的方式对幼儿进行教育。与此同时，师范教育还要注重培养师范生的学习品质，因为师范教育仅是职业生涯的起点，具备终身学习的态度和能力才能支撑师范生在后续的职业道路上持续学习，从而不断丰富其理论认知，为形成坚定的教育信念奠定认知基础。因此，师范生只有深入理解并掌握学前教育的基本问题、观点、理论、原则等理论知识，才能在教育实践中加以运用，面对突发乃至未预见的问题时，能够迅速提取理论知识，进行理性分析，从而采取恰当的教育行为。

（五）及早进行职业规划，充分做好职业准备

在分析职前幼儿教师职业行为倾向维度时我们发现，职前幼儿教师忽视或未能及时进行学习规划和职业规划，导致她们在职业准备阶段显得"手忙脚乱"。特别是在后期课程负担加重的情况下，个人协调管理能力的不足使她们难以进行全面的职业准备。因此，职前幼儿教师应尽早进行职业规划，为不同学习阶段设定目标与计划，并增强个人的协调管理能力，以明确未来的职业发展路径。

首先，对于新生年级的职前幼儿教师而言，她们刚开始涉足这一领域，对学前教育专业及幼儿教师职业尚感陌生。因此，这一阶段的教师应加强对专业及职业的认知，尽快适应大学的学习方式。同时，结合个人特点制定学习计划和职业规划，明确发展方向，运用"手段-目的分析法"将长远目标分解为短期目标，并根据实际情况适时调整，通过逐步达成短期目标，最终实现长远目标。

其次，老生年级的职前幼儿教师正处于专业学习的关键时期，经过一年的学习，她们对专业及职业有了较为清晰的认识。然而，随着课时量和课程难度的增加，课业负担加重，加之各类证书考试的压力，她们需要承担更多的学习

责任。因此，老生年级的教师应不断深化专业理论和技能的学习，巩固专业基础，增强自我效能，为实习和就业做好充分准备。

再次，毕业班年级的职前幼儿教师正处于实习和求职的焦虑阶段，面临着实习、考试（升学/就业）等多重压力。因此，她们应在做好实习工作的同时，一方面加强对考试内容的学习与复习；另一方面，密切关注幼儿教师相关的招聘信息。利用实习期间的宝贵时间，不断强化职业理论和技能，做好最后一阶段的规划。

最后，职前幼儿教师在专业学习期间，应结合自身学习情况，全面把握并高位规划专业学习和职业发展路线，将短期目标与长期目标有机结合，使职业规划更加合理且易于实施。在明确发展目标的指导下，职前幼儿教师在专业学习过程中将逐渐增强协调管理能力，增强学习的主动性和积极性，最终形成良好的职业认同。

二、构建利于职前幼儿教师发展的校内环境

学校致力于为学生营造相应的环境，学院则构建了一体化课程体系，该体系将终身发展理念融入整个课程系统之中，明确了各阶段的培养目标。在此基础上，学院完善了职前幼儿教师的学习内容体系，创新了培养模式，并科学制定了培养方案。此外，学院还积极整合地区、学校及幼儿园的教育资源，旨在切实解决教师培养的时效性问题。

（一）安排贴近实践性经验的课程

师范院校在规划课程时，应当着重强化学生的实务课程与实践经验，旨在缩小理论与实际教学之间的差距。实际知识的获取并非仅仅依赖于外部的学习资源或单纯的经验积累，而是需要理论学习与实际操作相结合，共同建构而成。因此，对于职前幼儿教师而言，仅仅通过教学指导或经验的累积是不足以培养其实践能力的。这种能力需要通过"启发"和"锻炼"的方式，在实际操作中得以提升。

为了实现这一目标，师范院校应鼓励职前幼儿教师在实际操作中积极建构和检验实际知识，通过亲身实践来深化对理论的理解和应用。同时，她们

还需要在日常教学中增强对教学过程的反省能力，不断反思自己的教学实践，从而找到改进和提升的空间。此外，激发职前幼儿教师的实践动机也至关重要，只有当她们真正热爱教学、愿意投入实践时，才能够更好地提升自己的实践能力。

在师资培养和在职进修的课程设计方面，师范院校除了涵盖一般的理论课程外，还应特别加强对实践转化、反思思维、问题解决、人际交往以及压力调适等方面的培养。这些方面的培养将有助于职前幼儿教师更好地适应实际教学环境，提升自己的教学能力和职业素养。通过综合性的课程设计，师范院校可以为职前幼儿教师提供全面的培养方案，助力她们在未来的教学生涯中取得更大的成功。

（二）搭建职前幼儿教师实践性知识分享的实习平台

为了充分利用社会互动与合作学习的优势，师范院校构建了实习平台，旨在让学习者能够通过与不同的人交流并采纳多元观点来丰富其学习经验。调查结果显示，职前幼儿教师，尤其是高年级的学生，倾向于以寝室为单位、二人配对或跟随指导教师的方式形成合作学习小组。对于实习学生而言，在实际的教学情境中，无论是正面还是负面的刺激，与同伴、科任教师以及实习指导教师的互动与合作，都能极大地丰富她们的学习经验和技能。

对于担任实习指导的师傅而言，这一平台同样具有重要意义。一方面，她们可以传授教学技巧和经验，帮助实习学生更快地适应现实的教学环境；另一方面，从实习学生的表现中，师傅们也能获得新的启发和帮助，为自己的教学提供反思的空间和时间。

从情境教学的角度来看，师徒式教育实习模式为实习学生提供了一个汇集多元化观点的机会。这不仅有助于训练实习学生如何面对、接受、辨析、包容和体谅他人所表现出的不同观点、态度和行为，还能促进他们经验的建构，从而成长为更加成熟、适任的教师。

（三）建构职前幼儿教师与一线幼儿教师学习共同体

调查发现，职前幼儿教师采用多元化的方式获取实践性知识。例如，她们通过观摩指导教师的教学形态，包括对比不同指导教师的教学方式，深刻体会到"同样的课本，却有千百种的教学呈现"；通过观察与模仿辅导教师的教学，发现自己的不足之处，并明确未来的努力方向；带着问题与指导教师的教学进行对比，以此为参考改进自己的教学方法；在观摩过程中发现问题，并与辅导教师进行对话讨论等。因此，增加观摩、参观及实习的机会能够有效促进职前幼儿教师实践性知识的生成。

师范院校应将实习课程尽可能地安排在不同障碍类型的实习场域中，使职前幼儿教师在进入职场前就能积累相关经验，以便在日后面对不同障碍类型的学生时能够从容不迫。对于刚入学的职前幼儿教师，师范院校应邀请一线幼儿教师进入班级进行指导讲授，增加职前幼儿教师与一线教师的接触机会。特别是在期末的教学实践环节，应充分利用短暂的幼儿园见习机会，进一步提升职前幼儿教师的实践性知识。

（四）优化职前幼儿教师实习的督导与指导制度

优秀的实习指导教师不仅是专业知识的传递者，更是实习教师成长道路上的引路人，要展现出专业、积极、迅速响应、高度支持、同理心充沛且避免审判性偏见的态度。然而，在实习实践中，一些指导教师往往沿袭个人习惯的方式指导职前幼儿教师，忽视了根据实习教师的个性特质与实践经验灵活调整指导策略的重要性，这在一定程度上削弱了指导的实效性，影响了实习教师实践性知识的积累与专业技能的提升。

鉴于此，建议指导教师主动探索并采纳高效的指导策略，这不仅要求她们精通专业发展技能、深谙专业发展理论、拥有卓越的沟通技巧及示范本领，还要与实习幼儿教师建立起积极的互动关系，深化相互理解，并加强与指导教师之间的协作，共同为实习教师构建一个全方位、多层次的学习支持系统。

此外，调查显示，职前幼儿教师在实习试教环节，指导教师时常缺席现场观察，或在实习结束后未能提供详尽的反馈与建设性建议。这些缺失不仅阻碍了实习教师对自身教学实践的深刻反思，也限制了她们教学技能的进一步提升。因此，若指导教师能增加现场指导频次，细致入微地观察实习教师的教学过程，并在实习结束后给予更多个性化、针对性的指导与反馈，这无疑将极大促进实习教师教学技能的精进，助力她们成长为更加成熟、专业的幼儿教师。

（五）优化教育实习模式，提升学生实践知识习得能力

师范专业的认知实习、教育见习、名师工作坊以及毕业生产实习等集中性实践教学活动构成了第一课堂的核心，其中，毕业生产实习作为教育实习的关键环节，为期一学期，为师范生提供了真正以教师身份步入职场的职前体验。这是职前教师在步入工作岗位前实习时间最长、最为深入的实践经历，是将学校所学的理论知识切实转化为实践性知识的重要阶段，也是衡量实践性知识水平高低的关键教育实习期。与此同时，阳光体育、创新创业实践、劳动教育及劳动实践等必修实践活动构成了第二课堂的丰富内容，特别是在创新创业实践项目中，学生与指导老师携手产出案例集、小论文、调研报告等研究成果，这些同样是实践知识产出的重要体现，是学生获取实践知识的重要途径。

为了充分发挥教育见习和实习在促进知识转化方面的有效性，职前幼儿教师须端正态度，珍视每一次教育见习和实习的机会，将所学的教育理论知识积极应用于教育教学实践中。她们应主动与班级实习同伴、指导老师进行深入对话与交流，及时总结经验、进行反思，并注重自我实践性知识体系的建构，以此来推动自身的专业成长与发展。

三、促进职前幼儿教师实践性知识社会化

所谓社会化，就是由"隐性知识"向"隐性知识"转化，是知识的生成和发展的初始阶段，在这个过程中教师个体之间的隐性知识进行互相传递，职前幼儿教师初始的课堂实践性知识便来源于此阶段。这一阶段的知识形成特征是隐性知识的转化，个体之间通过观察、模仿等行为来传递和获取彼此的隐性知识，通过这种共享传递，个体创造了自己本身所没有的隐性知识。例如，师徒带教就是这种社会化过程，职前幼儿教师通过课堂观摩从有经验的教师以及师傅身上获取与实践相关的专业知识与技能，从而习得课堂实践性知识，并通过模仿教学逐步领悟到那些"只可意会不可言传"的隐性课堂实践性知识，进而转换到自身的隐性知识系统中。

（一）以观察促进职前幼儿教师实践性知识的感知

观察是一种具有明确目的性和计划性的感知活动。观摩则是学习他人的一

种有效手段，人们可以通过观察获得间接经验，从模仿行为到语言掌握，从态度习得到个性培养，这些成就都是通过观察达成的。同样地，职前幼儿教师也可以通过观察来获取实践性知识。

理论性知识学习为教师奠定了一定的专业知识基础，而观摩他人课堂，尤其是专家教师教学课堂则是职前幼儿教师初任教师教学实践的起点。职前幼儿教师刚刚步入职业生涯，对教学和学生通常会感到比较茫然和不知所措，为了在短时间内快速提高实践教学能力以适应教学环境，通常会通过师徒带教、教学观摩活动等方式，观察并体会其他实践经验丰富教师的教学设计、教学风格、教学策略、教学行为等[1]方面的隐性教学知识。这时，职前幼儿教师会根据所观察到的情境进行深入思考，尤其对特定情境中解决特定问题的知识保持高度敏感性。在观察他人教学的过程中，她们能够获取有益的启示，并逐步感知到课堂教学策略、课堂情境处理等课堂实践性知识。在这个过程中，职前幼儿教师会发现经验丰富教师在教学细节处理、课堂调控艺术、课堂策略运用以及教育教学理念上的异同。当其他教师运用与职前幼儿教师相同的知识顺利解决教学问题时，她们会巩固原有的知识；而当运用不同的知识解决教学问题时，职前幼儿教师则会进行思考，修正并完善自己的知识，从而学到新的内容。

观摩优质课程和观摩实践导师的课堂是职前幼儿教师获取课堂实践性知识的主要途径。教师普遍认可观摩优质课的作用，认为这对其教学起到了良好的示范作用。通过观摩其他教师的教学活动，职前幼儿教师不仅可以提升把控课堂的能力，还能在教学设计和方法上获得新的启发，从而体会到不同的教学理念、教学方法和课堂管理技巧，促进其感知并习得课堂实践性知识。调查结果显示，观摩优质课对职前幼儿教师生成课堂实践性知识的影响显著，因此，观摩优秀教师的课堂教学是获取课堂实践性知识的有效途径。

由于课堂实践性知识具有缄默性，大多时候以难以言说的状态存在，但并不意味着不能通过其他方式传递。师傅通过口述的方式传授给徒弟，是其中一种方法。职前幼儿教师还可以通过深入教学情境中，直接观察实践指导教师的教育教学实践，以获得有关教育教学的间接经验，并体会到课堂策略、课堂情

---

[1] 胡峰光. 走向真实情境：认知学徒制导向下的新教师培训探索[J]. 中小学管理，2019（4）：43-45.

境等课堂实践性知识。

观摩教学是一种源自具体实践活动的案例,真实展现了授课教师的课堂实践性知识。对于缺乏实践经验的职前幼儿教师来说,观摩其他教师的教学活动可以开拓她们的思维,让她们汲取新的思路和理念,进而将其他教师的隐性课堂实践性知识转化为自身的隐性课堂实践性知识,并内化到具体的教学实践中,促进个人课堂实践性知识的生成。此外,不同教师之间的观摩学习还可以促进专业知识或专业技能之间的知识经验流动,职前幼儿教师之间也可以相互交流学习,相互弥补不足。

(二)以模仿推进职前幼儿教师实践性知识的理解

一个人的成长学习往往始于对他人的模仿。模仿是一种社会活动,其中主体通过对他者的感知与观察、分析与借鉴、效仿与创新,逐步与他者相似的同时又保持自身的独立性[①]。在职前幼儿教师的专业发展过程中,他们通常通过理论学习和观摩课堂来获取相关的专业知识和技能。然而,很多时候,这些知识和技能仅仅停留在认知层面,即"知道"的层面,对于某些教学技能的实际操作仍感到无从下手。这时,模仿教学就显得尤为重要,它能够帮助职前幼儿教师进一步内化和深化专业知识和技能,从而确保教学实践活动的顺利进行。

"在师傅的示范下通过观察和模仿,徒弟在不知不觉中学会了那种技艺的规则,包括那些连师傅本人也不外显地知道的规则。"[②]由此可知,职前幼儿教师在观察过程中可以逐渐感知到课堂教学中的特定技巧,并会有意识或无意识地将其作为一种范例,根据自身的课堂教学情况,找到与之的相似之处,以模仿范例来进行教学。职前幼儿教师刚从学校毕业,初入岗位,教学实践中会面临很多问题,通过理论学习所获取的知识技能难以保证教学实践产生预期的效果,而产生焦虑。这时候,职前幼儿教师为了适应新的教学环境和应对教学初期的焦虑感,会对自身的实践指导教师、学生时代的教师以及周围教师进行模仿学习[③]。

---

① 崔友兴. 论教师教学模仿的内涵、结构与类型[J]. 教育理论与实践,2017(8):3-6.
② 迈克尔·波兰尼. 个人知识:迈向后批判哲学[M]. 许泽民,译. 贵阳:贵州人民出版社,2000:82-86.
③ 李森,崔友兴. 论教师模仿学习的阶段、逻辑与实践意蕴[J]. 教育研究,2017(3):103-109.

通过实践中的模仿，职前幼儿教师能够提升自身的课堂教学能力。鉴于她们缺乏足够的实际教育经验，她们通常会选择效仿指导者或优秀教师的授课方式，以此来学习课程组织、激发学生积极性和维持教室纪律等技巧和方法；同时，她们将这种实战经验储存在脑海中，以便在未来遇到类似情况时能够借鉴成功案例并应用以解决当前难题。

在教学模仿的过程中，职前幼儿教师在具体的课堂教学环境中观察并学习其他教师的教学技巧，对所获得的教学技能进行自我分析、选择、反思与整合，将这些知识和技能纳入自己的知识和技能体系中，并通过自己的教学实践或行为表现来展示所学。在此过程中，她们不仅体会到了隐性的教学知识和技能，实现了知识和技能的深化与生成，还建构了新的知识和技能体系，使得原有的隐性课堂实践性知识得以创新和增值。然而，多数情况下，职前幼儿教师在实际教学中更多地是对优秀教师或实践导师的教学技能进行整体复制，从前辈教师的知识内容选择、课堂设计到具体的教学实践活动设计中都能看到明显的影响，甚至有些初任教师在说话口气上都能模仿得一模一样[1]，却较少融入个人的教学理解，难以彰显个人教学特色。

课堂实践性知识"内隐"于教师教学的每一句话和每一个行动中，这种知识只可意会、难以言传，仅凭书本知识学习很难完全掌握。因此，通过模仿与观察，职前幼儿教师能够巩固原有知识，并从其他教师的课堂教学中学习到新知识。在社会化过程中，她们有选择地将其他教师的课堂实践性知识整合到自身的认知结构中，从而丰富自身的课堂实践性知识。此时，观察与模仿成为了启动课堂实践性知识社会化过程的钥匙，为隐性课堂实践性知识的转化奠定了坚实基础。

四、加强职前幼儿教师在行动中反思

职前幼儿教师在专业学习过程中，既要重视理论知识的掌握，也应积极参与各类教育实践活动。他们需通过理论与实践的互动来促进自身能力的提升，并在学习与不断的反思中实现专业的成长。

---

[1] 马昌伟. 教师专业成长的教学模仿行为探索[J]. 教育理论与实践，2020（32）：30-32.

（一）提升职前幼儿教师的反省能力

职前幼儿教师在与他人互动及教育实践经验的基础上进行深刻反思，从而构建起自我专业成长的行动模式。内省智慧，即自知之明，是面对行动中的疑惑或困境时积极寻求解决方案的思考行为。这种反思能力是职前幼儿教师在专业道路上不断自我发现和进步的关键。职前幼儿教师应从实践活动中细心观察、深入思考，并不断反省与探索诸如"我是谁""我为什么这么做""该怎么做"等核心问题。

为了将反思转化为实际行动，职前幼儿教师可以采取具体措施，如将观察到的实际情况与自我反省的内容记录下来，形成日记或笔记。这不仅有助于她们建立从教学实践中反省思考的习惯，还能激发她们持续求知的欲望。此外，与他人分享自己的价值观念，通过社群的力量进行交流和碰撞，可以进一步推动职前幼儿教师专业认同的发展，使其达到更高层次的专业成长。这样的互动与分享不仅能够拓宽她们的视野，还能在集体智慧的启迪下，不断提升自身的反省能力和专业素养。

（二）提供试教机会并予以及时回馈

本书研究发现，职前幼儿教师在试教过程中，若指导老师未能在旁观察或在试教结束后未及时给予回馈与建议，将不利于其职前教学知能与技巧的提升。理想的状况是，指导老师能积极分享自身丰富的教学经验，并在每次试教结束后，立即为职前幼儿教师提供具体、有针对性的反馈与指导建议。这样的做法对职前幼儿教师的成长至关重要，能够帮助她们迅速识别并改进教学中的不足，从而提升教学质量。

此外，指导老师往往倾向于采用自己习惯的辅导方式来指导职前幼儿教师，而较少根据职前幼儿教师的个人特质和既有经验来调整辅导策略。这种做法可能限制辅导效果，无法充分发挥职前幼儿教师的潜力。因此，建议指导老师在面对不同培养路径下的职前幼儿教师，以及考虑到职前幼儿教师各自的个性特点时，能够灵活地调整辅导方式，以更加个性化、高效的方式促进其职前成长。

鉴于未来所有职前幼儿教师的实习时间统一为半年，学校和指导老师更应优化辅导策略，确保实习教师能在有限的时间内获得尽可能多的实践知识和教学技能。通过精心设计的指导计划和及时的反馈机制，帮助职前幼儿教师快速成长为具备扎实教学功底和良好职业素养的幼儿教师。

（三）提供反思方法，加工实践性知识

职前幼儿教师的反思途径众多，形式多样，具有复杂的行为过程。因此，提高职前幼儿教师的反思能力，建构自身独特的实践反思模式，需要为职前幼儿教师提供丰富的反思技术，加工实践性知识。

美国著名学者杜威在其著作中提出了"反思思维"这一概念，指出"反思是一种思维形式，是个体反复在头脑中对问题进行严肃执着的沉思"[①]。杜威强调个体的思考态度，认为反思是一种深度的思考，个体要秉持严谨的态度，对某一事物进行重复多次的思考。同样也是美国的学者，肖恩（Schon）则强调实践的重要性，他将反思界定为"专业者在工作过程中能够建构或重新建构遇到的问题，并在问题背景下进一步探究问题"[②]。与此同时，他还联结"反思"与"行动"，衍生出两种反思类型，即"在行动中的反思"和"对行动的反思"。相比于杜威，肖恩将思维过程与实践结合，认为思维的首要一步是从实践中发现问题，再以问题解决为目的进行思考。

职前幼儿教师同样需要具备较强的反思能力，这要求他们对自己在教育教学活动中的思想、行为以及这些思想和行为所直接产生的教学结果进行深入的再认识。反思不应局限于某一特定环节，而应贯穿于整个教学实践过程之中——从实践前的准备阶段，到实践中的具体操作，再到实践后的总结评估，职前幼儿教师都应懂得如何进行有效反思。她们应学会在实践前预设可能遇到的问题及解决方案，在实践中灵活调整教学策略并观察学生的反应，实践后则细致分析教学效果，总结经验教训。通过这样持续、系统的反思过程，职前幼儿教师可以不断优化自己的教学实践，最终追求并实现教学效果的最优化，为学生的全面发展奠定坚实的基础。

---

① 约翰·杜威. 我们怎样思维，经验与教育：再论反省思维与教学的关系[M]. 2版. 姜文闵，译. 北京：人民教育出版社，2005：16.

② Schon D A.Educating the reflective practitioner: Toward a new design for teaching and learning in the professions[J]. Australian Journal of Adult Learning, 2010(22): 448-451.

（四）引导职前幼儿教师的反思意识

反思是教师感知、反省、检查、分析、综合、评价自身教育实践活动经验的高级认知活动过程。新时期幼儿教师应该具有理论素养、实践能力和反思意识，而这三方面能力的共同发展，离不开理论知识的学习和实践能力的积累。[1]幼儿教师角色由"技术熟练者"向"反思性实践家"的转变是时代要求，对职前幼儿教师的培养需要将书本理论知识通过实践反思转化为个体内在的实践性知识。[2]

职前幼儿教师实践性知识生成与发展的基石在于自我反思。教师需要对复杂教育环境中的各种问题、采取的应变措施及其结果进行多次深入思考和持续审视，以期找到最优行为方案。为了推动幼儿教师实践性知识的发展，必须让职前幼儿教师认识到自我反思的重要性，意识到提升教学品质和个人成长的独特价值，同时激发她们的反思批判精神，鼓励她们深度反思自己的教育教学实践。此外，为消除反思过程中的盲目性，应以反思性实践家为职业理想，引领幼儿教师自我发展，促进他们形成实践反思意识。这要求师范学院的教育工作者在教育过程中融入自我反省技巧，逐步提升职前幼儿教师的自我反思观念及能力。

第一步，为职前幼儿教师提供关于教育的自我反思信息，包括她们是否根据教学目标制定课程、选择合适主题、充分利用教学工具，以及采用创新性教学策略等。第二步，指导职前幼儿教师对学生学习过程中的自我反思，思考课程设置是否适应学生能力和需求，评估手段是否恰当，口头表述是否易于学生理解，并熟悉把握各年龄段学生的特点。第三步，推广职前幼儿教师对师生互动的自我反思，考量教授与学习过程中师生互动模式是否恰当，是否能实现全方位且有针对性的互动。第四步，拓展预备幼儿教师的自我反思广度，使她们认识到，作为即将成为幼儿教师的人，不仅应进行上述自我反思，还应保持开放心态，主动接纳他人的意见，从多角度审视问题，从而增强自我反思意识和能力。

当反思成为职前幼儿教师日常生活的常态，她们对幼儿教育实践充满探索

---

[1] 但菲. "三性合一"：学前教育人才培养模式改革探索[J]. 辽宁教育，2015（4）：61-63.
[2] 但菲，索长清. "保教一体化"国际趋势与我国学前师资培育改革[J]. 教育研究，2017（8）：96-102.

精神时，才能在教育实践中迅速成长，不断锤炼自身的实践性知识。

五、构建提升职前幼儿教师职业认同的社会环境

职业认同程度是衡量个人职业发展成功与否的关键因素之一。从社会学的角度来看，职业认同主要聚焦角色认同。在幼儿教师这一职业群体中，经济地位相对较低、社会声望不足，往往易导致角色失调与角色冲突，有时甚至引发行为上的偏差。因此，为了增强幼儿教师的职业认同感，亟须采取有效措施，切实提升其经济地位并改善社会声望。

（一）提升幼儿教师社会地位，坚定职前幼儿教师的职业意志

著名教育学家顾明远指出："社会职业有一条铁的规律，即只有专业化才有社会地位，才能受到社会的尊重。"①基于此观点，我们应该通过多种方式来增强幼儿园教师的专业素养，这是她们赢得社会赞誉的第一步，也是激发他们在进入工作岗位之前就树立明确职业目标的关键因素。为此，政府应根据"中国现代教师教育体系"，②建立符合学前教育"三位一体"的学前教师专业化培养体系。"三位"是指高校、地方政府和幼儿教育机构，"一体"是指密切联系的制度化协作共同体。

我们借鉴欧美国家的学前教师教育改革经验，针对我国现阶段的学前教师培养体系，从职前、入职、职后三个阶段提出建议，旨在促进学前教师培养培训一体化和教师专业发展。

1）职前培养阶段：在地方政府的积极推动下，高校应与幼儿教育机构紧密合作，共同构建"实践共同体"，携手设计人才培养方案、课程设置及评价标准。双方应实现职前幼儿教师专业实践上的深度协同，将实践教学全面融入职前培养的全过程，通过连贯性、层级性的方式，实现课程教学与教育实践的深度融合。此外，高校可参照张炜提出的"职前教师培养质量评价模型"③，将职前幼儿教师的专业教育课程和实践课程记录于"专业成长记录袋"中，并与幼儿教育机构共同对学生进行审核评定，以此促进职前幼儿教师理论知识与

---

① 顾明远. 教师的职业特点与教师专业化[J]. 教师教育研究，2004（6）：3-6
② 朱旭东. 中国现代教师教育体系构建研究[M]. 北京：北京师范大学出版社，2014：22-26.
③ 张炜. 教师职前培养质量评价的现代模型[M]. 北京：中国社会科学出版社，2015：25-35.

实践经验的融合发展，确保培养质量，提升其专业化素养。

2）入职培训阶段：政府应明确各培训主体在学前教师入职培训中的具体职责，建立并完善学前教师入职考核标准及培训主体考核标准，确保入职培训不流于形式。首先，高校应与职前幼儿教师的入职单位紧密对接，将学生的"专业成长记录袋"移交至入职单位，以便单位全面了解新进教师的职前学习和实践经历。其次，高校应与入职单位协商，制定"因人设岗"的入职培训方案，确保入职培训的针对性和实效性。再次，政府应加大对教师培训的资金投入，支持重点师范院校成为入职培训机构。各地教育主管部门应与高校联合对入职教师进行严格考核，考核合格后方可上岗，对不合格者进行再培训并二次考核。最后，政府部门应定期对培训机构进行督导评估，确保入职培训质量的稳步提升。

3）职后培训阶段：高等院校作为研究型机构，应充分发挥其学科、专业、人才及教育资源优势，为当地幼儿教育机构提供服务，引导幼儿教师运用先进教育理念和科研成果指导实践，在理论与实践的互动中不断完善理论、提升实践质量。当前，众多幼儿园仍有大量专科毕业的教职工，亟须构建全面的在职后续教育训练体系，为他们提供进入高等院校深造的机会，以实现专业成长、学历提升及个人发展。从教学对象出发，可设计由初级至高级再到顶尖的递进式四层课程结构；从教学目的来看，可设置函授学位课程和资质认证课程；从教学内容角度，课程应聚焦专业最新理论趋势、提升专业管理能力和科研素养、深化职业理解，并根据教师个性化需求设计综合课、教育学专题研讨会及各科研究班；在授课时间安排上，应融合领域性短时培训与系统性长时段培训。此外，政府应借鉴职业教育改革经验，对参加培训的幼儿教师实施补贴政策，与其经济收入、职位晋升等挂钩，激励幼儿教师群体积极追求专业化。构建"三位一体"的学前教师培养体系，提升学前教师专业化水平，是提高其社会地位的关键举措，也是增强学前职前幼儿教师职业意志的必由之路。

（二）提高幼儿教师经济收入，缓解职前幼儿教师的择业矛盾

调查结果显示，大约有75%的学生认为幼儿教师的薪资待遇过低。同时，职前幼儿教师普遍认为幼儿教师的工作付出与所得回报不相匹配。显然，幼儿教师高强度的工作与低保障及低回报的矛盾直接削弱了职前幼儿教师的从业意

愿与信念。因此，为了保障幼儿教师的薪资福利，政府应当考虑扩大其招聘规模。根据 2022 年教育部的重点工作部署，提升幼儿园教师的薪酬标准已被正式纳入议程。这意味着相关部门亟须制定并落实具体的公立幼儿园员工编制规定，并严格执行对公立幼儿园教师薪资的保护措施，确保所有在编与不在编的教师都能按时足额领取薪资，实现同工同酬。此外，私立幼儿园也应参照公立幼儿园的教师工资标准来设定其工作人员的薪资水平。

另外，目前我国幼儿教师与小学教师的职称评定仍沿用同一系统，这导致幼儿教师的晋升机会相对匮乏，缺乏主动性。因此，教育部门应为学前教育设立独立的教师职称评定体系，为更多优秀教师提供职称晋升的机会，从而激发职前幼儿教师的从业热情。随着职称的提升，幼儿教师的工资收入也相应增加，这有助于减轻职前幼儿教师对薪资的不满情绪，消除其择业时的矛盾与顾虑，保障其基本生活需求，进而吸引更多职前幼儿教师投身幼教事业，不断壮大幼儿教师队伍。

（三）提高幼儿教师职业声望，树立职前幼儿教师的职业信念

根据马斯洛的需要层次理论，尊重需要属于较高层次的需求，涵盖内部尊重与外部尊重。其中，外部尊重涉及地位、认可、关注及受人尊重等方面。对于职前幼儿教师而言，她们渴望的外部尊重体现在社会大众对其所学学前教育专业及未来从事的幼儿教师职业的认可程度，以及外界对其专业及职业的尊重。数据分析和访谈显示，部分职前幼儿教师对职业所获得的外部尊重及职业自豪感持"不确定"态度，这种外部尊重直接影响其就业意愿和信心。因此，提升幼儿教师的社会地位，不仅要促进其专业成长，还要在全社会营造尊重幼儿教师、重视学前教育的氛围，并加大对学前教育的科学宣传力度。

首先，应充分利用大众传媒，加大对学前教育事业的宣传力度。通过电视、广播、网络等渠道，在黄金时段、教育网站、地铁、公交、城市 LED 屏等平台上播放学前教育公益广告，向大众传达学前教育的政策、幼儿教师的工作成果，让学前教育的发展和幼儿教师的全新形象深入人心。

其次，发挥"全国学前教育宣传月"的作用，各省市教育部门应为幼儿教育机构创造条件，以社区为平台，通过公益讲座、名师讲坛、书籍等形式向家长普及学前教育的理念与知识，同时塑造幼儿教师的良好职业形象。此外，可

利用网络平台广泛征集民众对学前教育及幼儿教师的看法和建议，将调查结果与本地幼儿教育机构对接，有针对性地了解社会对学前教育的不满之处，促进幼儿教育机构的自我完善。

最后，提高幼儿教师的职业声望，不仅要多渠道宣传学前教育事业，还要从源头上杜绝幼儿教师师德败坏的情况。近年来，"虐童"事件时有发生，幼儿教师受到家长及社会的严厉指责。访谈结果显示，学前教育的负面新闻使职前幼儿教师对职业产生蒙羞感，降低了职业情感体验，动摇了从教意志和信念。为此，国家应出台相关监控措施，防止不良媒体夸大报道内容和扩大事件覆盖面，为公众呈现真实完整的教育事件真相。对幼儿教师群体应客观评价，维护其职业道德形象，提高社会对幼儿教师职业的信任。全社会尊师重教的良好氛围将使职前幼儿教师获得应有的职业自尊，提高职业认同程度，坚定从教信念。

第四章　职前幼儿教师实践性知识培养体系的研究：以两岸两所高校为例

高质量的学前教师队伍是幼儿教育事业蓬勃发展的坚实基石。2012年，教育部颁布的《幼儿园教师专业标准（试行）》，从专业理念、专业知识、专业能力三大维度，明确了合格幼儿教师应具备的专业素养，为学前教师教育工作树立了重要标杆。实践性知识作为教师专业知识体系的关键一环，不仅影响着幼儿教师对理论知识的内化与应用，还直接决定了其在幼儿园日常保教活动中的行为表现，是开展高效教育教学工作的有力保障。因此，对职前幼儿教师实践性知识培养体系的研究和幼儿教师的职前培养具有重要的理论支撑作用，也为构建高素质幼儿教师队伍提供了实践依据。

本章遵循代表性、对等性、典型性原则，精心选取了两所具有相似背景、相同办学层次及发展历程，且能体现大陆与台湾地区学前师资培养模式的代表性学校（分别为A校和B校）。以这两所高校为案例，通过对比分析它们在职前幼儿教师实践性知识培养方面的培养目标、课程设置及实践环节，深入探讨其培养体系的特点与异同，并据此为未来职前幼儿教师实践性知识的培养提供有益的启示与借鉴。

本章主要采用了文本分析法和访谈法。在访谈法中，采用立意取样策略，确定了两所高校的学前教育系主任、任课教师、在读本科生及已毕业本科生作为访谈对象。基于访谈资料的初步整理，适时选择新的访谈对象或对原有对象进行二次深入访谈，直至资料收集达到饱和状态。在文本分析法中，广泛收集了以下三部分资料：一是两所高校幼儿教育系针对本科师范生的培养方案与课程大纲；二是高校教师的教学大纲；三是本科师范生的课堂作业、实习手册及已毕业学生的实习教案等。研究者对所收集资料进行了详尽阅读与深入分析。

为确保资料分析的全面性与深入性，本章采用了三角交叉检核方法，通过不同资料来源与收集方式，综合考量参与者间的不同观点，以验证与确认资料的真实性，从而构建出两所高校职前幼儿教师实践性知识特点的完整图景。在资料收集过程中，以文本分析与访谈两种方式并行，以访谈记录为主，与收集到的相关文献、学校文件等文本材料进行对比验证，确保资料的准确性与丰富性。同时，对同一主题的多位研究对象（包括教师、在校生及毕业生）进行访谈，保障了研究资料的多样性与全面性。资料搜集与整理工作同步推进，通过文本收集与深入访谈，积累了较为丰富的研究素材，在资料收集基本饱和后，随即展开分析与比较工作。

本章通过系统梳理与对比分析两所高校职前幼儿教师实践性知识的特点，总结提炼出它们在实践性知识培育方面的成功经验，以期为职前幼儿教师实践性知识的培养提供重要参考，以及为提升学前教育师资水平奠定坚实的理论与实践基础。

第一节 A校职前幼儿教师实践性知识培养体系

一、A校职前幼儿教师实践性知识的培养目标及特点

职前幼儿教师实践性知识的培养目标是其培养任务中的核心追求和价值定位，同时对课程设置和实践环节具有决定性的影响。

A校对学前教育专业人才的培养目标定为："本专业以幼儿园教师专业标准为指导，培养具有先进教育理念和良好职业道德，理论基础扎实，实践能力突出，艺术特色见长，具备卓越的教育教学、科研、管理能力，富有创新精神与创新能力，具有国际视野和行业竞争力，能在学前教育相关领域起引领作用的高素质复合型人才。"显然，A校将培养方向明确为"能在学前教育相关领域起引领作用的高素质复合型人才"。据此，A校对学前教育专业学生实践性知识培养目标的价值定位侧重于"应用性"，旨在培养具备幼儿园教育工作能

力、早教机构保育工作能力以及教育行政部门管理工作能力等多维度职业能力的学前教育专业人才，从而满足现代社会对学前教育专业人才多样化需求和职业岗位的专业化要求。

同时，为保障培养的质量，A校制定了相应的培养要求："学习幼儿心理发展与教育的相关理论知识，幼儿园教育教学的基本理论与实践技能，幼儿园管理的理论与技能。通过学习掌握学前教育教学与管理的理论，受到教师教育基本技能训练，具有开展幼儿园教育教学及组织管理的相关能力"，并提出具体的素质要求、知识要求和能力要求，以保障培养人才的专业性（表4-1）。

表4-1 大陆A校的培养要求

培养要求	具体要求
素质要求	（1）具有正确的人生观、价值观、生活观，有高度的社会责任感； （2）有较高的道德修养、职业道德，爱岗敬业，有团队合作精神； （3）具有较高的人文素养和一定的艺术修养，有组织管理能力，良好沟通、表达与写作能力； （4）具有国际化视野和可持续发展理念，较强的创新意识和探索精神； （5）人格健全，具有良好的心理素质、健康的生活习惯和良好品行
知识要求	（1）掌握从事幼儿教育所需的教育学、心理学和卫生学的基础理论知识； （2）了解与幼儿生存和发展相关的法律法规及政策规定； （3）掌握幼儿身心发展特点及规律，掌握解决幼儿身心发展问题的基本策略和方法； （4）掌握幼儿园教育及教学的基本原理，幼儿园环境创设、一日生活管理、班级管理和安全管理的基本理论与知识； （5）掌握观察、了解幼儿的基本方法，幼儿游戏组织及指导的基本原理和方法； （6）掌握从事幼儿教育教学研究的基本原理和方法； （7）掌握自然科学和人文社会科学的基本知识和艺术鉴赏的基本知识
能力要求	（1）具有独立设计和组织幼儿一日活动、进行班级管理的能力； （2）能合理设计游戏环境，组织幼儿游戏和指导游戏的能力； （3）善于观察了解幼儿，并能对幼儿进行随机教育和评价的能力； （4）能与他人进行有效沟通、建立良好关系的能力； （5）善于反思，具有自我学习和自我提高的能力； （6）具有基本的弹、唱、跳、画、讲故事的能力； （7）掌握一门外语，能进行基本的沟通和阅读，达到大学外语四级水平； （8）熟练掌握计算机操作，具有知识文献查询检索的能力

从A校对学生实践性知识培养的目标定位和具体要求，可以归纳如下特点。

（一）以应用性为人才培养的价值定位

A校注重培养学前教育专业学生的"应用性"。具体体现为：以幼儿教师的专业素养为学生的培养要求，依据幼儿教师的职业核心能力设置课程，旨在培养能满足社会实际需求、提高学前教育品质的专业人才。应用型人才的培养是以社会实际需求为导向，注重培养学生的学科专业知识以及社会发展所需要的专门知识和实践能力。[1]这样的专业人才在专业基础和实践能力方面具有突出的专业素养，可以胜任相关的学前教育工作。这是由于随着经济的高速发展，高等教育逐步迈向大众化，社会用人单位的需求越来越趋于人才的适应性和实践性，这些因素均影响师范院校在人才培养目标上的价值定位。高等院校对人才的培养，从过去注重培养学术型人才向培养兼具学术与实践性的多样化人才方向转变，追求人才的应用价值，以满足不同的职业能力需求，并顺应国际教育的发展趋势。因此，A校为本校学前教育专业学生设定的未来职业主要聚焦幼儿园教师，同时可以鼓励她们具备胜任相近职业的能力，例如研究人员、管理人员、保育人员等。职业领域围绕幼儿发展与教育，工作机构涵盖幼儿园、早教机构、教育行政部门等多个层次。这一背景下，高校必须着重培养学生的教师实践性知识，凸显人才的实用价值。

（二）依据专业标准培养学生的专业素养

A校依据教育部颁布的《幼儿园教师专业标准（试行）》，并结合学校的实际情况，从素质、知识、能力三个方面对学生提出了明确的目标要求。其目的在于培养具备多重服务功能和多种职能的学前教育专业人才，以适应教育工作的持续变革和教育对象的多样化需求。

专业理念是幼儿教师基于自身对教育性质的认识，是"对教师职业的认识和体验是教师实践性知识的重要内容"[2]。A校通过培养学生对专业的认同感，增强学生主动获取实践性知识的意识。同时，A校将学生的思想品德素质要求放在了首位，从国家公民和社会道德层面的视角出发，强调学生必须具备专业的教育理念和道德品质。专业理念与师德是幼儿园教师应具备的核心素养，其中，良好的师德不仅关乎幼儿教师的思想觉悟、道德品质和精神面貌，还能有效预防幼儿园教师出现道德失范行为，从而保护儿童的权益。因此，A校尤为注重培养学生的专业理念，认为只有具备专业理念和良好师德的幼儿教师，才能够不断汲取专业知识，不断提升专业能力，最终成长为高素质的幼儿教师。

---

[1] 李定清，等. 需求导向应用性本科人才培养模式研究[M]. 成都：西南交通大学出版社，2012：12.

[2] 吕静. 教师职前实践性知识培养：现状与途径——以边疆民族地区教师教育为例[J]. 全球教育展望，2009（10）：72-77.

专业能力是实现幼儿教师专业性的必要条件。其中，实践能力是支撑幼儿教师开展教学活动的核心，包括沟通与合作的能力、利用教育资源的能力以及创新能力等。[①]《幼儿园教师专业标准（试行）》中提到，作为一名合格的幼儿教师应具备的专业能力包括环境的创设与利用、一日生活的组织与保育、游戏活动的支持与引导、教育活动的计划与实施、激励与评价、沟通与合作、反思与发展的能力。为此，A 校对学生的专业能力做出了全面要求，学生应具备班级管理、组织与实施游戏活动、观察和评价幼儿、艺术表达与创作、自我学习与反思等能力。

专业知识是幼儿教师专业素养的有机组成部分，是职业专门化的集中体现，同时也是形成专业理念和专业能力的知识基础。教育家乌申斯基曾提出：认识人才只有正确地了解教育对象，才能开展正确的教育，而所谓了解教育对象，就是要研究被教育的人的生理和心理等特点，以及环境对他的影响。[②]大陆目前培养的学前教育专业学生所面对的职业取向仍然以幼儿园为主，所以 A 校对学生的知识要求以幼儿教师职业岗位所需的专业为主，包括了解幼儿的身心发展特点、具备开展保教活动的能力、掌握班级经营的知识、了解学前教育的法规政策及重要议题。所以，A 校延续传统高等师范院校设定的学习内容包括：教育学、心理学和卫生学等基础理论知识，为教师树立科学的儿童观和教育观，以及采取具有适宜性和有效性的保教活动提供知识基础。

二、A 校职前幼儿教师实践性知识的课程设置及特点

课程设置是指学校为达成人才培养目标所设置的具体教学科目，包括课程内容和课程时间。课程学习是学生获得实践性知识的首要路径，高校在幼儿教师的职前培养阶段，通过提供多样的专业课程，帮助学生积累未来职业发展中所需要的实践性知识[③]。

（一）课程设置

1. 课程结构

2011 年教育部颁布的《教师教育课程标准（试行）》中提出，"教师教育机

[①] 但菲，王红艳，吴琳. 高素质幼儿教师的培养与教师的专业化发展[J]. 学前教育研究，2006（4）：43-45.
[②] 转引自洪福财. 幼儿教育史：台湾观点[M]. 台北：五南出版社，2006：96.
[③] 刘雄英. 师范生实践性知识的培养路径[J]. 教育理论与实践，2011（12）：51-53.

构要依据课程标准，制定幼儿园、小学、中学教师教育课程方案，科学安排公共基础课程、学科专业课程和教师教育课程的结构比例。根据学习领域、建议模块以及学分要求，确立相应的课程结构，提出课程实施办法，制定配套的保障措施"。据此，A校将课程结构划分为公共课程、学科专业课程、教师教育课程、综合实践课程，并且要求学生修满165学分才能毕业（表4-2）。

表4-2 A校课程结构

	课程类别	应修学分	占总学分比例/%	应修学时	占总学时比例/%
必修	公共必修课程	43	26.1	794	31.5
	学科专业必修课程	51	30.9	919	36.4
	教师教育必修课程	2	1.2	45	1.8
	小计	96	58.2	1758	69.7
选修	公共选修课	7	4.2	105	4.2
	学科专业选修课程	37	22.5	570	22.5
	教师教育选修课程	6	3.6	90	3.6
	小计	50	30.3	765	30.3
综合实践课程		19	11.5	0	0
总计		165	100	2523	100

A校主要通过学科专业课程、教师教育课程和综合实践课程渗透对学生实践性知识的培养，这三部分课程总学分为115分，占总学分的比例为69.7%。其中，学科专业课程为88学分，占总学分的53.3%，教师教育课程为8学分，占总学分的4.8%，综合实践课程为19学分，占总学分的比例为11.5%。从表4-3可知，A校承担实践性知识培养的必修课程为72学分，其中包括51学分的学科专业课程和2学分的教师教育课程以及19学分的综合实践课程。A校培养实践性知识的选修课程为43学分，其中包括37学分的学科专业课程和6学分的教师教育课程。

表4-3 A校实践性知识课程结构　　　　　　　　单位：学分

比较项	学科专业课程	教师教育课程	综合实践课程	总计
必修	51	2	19	72
选修	37	6	0	43
总计	88	8	19	115

2. 课程内容

为实现"高素质的应用型人才"的培养目标，A 校将实践性知识渗透在"学科专业课程""教师教育课程""综合实践课程"三大课程模块中。其中，"教师教育课程"主要是培养作为一名教师的基本应用能力，包括教师职业规范与政策法规、书写技能、现代教育技术应用、普通话等课程。综合实践课程主要是帮助学生获得实践体验，促进学生实践能力的提高，实现形式为教育见习、教育实习和毕业设计等活动。学科专业课程主要传授学生专业知识，同时也是职前幼儿教师实践性知识培养的必经途径。[①]A 校的学科专业课程分为专业必修课程和专业选修课程。其中，专业必修课程包括专业理论课程、专业应用课程、专业实践课程。专业选修课程又分为专业理论课程模块、专业技能课程模块、专业艺术课程模块、实验实训专题模块。专业选修课程是主干课程的扩展，目的在于培养学生相关领域的兴趣和特长。A 校大一至大三专业必修课程的具体内容如表 4-4 所示。

表 4-4　A 校大一至大三专业必修课程

学期	大一	大二	大三
上学期	专业导论课程、普通心理学、学前音乐基础、钢琴与儿歌弹唱 1、声乐与儿歌演唱 1、舞蹈与幼儿歌舞 1	儿童发展、钢琴与儿歌弹唱 3、声乐与儿歌演唱 3、舞蹈与幼儿歌舞 3、绘画基础 1	幼儿园组织与管理、教育活动的设计与实施、幼儿园科学教育、幼儿园健康教育、幼儿园艺术教育（美术）
下学期	学前儿童生理与卫生学、中外学前教育史、钢琴与儿歌弹唱 2、声乐与儿歌演唱 2、舞蹈与幼儿歌舞 2	学前教育学、幼儿园游戏与指导、钢琴与儿歌弹唱 4、声乐与儿歌演唱 4、舞蹈与幼儿歌舞 4、绘画基础 2	幼儿园课程与教学理论、幼儿园社会教育、幼儿园语言教育、幼儿园艺术教育（音乐）

学科专业课程主要包括三类：一是理论基础课程，包括普通心理学、学前儿童生理与卫生、儿童发展、中外学前教育史等。这类课程通常为必修课程，旨在让学生了解儿童的发展特点和教育规律，为实施教育活动提供理论依据，属于条件性知识范畴。学生需要先掌握条件性知识，才能通过实践活动形成实践性知识。因此，这类课程为学生构建实践性知识中的"专业知识"部分奠定了坚实基础。[②]

[①] 步社民. 本科学前教育专业的目标定位和课程设置问题[J]. 教师教育研究，2005（3）：20-24.

[②] 辛丽华. 幼儿教师实践性知识及其建构机制的研究：基于 SECI 知识管理模型的探索[D]. 上海：华东师范大学，2010.

就像"儿童发展"这门课,通过老师在课上给我们讲解儿童的身心发展特点和我们应该在教育上给予哪些引导及支持,以及老师结合这节课的内容给我们播放一些幼儿活动的视频,我们就知道现实中孩子在这一阶段有哪些表现,等真正面对孩子的时候就知道哪些可以给他做,哪些他还达不到,我们要怎么帮助他。(Ms2[①])

A校通过开设理论基础课程,帮助学生获得本体性知识,为其实践行动提供理论基础。

二是专业应用课程,包括必修课程中的幼儿园游戏与指导、幼儿园组织与管理、幼儿园课程与教学、幼儿园五大领域课程以及选修课程中的专业技能课程模块和专业艺术课程模块。这类课程主要是为学生今后开展保教活动提供指导,主要培养学生的"策略性知识"。[②]

比如幼儿园科学教育,我首先从理论上梳理什么是科学,幼儿科学教育应该是什么样子。其次就是梳理学习大纲和指南,让学生知道国家在科学这一块对幼儿是怎么要求的。再就是幼儿学习科学的特点,理论方面基本上是这些。随后,我们拿出大量时间让学生练习。首先是要提高他们所掌握的科学素养,因为孩子什么都可能问到,如果你懂得少就不行。因此,我搞一个科学知识小发布,一开始是一个人发布,班上四十人每人发布一次。例如台风怎么形成、利弊,小朋友怎么做。现在五人一组,一个人发布,一个人设计课程内容,一个人设计主题活动,如空气流动、漩涡等。再由学生设计其中一个活动,其他人来评价。所以这一个活动有周计划、月计划、知识发布、主题活动、课程设计。这一个活动把相关知识都联系起来,其实这些就是他们到幼儿园要做的事情。(Mt2)

五大领域的教法课开在大三下学期,在模拟教室进行。在开学第一节课的时候,老师会给我们列表,告诉我们这学期的任务,每个人要讲什么。我们回去写一份详细的教案,拿给老师看、修改,直到改得可以了,然后在班级同学面前试讲。下面的同学要做记录和点评,同时老师最后也

[①] 本章访谈代码中,Ms代表大陆学生,Mt为大陆教师,Ts代表台湾地区学生,Tt代表台湾地区教师。
[②] 辛丽华. 幼儿教师实践性知识及其建构机制的研究:基于SECI知识管理模型的探索[D]. 上海:华东师范大学,2010.

会对我们所设计的教案和教态做出评价。其实,在这个过程中听别人讲和老师评价也会学到很多。(Ms2)

"幼儿园游戏"这门课,我们一般在大二或者大三开设,重点培养学生观察幼儿游戏的能力,通过视频资料和现有的观察记录让学生进行分析,学习如何观察、如何对观察记录进行分析。再有就是设计教学游戏活动,例如体育、音乐,以考核、作业的形式让学生完成3—5个教学游戏的设计。再就是幼儿园游戏的环境创设和幼儿园游戏的玩教具制作,重点讲理论,以学生小组设计。游戏的玩法要具有变化性,以适合幼儿特点,区别于专门的"幼儿园玩教具设计"课程,不单纯是技法,还有怎样开展适合幼儿的游戏。环境创设是让学生到幼儿园实地考察,回来后分析其中的优点和不足,以及对不好的怎样改进。还有就是游戏当中幼儿问题的发展与鉴别,从心理学角度看,例如游戏心理治疗,学生到学院的沙盘室去学习如何通过分析幼儿的作品发现幼儿存在的问题。每一块内容我们都尽量理论与实践相结合。(Mt1)

学生通过应用课程的学习,了解了如何在观念和理论上指导自己的具体实践。当真正进入教育现场时,他们是"带着想法"进入的,清楚自己该如何面对幼儿以及如何有效地开展教育活动。

三是教育实践课程,主要包括两类:第一类是在校内实施的专题实训课程,涵盖幼儿园特色课程开发与实践、儿童心理治疗与辅导、幼儿园活动设计与模拟、游戏体验与开发、儿童学习与发展的观察与评价、绘本儿童剧的开发与实践等专题。这些专题旨在通过纵向专题研究帮助学生掌握在幼儿园开展相关科研活动的能力,重点培养学生实践性知识中关于幼儿教育研究的部分。[①]第二类是进入教育现场开展的教育实践活动,具体包括教育见习、教育研习和教育实习。这类活动旨在通过走进教育现场、深入了解幼儿园的环境及一日生活、观察并学习保教活动的组织与实施,帮助学生建立实践情感,并提升其实践能力。

在我们学院专门的实验室,通过科学仪器做实验,对学生的科学知识进行拓展。他们在做完实验之后觉得没有之前想得那么简单,前期还需要

---

① 张淑琼. 幼儿教师实践性知识发展状况研究[J]. 教育学术月刊, 2015(4): 75-80.

为这个实验准备许多知识。所以他们就懂了，在以后为幼儿准备活动的时候要努力做足功课，储备丰富的知识，才能从容地面对孩子随时可能发起的提问。（Mt2）

最难的就是在一楼实验室开展的广播剧活动。我要求学生纯粹使用语言来演，要让听众能听出来不同的角色，所以对学生要求最高。学生交的作业就是录音和配音。通过这几个活动，学生认为广播剧最难。所以我们大三学生在我这里看似轻松，其实很累。我跟他们讲，这一年我带你们玩一年，如果你愿意就跟我玩，还能学到知识；如果不愿意，我也替代不了你学习。其实能把最简单的玩好也是赢家。实践这一块，我一直在做，也有很多好的方法。大一、大二我也经常带学生去幼儿园看看环境以及课程如何进行。我们下学期还可以去工作坊、实训室，到幼儿园与名师沟通。上次去某幼儿园请老师上课回来评课。大二主要是开了理论课，老师在设计时也会考虑如何与实践相结合。（Mt2）

教育实践课程是连接理论与实践的桥梁，通过专题实训使学生掌握某一知识领域的具体操作技能并进行知识延伸；通过进入教育现场，帮助学生获取直接的教育经验。这一过程既有助于学生提升将理论知识转化为实践能力，也促使他们通过不断反思自己的教育实践行动，进一步提升自身的实践智慧水平。

（二）课程设置的特点

从A校对学生实践性知识培养的课程结构和课程内容，可归纳如下特点。

1. 以模块化课程承载实践性知识

A校在修订培养方案过程中，将相关三个重要文件《教师教育课程标准（试行）》《幼儿园教师专业标准（试行）》《中小学和幼儿园教师资格考试标准》中的具体能力要求进行了比对，梳理出幼儿园教师必备的核心能力，即综合分析与技术运用能力、教育教学设计与实施能力、组织管理与沟通合作能力、艺术表达与创作能力、创新创业能力。

A校在梳理出合格幼儿园教师需要具备的专业能力后，依据这些专业能力设置了相应的课程模块。首先，通过学科专业课程中的必修课程，培养学生五大领域（依据教育部颁布的《教师教育课程标准（试行）》中关于学前教师教育课程设置的建议，即儿童发展与学习、幼儿教育基础、幼儿活动与指导、幼儿园与家庭、社会、职业道德与专业发展）的教育教学知识以及幼儿保育知识。此外，A 校还参照了 2012 年教育部颁布的《幼儿园教师专业标准（试行）》，该标准对幼儿教师应具备的专业知识提出了三个方面的要求：幼儿发展知识、幼儿保育和教育知识、通识性知识。其次，A 校通过设置不同的选修课程模块，对主干课程进行了扩展，如专业理论课程模块、专业技能课程模块、专业艺术课程模块、实验实训专题模块，旨在帮助学生根据个人的兴趣和特长进行选择性学习，以达到扬长避短的效果，同时也为学生未来的职业选择提供了更多可能性。

2. 为学生的多元发展，提供丰富的艺术教育课程

A 校非常注重艺术与学前专业的融合，通过为期三年的深入培养，旨在使学生获得丰富的艺术教育活动实践性知识，并提升在艺术教育领域的专业能力。在大一、大二学年，A 校开设了必修的艺术类基础课程，系统地培养学生的钢琴与儿歌弹唱、声乐与儿歌演唱、舞蹈与幼儿歌舞等艺术基础素养和基本的艺术表达能力。进入大三学年，结合开设的幼儿园五大领域活动课程，A 校设置了艺术课程模块，允许学生根据个人的兴趣与特长进行选择，以促进其在艺术教育领域丰富自己的知识、提升自己的特定能力。

这一培养体系有其历史原因。早在 1980 年，《幼儿师范学校教学计划（试行草案）》就明确规定"幼儿师范学校开设美工及美工教学法、音乐及音乐教学法、舞蹈等课"，奠定了学前教育专业"三学六法"的职前培养课程规划。所谓"三学"，是指学前教育学、学前心理学、学前卫生学；"六法"则指常识教学法、计算教学法、音乐教学法、美术教学法、语言教学法、体育教学法。[①]2001 年，《幼儿园教育指导纲要（试行）》将传统的"六法"重新划分为健康、语言、社会、科学、艺术五大领域，这一转变也影响了高校职前培养的课程设置方向。

在以往的培养过程中，A 校发现学生间的艺术特长存在差异，有的擅长舞蹈，有的擅长弹唱，还有的擅长美术。因此，A 校对艺术课程进行了调整，不

---

① 刘军豪. 两岸高师学前教育专业课程设置比较研究：以两岸几所高师本科院校为例[D]. 济南：山东师范大学，2015.

再要求大一学生必须修读所有艺术类基础课程，而是在大二设置了艺术类延展课程群，包括舞蹈延展、美术延展和音乐延展三个方向，让学生根据自身特长进行自由选择。这一改革既减轻了学生的课业负担，又确保了每位学生都能学有所长。

A校在保持原有艺术教育内容的基础上，调整了培养方式，不再采用贯穿四年的固定模式，而是给予学生更多的自主选择空间，体现了以学生为本的灵活培养理念。通过三年的学习，学生能够在艺术能力上获得明显提升，积累丰富的幼儿园艺术领域活动实践性知识，为其未来的职业发展奠定坚实基础。

3. 设置特色课程模块，体现专业特色

为了凸显专业人才培养的特色，进一步提升学生的实践能力和创新创业能力，经过多方调研和论证，A校增设了专业特色课程模块。该模块包括实验实训课程群、特色活动课程群、创新创业特色课程群。在实验实训课程群中，大课程以录制好的微课形式出现，要求学生通过线上进行自主学习，在小学期的实验实训活动中进行考评。这样既可以使学生从课程中解放出来，让学生充分利用闲暇时间进行学习，又能够让更多学生充分享用学院实验实训中心的资源。特色活动课程群是在原有学前特色社团活动和工作室的基础上构建的，并纳入培养方案中，旨在充分利用社团活动和工作室活动提升学生的综合实践能力。结合近几年创新创业课程在高等师范院校开展的大趋势，A校加大了对创新创业课程活动的设计力度，创建了创新创业特色课程群，即在综合实践课程中专门设置了创新创业实践课程和创新创业活动，包括幼儿园市场营销、学前教育产品研发与推广、早期机构开办与营销、学前教育专业创新创业案例研究、学前教育创新创业实训、社会调查与实践、大学生创新创业项目实践等，并分别赋予学分，旨在开拓学生的创新思维、提升学生的创新创业能力。

4. 增加提高学生实践能力的课程学时和学分比例

为突出学生的实践性知识的培养，A校提高了实践学时和学分的比例，尤其是对一些实践性较强的课程，更是增加了实践学时，例如：幼儿园一日生活与指导总学时为30学时，其中理论学时为18学时，实践学时为12学时；幼儿园科学教育（教法课）总学时为15学时，这15学时均为实践学时。其中，实验实训专题模块主要通过小学期的活动形式展开。结合以往的综合实践活动

并没有全部纳入培养方案中，造成小学期活动分散、随意、缺乏总体设计等问题，A校根据学校的总体人才培养部署工作以及学前专业实践教学活动的实际情况，把小学期活动进行了模块固化。小学期活动根据实施领域划分为8个模块，分别是名师有约、学前国际大视野、竞技场、儿童艺术之旅、幼教实践三棱镜、创新创业我能行、职业生涯我做主、特色社团及工作室活动。每一模块下设置了少则二项多则十项的具体活动，并且规定了每项活动是必修还是选修，同时增加了选修活动，为学生提供较大的选择空间。必修活动设置3学分。这一设计旨在让小学期活动更加明确、具体、形成实践能力平衡分布，期望有效利用三周小学期时间，显著提高学生的实践能力和综合素养。

另外，为满足学前应用型人才培养的需要，A校还特别开设了专业方向类延展课程群，这也是从学生的兴趣和实际需要考虑。学生除必须修读家园共育课程群外，还可以在另外7个方向类课程群（理论延展、幼教实务延展、早期教育、幼小衔接、学前特殊教育、双语、国际教育）中根据兴趣任选1个课程群修读，这不仅体现了选修课的丰富性，还能让学生在相关专业领域学有所长。A校实践性知识课程如表4-5所示。

表4-5 A校实践性知识课程

年级	上学期	下学期
大一	钢琴与儿歌弹唱1	钢琴与儿歌弹唱2、学前儿童生理与卫生
大二	钢琴与儿歌弹唱3、儿童发展	钢琴与儿歌弹唱4、幼儿园游戏与指导、幼儿园课程与教学理论
大三	奥尔夫音乐、幼儿园艺术教育、幼儿园科学教育、幼儿园社会教育、幼儿园健康教育、幼儿园语言教育、幼儿园教育环境、创设	教育诊断与幼儿心理健康
大四	教育实习	教育实习、毕业设计与研习

三、A校职前幼儿教师实践性知识的实践环节及特点

实践经验对培养学生的实践性知识大有裨益。师范院校中的教育实践环节是一种目标明确、计划周密、组织有序的专业训练，涵盖了教育见习、教育研习及教育实习等项目，目的是让学生在教育实践中积累经验。为了有效培养学生的实践性知识，A校在课程设置上和实践环节上，有意识地为学生创造了多

样化的机会，以丰富他们的实践经验。

（一）实践环节

1. 实践环节的内容

教育实践是教师教育不可或缺的组成部分，能够提升学生的实践性知识层次，是培养合格幼儿教师的关键环节。为此，A 校提供了多样化的教育见习、教育研习、教育实习等活动，以帮助学生积累宝贵的教学实践经验。

（1）教育见习

教育见习就是学生在教师指导下，对幼儿园教育教学、日常工作和环境等进行的一种观察、了解与分析的活动。学生不参与实际教育工作，以参观和访问为主，目的在于开阔眼界，获取早期的实地经验，了解教育现场的教学实际。[1]教育见习，按形式可分为集中见习和分散见习；按内容可分为观摩教师教学的见习、观摩幼儿活动的见习、观摩幼儿园环境的见习。教师的实践性知识植根于日常的教育教学实践活动之中，通过引领职前幼儿教师深入教育现场、近距离地观察教育活动，培养其实践情感，促进其实践智慧的发展。

A 校的教育见习活动通常安排在专业课程的学习进程中，由任课教师依据课程目标，适时地组织学生前往幼儿园进行集中见习。教育见习的核心内容是实地观摩幼儿教师的教育教学活动、班级环境的创设以及区角游戏的开展等。教师会将全班同学分成若干小组，分别安排到特定幼儿园的各班级进行观察，观察的重点聚焦于幼儿的活动表现以及教师对教学活动的组织与实施情况。

> 有很多作业需要课下去幼儿园，去观察一个孩子或者一个班的孩子的某一个活动。这个活动不一定非要是教学，可能是游戏，可能是生活的某个环节，从中谈谈学生自己的感悟。因为第一步要先熟悉孩子了解孩子，这才是进行一切设计的前提，如果没有这个前提，就是纸上谈兵。（Mt4）

教师认识到，只有将理论与实际相结合，才能有效促进学生的学习，增强学生的专业能力，因此，教师会安排学生进入现场进行观察，并鼓励他们带着自己的感悟或疑问返回课堂进行深度学习。然而，由于 A 校学前教育专业学生人数持续增长，组织集体见习在交通和场地安排上遇到了一定挑战。鉴于此，

---

[1] 叶立群. 师范教育学[M]. 福州：福建教育出版社，1997：56.

教师有时会视情况采取分散见习的方式，由学生自行联系幼儿园完成见习任务，并在见习结束后提交所见习幼儿园的录像或照片作为资料。这些资料成为教师评估学生分散见习真实性和有效性的重要依据。

（2）教育研习

教育研习是一种融理论知识与电子技术于一体的模拟教育活动，旨在锤炼学生的教学技能，通常涵盖研习观摩与模拟教学两大环节。此类模拟训练意在引导学生通过设计、实施、反思等流程，将理论知识转化为实践性知识。

A校的研习观摩活动通常聚焦专业课教师从网络精选的优秀教学录像，或是授课教师亲临幼儿园录制的幼儿活动录像等内容的研究与学习。通过学生观看、教师点评、师生共同研讨的模式，帮助学生凭借既有知识对教育现象进行深入的剖析与学习，积累教育经验，最终将其升华为个人的实践智慧。

教学录像使学生无须离开教室即可体验教育现场的复杂多变与不确定性。在观看教学录像的过程中，师生集体针对录像中的特定行为或现象展开讨论，以激发学生的思考与学习热情，使其能够借鉴他人的卓越教学行为，或深入探究某一现象背后的成因，从而获取实践性知识。

> 有时候我会带他们看一些视频，平时我也经常深入幼儿园录一些老师进行活动的录像，或者从网上收集一些比较有价值的、比较适合大三学生的短片。（Mt4）

A校的模拟教学分为两种，一种是在模拟幼儿园班级环境的专门实验实训室，通过让一部分学生扮演"幼儿"，另一部分学生扮演"教师"，创设一种幼儿园的真实班级情境，让学生体会教育情境的多变性和生成性。[1]

> 它是幼儿园模拟教学的一个场所，就是完全模拟幼儿园真实的教学环境，包括教室里的活动区创设、环境的设置、老师的展示台和操作台，都是完全按照幼儿园的环境来设置的。我们对扮演幼儿的这些学生也提出要求：你既然在幼儿园，就应该有一颗童心，在课堂上你提出的问题就应该符合幼儿的年龄特点，这是双重要求。老师肯定要专业，要了解这个年龄的特点、水平是怎样的，所以你做出的动作、说出的语言才是符合这个年

---

[1] 齐艳娟，左伟，高宏伟. 微格教学在高校双促式模拟教育实习中的实践初探[J]. 长春师范学院学报，2000（6）：73-74.

龄阶段特征的。如果你说的是大人的话，显然你没有了解幼儿，也没有学明白。所以学生基本上会按照这个要求来做。（Mt4）

这种模拟教学的方式帮助学生提前体验教师角色，有助于增强学生的实践情感，体验到教育现场的多变性。同时，让学生今后面对真实的教育情景时心里具有一定的适应性，在采取教学行为上有一定的弹性。

另一种模拟教学被称为"微格教学"（图4-1），是指经过课前的充分准备，学生在专门的微格教室的虚拟情境下，完成预设的一段5—20分钟的教学活动，然后师生共同对教学录像进行回放、分析和评价。"微格教学"可以帮助学生有意识地强化教学技能，提升教育能力。

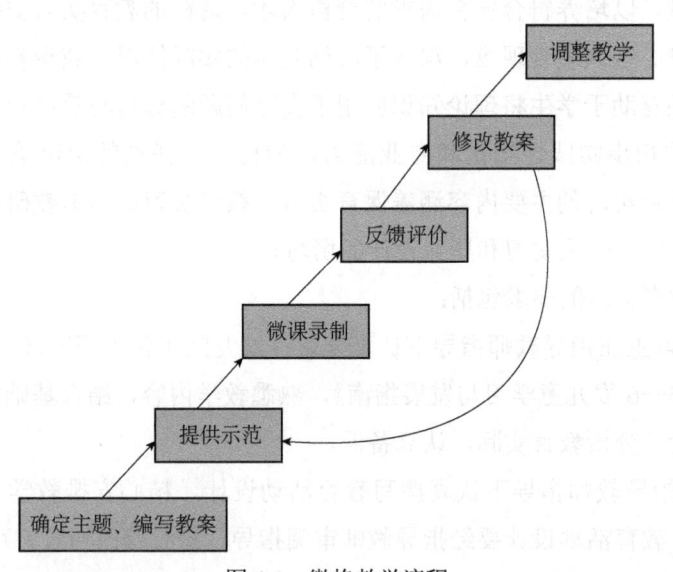

图 4-1 微格教学流程

这种微格教学的方式在时间、内容等方面具有一定的灵活性，通过回放学生的教育情景，帮助学生反思自己的教学行为，并在教师的指导下改善自己的教学行为，同时展开有针对性的强化训练，以提高学生的实践教学能力。

（3）教育实习

教育实习可以丰富和发展个体的实践性知识，让学生通过在具体情景下的观察、模仿，在"做中学"生成实践性知识，形成实践智慧。[1]A校的教育实

---

[1] 魏善春. 师范生实践性知识及其有效教学途径探析[J]. 课程·教材·教法, 2009（7）：73-77+83.

习通常安排在大四上半学年，学生（准备研究生考试的除外）将进入幼儿园进行为期 15 周的集中实习，外加 3 周的毕业设计，总计 18 周。A 校教育实习的核心目的在于，通过实习使学生全面掌握幼儿园教育工作的基本内容和特点，通过与幼儿的接触和了解，使学生逐步形成科学的儿童观和教育观，并能全心全意投入幼儿教育工作。在实习期间，学生需要将所学的学前教育基本理论、基本知识和基本技能综合运用到幼儿园的教育教学和研究实践中，以培养独立工作的能力。同时，教师应引导学生深入学习和研究教育科学，探索教育教学规律，获得独立从事教学与研究的实际锻炼。这一安排旨在全面检验学前教育学专业的培养规格，及时获取反馈信息，不断改进教育、教学与研究工作，提升教育质量，以培养符合社会需求的合格人才。这样的教育实习安排不仅有助于学生全身心融入教育现场，深入了解幼儿园的实际情况，获得教育过程的真实体验，还有助于学生将理论知识应用于实际问题的分析与解决中，从而获得教师职业的初步实践性知识和专业能力，为日后胜任教师岗位奠定坚实的基础。A 校教育实习的主要内容涵盖保育实习、教学实习、园本教研实习，以及说评课、教学公开课实习和毕业设计的撰写。

A 校教育实习的要求包括：

1) 实习生在指导教师指导下认真学习《幼儿园工作规程》《幼儿园教育指导纲要》《3—6 岁儿童学习与发展指南》，熟悉教学内容，结合基础教育改革的思想和理念，分析教育实际，认真备课。

2) 在指导教师指导下认真撰写教育活动设计，精心安排教学活动程序和教学方法。教育活动设计要经指导教师审阅指导，进行修改通过方可确定。

3) 按实习小组进行说课，指导教师要听每一位学生的说课，组织小组评议；说课时应对教育活动安排、教法、学法、教学程序等方面认真分析，严格要求，指出优缺点。说课不合格者要重新说课，直到合格，实习期间每位学生至少完成 1 次说课。每次说课时长为 10—15 分钟。

4) 试讲按实习小组进行，教师在学生正式讲课前要认真组织试讲，并进行小组评议，对教学活动内容、教学方法的运用、玩教具设计、教学用语、教态、仪表、声音等方面严格要求，认真分析，指出学生讲课的优缺点。试讲合格者，经指导教师同意后方可正式组织活动。凡试讲不合格者，要重新试讲，直到合格。反复指导不合格者，实习成绩视为不及格。

5）每位实习生在实习期间至少要完成 10 个不同内容的集中教育活动的设计，5 个不同内容的游戏活动和 3 个区域活动设计，2 个家园联系活动设计，并将教案填写在实习手册中。

6）每位实习生在实习期间至少要观察教育活动 15 次（含游戏活动、区域活动和生活活动），并填写听课记录。

7）根据具体情况写观察日记 15 篇，现场搜集幼儿教师教研活动记录 2 份及对幼儿园园长或教师的访谈记录 2 份，访谈主题由指导教师帮助确定。

8）在指导教师的指导下，至少独立设计、组织一周的一日活动，并写出年度、周、半日及游戏活动计划，填写在实习手册上。

9）教育调查报告应不少于 1000 字，用 A4 纸打印，不得互相抄袭，以保证调查的真实性，否则视为不合格。

10）学生要在实习期间完成毕业设计。毕业设计包括 2 个不同内容的主题，每个主题活动至少包括 5 个不同内容的集中教育活动、一日活动设计和 3 个不同内容的游戏活动设计。毕业设计写完后装订成册，格式参见模板。

11）参与完成每个实习园所每月的手绘报的设计与制作，实习期间共计完成 3 张手绘报。

从上述对学生提出的实际要求中不难发现，A 校的实习尤为注重学生基本理论、基本知识和基本技能在幼儿园教育实践中的应用。A 校遵循幼儿园教育活动设计与组织的整体逻辑，在实习初期便安排学生撰写活动设计，并经指导教师审阅和修改后，以小组形式进行说课。此阶段，学生开始从书本中的理论知识转向设计能在幼儿园实际开展的教育活动。他们首先依据"幼儿园教育活动设计与指导"课程的理论原则与思路设计教学活动，然后提交给幼儿园的指导老师进行把关。幼儿园指导教师会结合教育活动的实际逻辑和幼儿的学习特点，为学生提供有针对性的指导和建议，学生再根据这些建议改进自己的活动设计。在这样的反馈与沟通过程中，学生逐渐步入实践性知识生成的萌芽阶段，能够从指导教师的建议中领悟到每个活动步骤的实施与开展是基于现实中幼儿的哪些特点，并能提前预测每个教学活动步骤中幼儿可能出现的反应，这为接下来的说课和试讲活动奠定了现实基础。经过说课与试讲两个环节，学生的教育反思能力得到了进一步提升，在理论知识的理解和教学方法的运用方面积累了真实的经验和感受，基本实现了从理论到实践的初步转换，对幼儿园教育教学活动的实施与开展有了比较深刻的认识,并初步建立了教学信心。

2. 实践环节中的指导教师

A校对实习学生的指导工作由高校教师和幼儿园指导教师共同承担。借助这种"双指导"模式,能够高效地促进学生对实践性知识的理解和掌握。

(1) 高校实习指导教师

高校实习指导教师又被称为"实习带队教师",主要负责学生在实习期间的所有安排与协商工作。这包括与幼儿园进行沟通协调、对学生出席实习活动的情况进行考勤记录、指导学生备课、督促完成学校安排的实习作业、收缴学生上交的实习手册、对学生的实习成绩进行评定等。在选聘实习指导教师时,A校倾向于选择责任心强且专业素养高的授课教师来担任。这些专业课教师不仅拥有深厚的专业理论知识,还对幼儿园的教育教学工作有较为深入的了解和把握,能够在学生实习期间遇到专业难题时提供及时且有效的指导。指导教师的具体职责涵盖:①协调高校与幼儿园;②了解、指导学生的思想和业务状况;③对学生进行考勤记录;④指导实习生备课、听每一名实习生的集中教学活动;⑤帮助学生完成教育调查报告;⑥每周一次大于3小时的指导;⑦收缴实习作业和评价学生实习完成情况。

在A校,实习指导教师主要在学校、学生、实习单位三者之间起桥梁作用,当学生在反映实习单位的问题或有困扰时,给予学生必要的心理辅导。在实习过程中,他们负责与幼儿园沟通并传达实习学生的想法与需求,以帮助学生顺利达成实习目标。然而,真正解决问题的关键在于幼儿园的配合度,有时指导教师面对学生的问题也感到力不从心。

> 我这次去,学生反映"老师,我们活太多了,班级老师让我们做除了保育员以外的任何事情,我们的地位就比保育员高一点点"。学生反映的多是抱怨,我们会做一些心理安抚和思想引导,并且跟幼儿园反映一些我们实习生的想法跟要求。但并不是每个幼儿园都会采用,有的幼儿园听完之后没有任何改变。(Mt1)

A校规定,实习生在实习期间需要完成3次集中教学活动,实习指导教师至少需要观摩学生的一次集中教学活动。在观摩前,实习指导教师会与学生多次商讨活动方案,并在教学活动进行期间,带领其他实习生一同观摩和学习。

教学活动结束后，实习指导教师会给予学生相应的指导和评价。

> 我们会选取一些内容让学生自己来设计课程，学生在设计课程的同时需要收集大量的资料，然后自己确定活动目标并做相应的准备，然后反复修改教案。与此同时，指导教师也参与到教案的设计中。下一个环节就是实施，最后还有一个总结和反思环节。（Mt4）

A校通过"准备—实施—总结—反思"这一过程，让学生在实习期间体验一个全面的教育活动，助力学生通过亲身实践与深刻反思来获取实践性知识，进而提升自己的教育实践能力。然而，由于学生人数众多且实习地点分散等实际情况，高校实习指导教师对学生的个别指导次数和时间均受到一定限制，这在一定程度上影响了学生反思的深度和对实践性知识的充分提炼。

（2）幼儿园实习指导教师

A校学生在实习期间的幼儿园指导教师通常由幼儿园负责安排。幼儿园一般会采取随机分配的方式将学生安排到各个班级进行实习。一旦学生被分配到某个班级开展教育实习活动，该班级的主班教师通常会被指定为该实习生的实习指导教师。这位实习指导教师负责观察并指导实习生的教学活动，向其传授经验和方法，以帮助实习生获得保教活动组织与实施的能力。具体职责包括：①认真审阅学生的教育活动设计并提出修改意见；②指导并观察实习生的教学活动；③传授保教工作的方法和经验；④检查和指导实习生的班级日常管理工作；⑤为实习生撰写集中教育活动和保教工作实习评语。

通过对A校几位实习生的访谈得知：实习指导教师在学生的教育实习过程中，遇到困难时会给予相应的建议，并结合当前的教育情境为学生提供有针对性的指导，让学生明白如何应对眼前的状况，从而帮助学生积累实践性知识。

> 我们老师会给一个建议，比如活动的时候孩子们躁起来，她就会告诉我这个时候要怎么做。但是孩子比较安静或者相对顺利的时候，她不会告诉我，只是遇到事情的时候才会说。例如孩子乱跑的时候，她也会告诉我们怎么处理孩子的问题。但是怎样备课、讲课都要靠自己去观察主班教师的做法。我们班级会每周开一次班会，在这个班会上能学到很多东西，例如老师们会讨论怎么运用低结构的游戏材料，或者分享一篇文章，将文章

内容与班级幼儿结合，如何在本班落实，每位教师都要进行发言。这对我来说是一个很好的学习机会，因为我能听进去。（Ms2）

我感觉是实习指导老师不太相信我们。她会先让你观察，你能力可以才会让你带班，并且主要是配课、维持幼儿注意力、帮忙递教具这样的小事情，不会轻易让你来进行一次教学活动。（Ms1）

有的实习指导教师认为，实践性知识包含在幼儿园一日活动的组织与实施中，不需要刻意地采取其他活动，对于实习生来说，最好的学习方式就是观察，学会用自己的眼睛去看，所以让学生通过观察和模仿来获得一定的实践经验。因为现场观摩和自己试误是职前幼儿教师实践性知识发展的重要路径[①]。

（二）实践环节的特点

1. 以集中实习为主培养学生的实践性知识

A 校的实习活动主要集中在大四学年，学生通过 15 周在实际教育情境中的集中锻炼来获取实践性知识。《教师教育课程标准（试行）》规定，高校应确保学生拥有不少于 18 周的教育实践经历与体验。因此，A 校规定学生大学四年的实践活动总时长要达到 18 周。A 校学生主要通过大四的实习深入了解幼儿园的保教活动，以培养自身的实践能力。大陆高校普遍采用集中实习的方式，旨在帮助学生获取实践体验，进而提升学前教育质量。

我们主要是通过大四的集中实习深入到幼儿园中，了解孩子和教学。学校会跟幼儿园一起做安排，比如学校希望我们实习期间完成哪些任务。然后幼儿园会根据我们的实习时间做一个安排，比如先让我们第一个月实习配班、保育、助理，第二个月做实习主班，过渡一个月，再让我们带一些小环节。（Ms2）

A 校通过大四集中实习的方式，统一安排全体学生进入幼儿园进行教育实践，要求她们完成学校规定的实习作业和任务。同时，A 校为实习生配备来自高校和幼儿园双方的实习指导教师，以助力学生提升实践能力。

---

① 周金娅. 职前幼儿教师专业学习与实践性知识发展的自我叙事研究[D]. 金华：浙江师范大学，2023.

2. 并行式的"双指导"

大陆高校学生的实习指导工作主要由高校实习指导教师和幼儿园实习指导教师共同承担，且大陆高校对实习指导教师的职责有着具体、明确的要求。然而，由于学生人数众多而教师资源有限，一位高校教师往往需要负责指导多名学生的实习活动，包括协调高校与幼儿园的关系、关注学生的思想和业务状况、进行考勤管理、旁听实习生的集中教学活动、指导学生完成教育调查报告、收缴实习作业以及评价学生的实习完成情况等。因此，实习指导教师在对学生的个别指导上，受时间和精力所限，往往难以深入，大多停留在表面，往往只是完成教师指导手册上的基本任务。

> 幼儿园基本上是把我们当成教学助手在用，什么活都让学生做，她们认为这个过程就是指导了，学生则认为就是在干活。有的幼儿园老师就会说："我也不知道指导她什么啊，就是我带活动她来看，我忙不过来她就帮我。所有事情她都参与，这就是指导啦，没有额外的指导。"可能这种教育实习就是通过观察和模仿获得经验吧。（Mt1）

> 学校选择的都是五星级幼儿园，最差也是四星级。在实习的时候，学校会与幼儿园沟通，要求幼儿园承担起学生实习的任务。但是真正到幼儿园以后，当学生遇到问题的时候怎样解决还是取决于学生个人。有的学生会虚心请教，老师可能乐于指教；有的学生不问，老师就不教。因此，我们在学生到幼儿园之前都会嘱咐她们"你们要多向老师请教"，仅此而已，没有说幼儿园要定期给学生开展讲座。这个园的园长会定期检查每个班是怎么指导实习生的，没有几个幼儿园能做到这一点，最多会有一些幼儿园帮我们监督学生的出勤，反馈一下近期表现状况不好的学生，从来不反馈好的学生，我们会从中协调。但是，幼儿园老师没有指导我们学生如何观察、如何写东西，没有这方面的要求。（Mt1）

由于幼儿园师生比较低，幼儿教师的工作负担沉重，这使得幼儿教师在指导实习生的过程中常常感到力不从心。实习生主要通过观察和模仿教育现场中幼儿教师的行为来学习，以此积累教育经验。此外，由于实习生在刚进入实习阶段时缺乏教育经验，因此她们需要经历一段观察学习期，才能进行实际的教学活动。A校实习指导如图4-2所示。

图 4-2　A 校实习指导

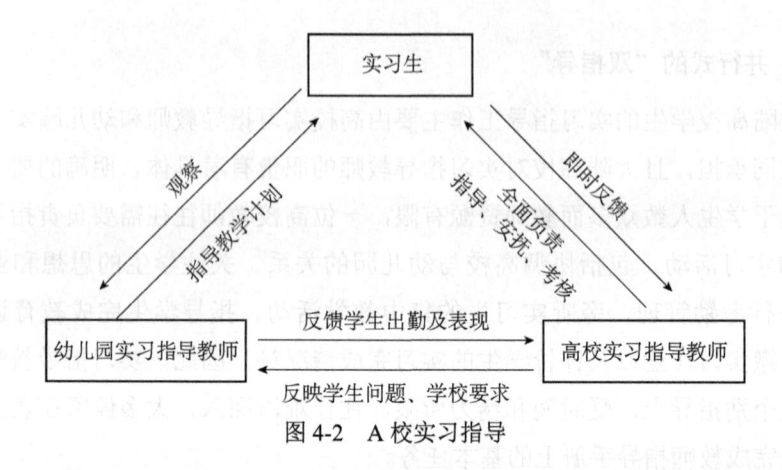

由此可以看出，高校实习指导教师与幼儿园实习指导教师对实习生的指导是分别进行的，各自独立满足学校对实习指导教师的相关要求，并就学生的出勤情况和表现进行沟通。然而，在学生的实习过程中，两位实习指导教师在对学生进行实践能力指导的过程中并没有过多的交互和即时反馈，更多地依赖学生的主动沟通或是通过学生自己的观察学习获得进步。

3. 实习的考核与评价

A 校依据实习任务与内容，结合学生在实习期间的综合表现，对实习生进行全面且细致的考核。学生需要按照实习要求圆满完成所有任务，并提交调查报告后，方可参与实习考核。考核内容涵盖思想政治表现、教育教学任务的完成情况、实习手册的填写质量以及调查报告的撰写水平等。实习成绩的评定采取"分项考核，综合评定"的方式，由高校实习指导教师和幼儿园实习指导教师分别依据实习生的实际表现共同进行。总成绩为 100 分，其中高校实习指导教师和幼儿园实习指导教师各占 50% 的权重。

第二节　B 校职前幼儿教师实践性知识培养体系

一、B 校职前幼儿教师实践性知识的培养目标及特点

（一）培养目标

B 校将幼教系本科生的培养目标定位为"培育幼儿园教师、教保员以及幼教相关产业人才"。由此可以看出，台湾地区高校的培养目标侧重人才的社会"服务

性",通过培养专业幼儿教保人员、幼教相关产业人员、幼儿福利工作人员、幼教研究人员、教育行政公职人员满足社会需求,促进社会的发展。[①]

B校依据2012年台湾地区第6版幼儿园教师专业标准中幼儿园教师应具备的专业素养的要求,制定了本校学前教育专业学生应达到的7项核心能力指标,旨在检核学前教育专业学生的培养质量,确保其达到"服务社会"的标准。B校学生能力指标如表4-6所示。

表4-6 B校学生能力指标

核心能力	检核指标
了解幼儿阶段身心发展特质	了解个体自受孕至幼儿期的发展特征、影响发展的因素及人类发展理论,以及发展适宜的教保策略之基础
具备幼儿评量与辅导的能力	了解观察与评量婴幼儿的理论与精神,并发展适宜的观察与评量策略;了解婴幼儿生活作息照护与辅导的理论与原则,并发展适宜的保育与辅导策略
建立具有理论基础的幼教理念	了解幼儿教育相关之主要理论与哲思的内涵,并建立符合前述理论基础的幼教概念和信念
具备幼儿课程与教学的知能	了解课程理论基础、认识幼教课程模式、学习各领域的教材教法、熟悉班级经营及教学法,以培养统整性课程设计及教学的能力
了解生态环境对幼儿的影响	了解当代教保重要议题、政策法令与儿童福利,以提升检核与规划幼儿安全学习环境的能力;了解家庭与小区对幼儿之重要性,并增进运用家庭小区资源协助父母教养、幼儿学习与发展园所特色的能力
具备幼教之专业伦理与精神	遵守教保专业伦理的规范,对幼儿教育之环境所出现的利害关系人展现合宜的专业工作伦理
具备幼儿艺术知能与创造力	了解幼儿听觉、视觉与动觉的发展,以规划和艺术相关的教学策略;了解幼儿音乐、舞蹈、戏剧与视觉艺术等内涵与要素以及创新教学运用方法;发展学生于幼儿艺术创作、表现及鉴赏方面的知能

(二)培养目标的特点

从B校对于学生实践性知识培养的目标定位和具体规定中,可以总结出如下特点。

1. 以人才的社会服务性为终极追求

B校基于培养专门化服务型人才的培养价值取向[②],注重培养能够服务社会的学前教育专业人才。联合国教科文组织于1966年在《关于教师地位建议案》中提

[①] 蒋娟. 大陆、台湾高校学前教育专业培养目标的比较与分析:以大陆、台湾两所高校为例[J]. 中华少年,2017(7):235-236.

[②] 刘军豪. 两岸高校学前教育专业课程设置比较研究:以两岸几所高师本科院校为例[D]. 济南:山东师范大学,2015.

到"教学应该被视为专业",它是教育服务公众的一种形态。台湾地区"幼儿教育及照顾相关规定"中要求,幼儿园的教保服务内容包括"为幼儿提供在生理、心理及社会需求方面的照顾服务;提供营养、卫生保健及安全的相关服务;提供适宜发展之环境及学习活动;其他有利于幼儿发展之相关服务等"[①]。可以看出,台湾地区强调幼儿园"对幼儿提供教育及照顾服务",将"幼儿教师"与"教保员"统称为"教保服务人员",强调幼儿教师作为专业人员,应该运用专业知能服务于社会。[②] B校根据相关规定和社会需求,培养学生的社会服务性。例如,从提高儿童福利的角度出发注重培养学生服务社会的职能,学生毕业之后可以选择成为一名"幼儿福利工作人员,包括儿童局、社会局、保姆、保育人员等";通过要求学生"了解家庭与小区对幼儿之重要性,并增进运用家庭小区资源协助父母教养",强调让学生为家庭提供所需要的服务,旨在帮助幼儿拥有更完整和健全的家庭,幼儿教师在家园关系上应支持亲职角色,补充家庭功能的职能,让幼儿在学校、家庭、社会三方合力的良性作用下健康成长。[③]

2. 以教保人员的专业性为培养的准则

B校围绕幼儿教育相关职业的能力需求制定学生的培养要求。根据《幼儿园教师专业标准》中"学科知识方面、辅导知能方面"两个向度,以专题形式设定的"学生基本能力指标与检核机制",对学生的专业素养做出了7个方面的具体要求。例如,在"了解幼儿身心发展阶段特质"方面,要求学生从"全人教育"的理念出发,从人类学的角度,透过人一生发展的角度去看待幼儿阶段所起到的奠定人生架构和基础的重要作用。这样的培养要求体现出对幼儿教育有全局和深刻的理解,从真正意义上了解幼儿教育的本质,为幼儿提供适宜的、有力的支持。这样的培养要求首先体现了"将人类学应用于幼教,不仅象征对幼儿本质的尊重,也协助幼教发展更进一步的实践"[④]。其次,立足于学生所要面对的职场生存的视角,要求学生"具备幼儿评量与辅导的能力",旨在帮助学生打下胜任工作的基础。台湾地区2012年《幼儿园教保活动课程暂

---

① 徐千惠. 两岸学前教保人员培育之比较研究[D]. 新竹:新竹教育大学,2015.
② 索长清,姚伟. 台湾地区幼托整合政策的发展及其启示[J]. 现代教育管理,2014(1):71-75.
③ 蒋娟. 大陆、台湾高校学前教育专业培养目标的比较与分析:以大陆、台湾两所高校为例[J]. 中华少年,2017(7):235-236.
④ 洪福财. 幼儿教育史:台湾观点[M]. 台北:五南出版社,2006:20.

行大纲》在为幼儿园教学指明方向的同时，也为幼儿教师的职前培养提供了依据。例如，B校要求学生"具备幼儿课程与教学的知能"，突出对学生教保实务能力和幼儿课程与教学知识的培养，要求学生"具备幼教之专业伦理与精神"，从教师专业伦理的角度要求学生在保教过程中遵守行业规范，履行教师职责，满足社会需求，维护专业声誉，并且具有专业意识和行为品质。[①]B校以教保人员的专业标准为培养要求，增加了职前幼儿教师实践性知识培养的可操作性和实践性。

二、B校职前幼儿教师实践性知识的课程设置及特点

（一）课程设置

1. 课程结构

B校课程结构（表4-7）主要是依据台湾地区的"师资培育相关规定"中提出"师资职前教育课程包括普通课程、专门课程、教育专业课程及教育实习课程"，结合本校自身发展特色，将课程设置为公共课程、系专门课程、自由选修课三个部分。通过对该校学生和教师的访谈得知：培养职前幼儿教师实践性知识的课程主要为系专门课程。台湾地区高校要求学生毕业之前修满144学分（师资培育），其中普通课程30学分（含共同科目10学分与通识科目20学分），系专门课程94学分（系必修课程59学分与选修课程35学分）及自由选修课程20学分。其中，自由选修课20学分，可以用来修习校外课程、通识课程或系专门课程中的选修课程。所以，在B校的144学分中至少有94学分的系专门课程承担对学生的实践性知识的培养，占总学分的比例为65.3%。其中必修课程为59学分，选修课程为35学分。

表4-7 B校课程结构

比较项	普通课程			系专门课程			自由选修	总分
	共同科目	通识科目	小计	系必修	系选修	小计		
学分	10	20	30	59	35	94	20	144
比例/%	6.9	13.9	20.8	41.0	24.3	65.3	13.9	100

---

① 孙意. 中、美、澳、新四国幼儿园教师教育理念的比较研究[D]. 南京：南京师范大学，2015.

2. 课程内容

B校的系专门课程依据"师资培育相关规定施行细则"中规定的"教育专业课程：为培育教师依师资类科所需教育知能之教育学分课程"，旨在充实学生对教育及幼儿教育必备的基础专业知能以及增进各领域的专门知能，同时将"师资培育相关规定"中的专门课程、教育专业课程涵盖其中。B校的系专门课程又划分为必修和选修两类，其中幼儿发展与辅导、课程与教学、艺术教育、教育行政及学前特殊教育课程为主要重点课程。

必修课程划分为基础与特色、教保知能专业课程两部分，主要培养学生对学前教育各主要领域的保育与教育获得初步完整的认知。其中，基础与特色课程部分为18学分，主要课程有"教育心理学""环境与幼儿教育""创造力教育""教育社会学""教育哲学""幼儿剧舞台技术与制作""幼儿剧实习"。台湾地区的"大学相关规定施行细则"规定，高校可以根据本校发展特色设计课程内容，突出学校的培养特色和本地化课程。为此，B校将幼儿剧作为本校发展的特色课程，列入学前教育专业必修课程中。

> 在"幼儿剧"中，大四学生负责表演和演奏乐器。大三学生负责幕后的道具、灯光等。其实在大三下学期，学生就要在戏剧课创作出大四要演出的剧本。剧本和演出方式会在练习过程中由老师不断修正，告诉学生怎样才更适合幼儿。这门课是必修课，也是学校的特色课程。（Tt6）

B校旨在通过开设"幼儿剧舞台技术与制作""幼儿剧实习"两门课程，以及安排学生为幼儿剧的公演进行一系列准备工作和面向幼儿进行实际演出，帮助学生获得表演技巧、律动创编以及与台下幼儿互动的能力，同时开发学生的个人艺术潜能。

B校的教保知能课程为41学分，旨在培养学生关于幼儿保育的知识，帮助学生获得幼儿园工作中实施保育工作的实践性知识。内容主要包括"幼儿发展""特殊幼儿""教保专业伦理""幼儿教保概论""幼儿园教保活动课程设计""幼儿观察""幼儿园、家庭与社区""幼儿学习评量""幼儿园课室经营""幼儿健康与安全""幼儿园教材教法""幼儿园教保实习"。在2010年完成托幼整合之后，台湾地区于2013年发布的《大学设立师资培育中心办法》中规定，"设有师资培育中心之大学开设幼儿园教育学程应修学分数至少48学分，其中包括教保专业知能课程32学分"。B校在规定的32学分教保知能课程的基础上，提高了其中几门课的原有学分分值，将本校的教保知能课程设置为41学分。例如，将幼儿发展，幼儿观察，幼儿教保概论，幼儿学习评量，幼儿健康与安全，幼儿园、家庭与社区，幼儿园课室经营，教保专业伦理课程学分分值在原有规定的基础上分别提高1—2学分，目的是加强对学生保育能力的培养，打破幼儿园教育与保育人员的明显界限，帮助幼儿实现全人的发展。B校教保专业知能课的具体内容如表4-8所示。

表4-8　B校教保专业知能课

课程科目名称	规定学分数	B校学分数	开设年级
幼儿发展	3	6	大一
幼儿观察	2	3	大二
特殊幼儿教育	3	3	大二
幼儿教保概论	2	3	大一
幼儿学习评量	2	3	大三
幼儿健康与安全	3	3	大三
幼儿园、家庭与社区	2	3	大四
幼儿园教保活动课程设计	3	3	大二
幼儿园课室经营	2	3	大三
幼儿园教材教法Ⅰ	2	2	大三
幼儿园教材教法Ⅱ	2	2	大三
教保专业伦理	2	3	大四
幼儿园教保实习	4	4	大四
累计学分	32	41	—

"幼儿学习评量"的老师先安排我们进行理论学习，然后再研拟幼儿发展常模的评估工具到幼儿园做施测，实际体验从游戏与观察为幼儿做发展性评估。这样我们之后再面对幼儿，就知道这个孩子的发展水平达到了哪里，我应该怎样去支援他。"幼儿观察"通过在课上学习各种观察方法与工具，之后到幼儿园进行观察，使用各种观察法对一个孩子或者班上的一群孩子进行观察，并写观察记录和心得与大家分享。老师会指导我们，借由这个过程我知道以后在幼儿园要在什么情况下采取适合的观察方法，

以及怎样去观察孩子反思自己。（Ts8）

我们大二的时候就规定主题，因为"幼儿发展"是大一的课，我觉得从这门课学到很多。它是借由幼儿观察看小朋友的发展程度到哪里，看他的大肌肉动作是否非常完整，手部细致动作是否达到要求，可以借由这门课去观察很多东西。实践理论的性质比较强。（Ts7）

选修课程可以让学生根据自己的兴趣与特长集中选修特定方向的课程，发展自己某方面的专业技能。B校通过为学生提供不同方向的选修课程，给予学生自主提高实践性知识的权利。B校将选修课划分为幼教课程与教学领域、保育与家庭、幼儿艺术教育。其中幼教课程与教学领域包括"多元智能""幼儿文学""学前融合教育""幼儿学习环境设计""幼儿创造性课程""幼儿园行政""幼儿教具设计与应用""幼儿辅导"等79学分的课程，主要帮助学生学习关于开展教育活动的实践性知识。保育与家庭主要包括"幼儿餐点与营养""亲职教育""婴幼儿安全教育""婴幼儿活动设计与环境规划""婴幼儿保育实习"等18学分的课程，旨在帮助学生获得系统全面的0—3岁阶段幼儿的保教知识。

大三上学期开设的"婴幼儿保健"课程主要讲授有关婴幼儿安全的知识。老师会先讲一部分理论知识，然后到专门的教室用仿真婴儿给学生示范如何给婴儿洗澡、喂奶，如何处理婴儿的异物梗塞以及CPR的操作。然后让学生自己练习，并在学期末安排实操考试，从四样内容中随机抽取一样，以检验学生的学习成果。（Ts9）

"婴幼儿保育实习"修习时间在大三下学期，需要先修习"婴幼儿保健"，之后才可以修习这门课。课上，任课教师会跟校外的托婴中心接洽，让学生到托婴中心去照顾真实的婴幼儿。如果是超过2岁的孩子，就要根据托婴中心当月的主题准备简单的课程，再把教案给老师看过，确认可以实行，再拿到托婴中心实施。如果负责的婴幼儿比较小，要完成的任务就是照顾她的生活，例如换尿布等。（Ts9）

幼儿艺术教育包括"音乐基础训练与赏析""幼儿绘本赏析与导读""幼儿音乐""幼儿艺术""创造性舞蹈教学""幼儿戏剧"等27学分的课程，旨在提升学生的艺术素养，了解幼儿艺术教育的方法，获得开展艺术活动的实践性知识，促进幼儿艺术创造与表达能力的发展。

"幼儿艺术"也是大一上学期的课程，我也蛮推荐去上。这门课就是让幼儿用不同的素材进行创作，素材有很多像那个印的雕刻，但是我们不会用雕刻刀，而是用保丽龙板，然后让小朋友用没有削过的铅笔去创作。这门课也有可以缝的活动，可是小朋友不会使用针线，可能是课程准备了已经打洞的材料，让小朋友可以用粗的东西穿过洞眼，然后进行吹画创作。课上也会用各式各样的素材，有平面的也有立体的。在这一门课上，基本上是学生教学生，而不是老师教学生。并且，"幼儿艺术"这门课让我们主动地去探索到底怎么去教小朋友。比如说我今天教同学说：哎，你这个要这样这样。可是你跟小朋友来讲的话，要讲得很明确，指令一是什么，指令二是什么，要转换成小朋友的语言。接下来，我们会练习如何写课程整体设计。我们会写一个课程设计表单，这门课就是预先让我们知道大概课程大纲要怎么设计，总体获得的东西是怎么样的。(Ts7)

对于"幼儿绘本赏析与导读"这门课，我们先学习关于绘本的架构、类型与多种图像设置的背后意义，例如大小的呈现，凸显主要角色。在整个学期过程中，会先安排具有丰富讲故事经验的老师给我们示范如何给小朋友讲故事，需要掌握哪些要点，然后安排我们进班级三到四次给小朋友讲故事，亲身体会、摸索。等回来之后，老师会让我们设计一个绘本，并在学期的最后一个月中以小组为单位共同制作一个绘本，并以PPT的形式呈现出来，小组成员都到前面去解说。于是，有的人负责配音，有的人负责表演。(Ts9)

在"创造性舞蹈教学"这门课上，老师让我们主动去寻找到底要怎么去教小朋友，这并不会很难，老师可能跟你说一个主题，可是她不会限制你去怎么做，除非你真的是太夸张了。虽然说每年的感觉都一样，但是你还会做出比较不一样的东西，然后从那个过程当中知道如何跟小朋友沟通。(Ts9)

由此可以窥见，台湾地区高校对学生艺术能力的要求更多的是如何引导幼儿艺术能力的发展，并不过分强调对学生艺术素养的专业训练，更注重培养学生的艺术教育实践能力。

（二）课程设置的特点

1. 通过开设方向类课程提供丰富的实践性知识

台湾地区高校课程设置中的各方向类课程比较清晰明确，课程种类较多，选择空间较大，细化程度较高。这是由于台湾地区儿童服务产业的成熟化和家庭教育市场的规范化等社会因素，为台湾地区的高校人才培养提供了多元的方向。① 台湾地区高校的幼教专门课程依据培养规格中要求学生的 7 种核心能力（了解幼儿阶段身心发展特质、具备幼儿评量与辅导的能力、建立具有理论基础的幼教理念、具备幼儿课程与教学的知能、了解生态环境对幼儿的影响、具备幼教之专业伦理与精神、具备幼儿艺术知能与创造力）设置相应的课程。台湾地区高校这样的做法，不仅提升了学生未来进入相应领域的专业能力，还兼顾了学生的全面发展和个人兴趣。

2. 通过提供充分、多样的选修课程拓展学生的实践性知识

B 校将选修课划分为幼教课程与教学领域、保育与家庭、幼儿艺术教育，共 124 学分，学生可以选择 35 学分的课程，另外学生可以将自由选修的 20 学分用来选修系专门课程中的选修课。这样学生在 124 分的课程中可以完成 55 分的学习。并且，选修课程并没有限制学生只可选择一种方向修习，学生可以根据自己的需要或兴趣了解不同的课程，丰富自己在学前教育具体某一领域的专业知能，也可以涉猎诸多。从 20 世纪 90 年代末期开始，台湾地区的师资培育机构就利用社会资源及校内资源丰富师资培养的专业课程，将社会的实际需求作为人才培养的现实依据，培养具有社会服务意识的专业人才。例如，通过开设的"家庭教育""亲职教育""幼儿音乐""幼儿艺术"等选修课程，培养学生将理论与实践相联系的能力，增强教育理论的具体性与应用性，同时基于对学生未来各种就业可能的考虑，提高学生的职业能力。B 校为学生提供了较大的选择空间，满足学生不同兴趣和能力的需要，使学生有机会投入专业领域开展学习，为学生实践性知识的培养提供了支持。B 校实践性知识课程设置如表 4-9 所示。

---

① 刘军豪. 两岸高师学前教育专业课程设置比较研究：以两岸几所高师本科院校为例[D]. 济南：山东师范大学，2015.

表 4-9 B 校实践性知识课程设置

年级	上学期	下学期
大一	幼儿发展、幼儿绘本赏析与导读（选）	幼儿发展、环境与幼儿教育、幼儿艺术（选）
大二	幼儿观察、幼儿园教保活动课程设计	幼儿语文教学（选）
大三	婴幼儿安全教育（选）	幼儿学习与评量、幼儿园教材教法、婴幼儿保育实习（选）、幼儿音乐与律动（选）
大四	幼儿剧专题制作、幼儿园教保实习	幼儿园教学实习（选）

三、B 校职前幼儿教师实践性知识的实践环节及特点

台湾地区高校的实践活动主要包括大学四年期间的幼儿园参访、观察、见习、试教、教学实习、集中教育实习和全时教育实习。[①]其集中实习类似于大陆高校的教育见习，通常由院系任课教师在学生的大学四年期间根据课程需要进行安排。"全时教育实习"是台湾地区"师资培育相关规定"中规定的学生在本科毕业后要参加半年教育实习课程，学生只有通过该实习才能考取教师资格证。B 校的实践环节如图 4-3 所示。

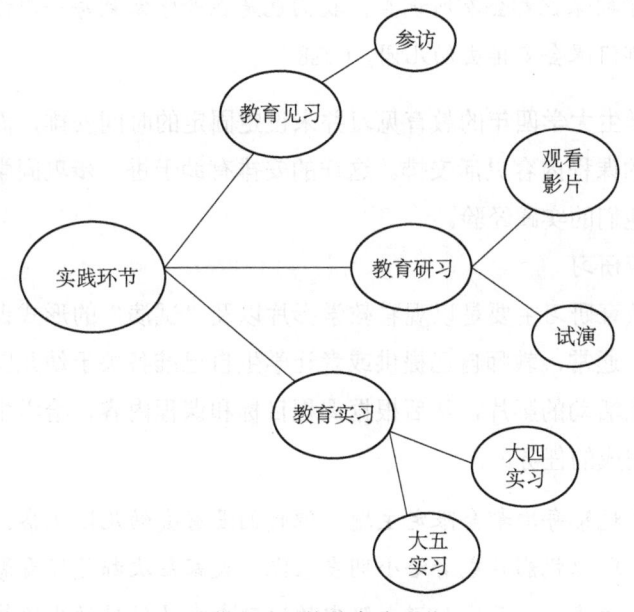

图 4-3 B 校的实践环节

[①] 孔凡琼. 台湾教育实习的理论研究与实践反思：以 PD 大学为例[D]. 上海：上海师范大学, 2014.

（一）实践环节的概述

1. 实践环节的内容与形式

（1）教育见习

B校的见习活动主要包括参访幼儿园和进班观察，这些活动通常由教师在专业课程教学活动中根据特定目的进行安排。教师往往依据一学期的课程目标或某一阶段的教学需求，组织学生前往幼儿园进行访视或观察。教师们认为，通过观察教育现场，学生能够获取关于幼儿身心发展规律、幼儿园一日生活作息、班级经营以及教学策略等方面的实践性知识。为了让学生有针对性地积累实践性知识，教师会在学生进入教育现场前预先设定观察的原则、方法和核心内容，并要求学生见习结束后提交观察报告或围绕特定主题展开讨论，从而使学生的教育见习活动更加具有明确的方向性。

> 从大一到大三的见习均是通过课程实现的，都是因为课程的需要才会去幼儿观察。例如，大一的绘本课老师会安排我们到幼儿园观察幼儿老师怎样讲故事。学校并没有固定的安排说要哪个阶段哪天去幼儿园见习，而且每一学期课程都会有所调整，我们也是在开学拿到每一门课程的大纲才能知道哪门课会安排去幼儿园。（Ts8）

B校对学生大学四年的教育见习并未设定固定的时间安排，而是由专业教师根据自己的课程内容灵活安排。这样的安排有助于进一步巩固学生的理论学习，并丰富他们的实践经验。

（2）教育研习

B校的教育研习主要是以观看教学影片以及"试演"的形式训练学生的各种教学技能。通常，教师自己提供或者让学生自己准备关于幼儿园组织教学活动或幼儿自主活动的影片，然后根据课程目标和课程内容，给学生布置观看教学影片后要完成的任务。

> 幼儿观察每次都会限定主题。但我们没有去幼儿园观察，因为是新来的老师，所以找影片或者给小朋友录像。大家每次都是观看影片去写，针对小朋友的某一方面比如说大肌肉的运动或者是针对幼儿的算术能力进行观察，用不同的方式做记录，然后将观察记录交给老师。老师看后进行指

导，指出哪里写得很好，哪里不合理，之后我们做检讨。有时候我们自己找影片，我们会分小组，每个小组做不同方式的记录，有的是很详细的记录，有的是勾选的那种记录，然后找一个小组去看。(Ts9)

教师有目的地引导学生去观察教学影片中的情景，以获得实践性知识，并对学生的学习成果给予反馈，及时纠正学生在学习过程中出现的错误，帮助学生巩固实践性知识。

B 校的"试演"与大陆高校的"角色扮演"相似，一般是在进入幼教现场真实教学之前，在班级由同学扮演幼儿配合即将试教的学生进行教学练习，教师也会针对学生的表现给予指导。B 校通常会提供专门的活动教室，帮助学生在学习理论知识后，借由专门的教具演练，进一步获得实践性知识。例如，对于婴幼儿保育方面的学习，学校会安排学生到系所下设的托婴中心通过与仿真娃娃互动，培养学生对婴幼儿的基本保育能力。

因为在试演的时候，其实我们也是一定要把底下的人当成小朋友，老师会经由这个试演让我们知道到底要改哪里，哪里的指令不够明确等等。老师会从这个试演帮我们做一个协调。(Ts7)

学生通过角色扮演能够感受教育活动的情境性和复杂性，通过对仿真娃娃实践操作获得专业的教保能力。

(3) 教育实习

台湾地区在 1941 年颁布的《师范院校（科）学生实习办法》中提出"实习包括参观、见习、教学实习及行政实习等项"。B 校目前的实习分为两种，一种被称为"集中实习"，主要通过大四开设的"幼儿园教保实习""幼儿园教学实习"两门课，帮助学生从实际中获得教育概念和实践性知识，完成在"大五实习"前对教育实习的"预习"。[①]教师一般会安排学生在大四上学期先到幼儿园见习与试教几次，到大四下学期再进行为期一个月的幼儿园实习。整个大四的实习安排旨在帮助学生了解幼儿园的教保实务运作，增加学生将理论运用于教学实践的转化能力，提升学生的教保课程与保育、教学的规划与执行的能力，强化学生的专业伦理及省思能力，增进学生的职场沟通能力。

---

① 孔凡琼. 台湾教育实习的理论研究与实践反思：以 PD 大学为例[D]. 上海：上海师范大学，2014.

B校对学生整个大四的见习、试教和实习提出具体的要求如下：

上学期为暑期阅读心得、个人教学实习档案（开始）、三次见习心得（全日见习、保育见习、教学见习）、三次试教报告（含教案、教师建议、教学影片、同学反馈与个人心得）。

下学期为集中实习主题课程设计、学期初三天全日见习（全日作息、班级经营、教师教学、行为辅导等）、试教报告（含教案、教师建议、教学影片、同学反馈与个人心得）。

集中实习作业包括全园（或大型）活动规划及执行，即同一实习园之同学共同设计一项全园（或大型）活动，于集中实习期间执行，并分析实施成效以及撰写心得，纸本档案一份以及所有资料的光盘片一片（一实习园一份）。

每周作业包括（返校时或依指导老师规定时间缴交）每日教学日志（含教学省思）（班级）、每周记录令人印象深刻的幼儿行为观察或童言童语及省思二则（含一般生及特殊生的观察）（个人）、每周分析自己最成功与最不成功的教学事件各一件及省思（个人）、每周记录亲师沟通一则及省思（个人）。

整月作业包括（集中实习后交）全园活动规划及执行情形，同一实习园之全部同学共同设计一项全园（或大型）活动，于集中实习期间执行，并分析实施成效以及撰写心得。

参与行政工作记录（含日常行政运作或协助办理活动）和集中实习总心得（个人）、个人教学实习专业档案。实习学生将实习过程中所有相关资料（如前置作业、实习心得与计划、省思札记、教学设计与试教省思、研习资料与心得、随手札记、活动照片、教保资源等）汇集建档，加上目录及侧标，并制作成光盘。

"幼儿园教学实习"是一学年课，师培生一定要修。实习内容是两人为一组，规划一个月的主题课程并教学，像现场老师一样，按照园所的日程安排进行保育与教学、自由游戏时间，并和同学互相轮流一主一辅进行教学。实习生把自己当成一名正式的老师，除非危险状况，原班老师大多不会介入，会让实习老师完全掌握整个班级的情势。此外，实习中的每个礼拜五会回校与教授讨论实习状况。这门课由2位教师共同授课，目的是学生在2—3个园所实习，2位教师可以各负责一半，比一个教师轻松一些。在课上，2位教师一起上课，需要讨论的时候，他们各负责一半。园所由教师指定。实习成绩打分由教师根据上课表现打分，加上幼儿园教师勾选实习单后所折合的小总分。其实刚进入幼儿园实习时，我感觉对幼儿园的一切都是很陌生的，因为每次只待上半天或者几个小时，看到的是片面的，很难完全了解园所和孩子。并且幼教现场本身有很多变化，所以学校借由安排实习可以帮助学生了解幼儿园，同时可以了解自己是否适合当一名幼儿教师，从而进一步考虑自己接下来的职业出路。（Ts9）

大四上学期大约有七次进入现场的时间，一次一个早上，实习内容以一个主题活动的教学为主，主题可自行决定或配合班上。大四下学期有为时一个月的教学实习，周一至周五全天，两人搭班进入班级，实习内容除了与家长面对面的沟通外，其他等同于带班教师。四周时间一人担任两周主教，自行设计课程、设定班级经营模式、制作学习档案等，并在老师指导下轮流担任晚值。（大四整年的实习都在相同的班级）（Ts12）

在这一学期的实习中学到的东西是循序渐进的。学期初和学期中就有许多进班见习、认识孩子的机会，并先设计好整个主题及准备所有可能有机会进行的教案，之后进班一个月，一整个月完全由我们两位实习老师带班，进行教学、转衔活动、教师日志、教学省思、课后留园、幼儿观察、成长档案制作、亲师沟通、联络校外教学、进行高峰活动等所有班级日常工作。（Ts12）

B校的大四实习是以循序渐进的方式，先让学生在上学期通过见习与试教熟悉教育现场，然后在下学期全身心进入幼儿园实习，并且以带班教师的身份负责班级的所有活动。这有助于学生逐渐提升自己的教育实践能力。

另一种被称为"大五实习"，是学生为考取教师资格证必须在大学的第五年选择一所幼儿园完成的半年全时教育实习。在台湾地区2003修订的"师资培育相关规定"中要求"师资职前课程包括教育实习课程"，并且实习时间由原来的一年改为半年。实习内容主要包括教学实习、导师（级务）实习、行政实习及研习活动。其中，教学实习旨在引导学生进行教学设计，并且在实习期间学生要进行一场教学观摩会，高校与实习园所指导教师会在观摩后提出专业的检讨与修正意见。导师实习主要是班级经营、亲师沟通等方面的工作。行政实习主要是指参与幼儿园的行政事务。研习活动是指在实习期间实习学生参加幼儿园教师的进修学习，提升学生的专业知能。但是由于实习时间仅为半年，所以大五实习内容的重点通常为教学实习，其余为辅。①

  大五实习会由7—8位教师分别负责指导学生，每位教师大概会带6—7个学生。大五实习的园所由学生自己选择，所以学生对自己选择的园所会比较了解和清楚。可以经历幼儿开学，这对于实习学生来说，从一个新生混乱的班级到整顿好的班级，这半年期间与幼儿互动、交心，了解班上的每一个孩子，可以因材施教。但是大四实习由于时间短，不能深入了解幼儿，也无法做到因材施教。大五的实习任务与大四类似，需要外加一个教学观摩，即学校教授来幼儿园看学生的一堂教学课。(Ts10)

  实习主要是让学生透过各种幼儿园教学的机会省思自己的教学历程，与有经验的幼儿园教师或者指导教授讨论教案以及教学过程中的所有细节规划，思考自己的教学与理论的联结。(Tt5)

B校认识到入职教育是师范生从学生身份转变为教师的关键环节，因此高度重视本科生毕业后的半年教育实习指导。该指导旨在通过为期半年的集中实习和辅导，帮助学生积累丰富的实践性知识，培养一定的专业教育能力，以适应未来的教师角色，并顺利过渡到职场生活。

2. 实践环节中的指导教师

台湾地区高校的实习指导主要是由高校实习指导教师和幼儿园实习辅导教师共同完成。

（1）高校实习指导教师

B校的实习指导教师均要求具备一年以上幼儿园或其他教育机构的实践经验，同时需拥有教育实习专业素养，具备指导实习生的能力和意愿。学校之所以要求教师具有一年的教学领域相关经验，是为了更有效地辅助学生的实习过程。具备一线教学经验的教师能够更好地将理论与实践相结合，深入理解幼儿园教育教学所需的知识与能力，从而准确把握实习生在实习过程中可能遇到的困惑与挑战，并在学生的学习过程中提供及时有效的具体指导，促进其专业成

---

① 孔凡琼. 台湾教育实习的理论研究与实践反思：以PD大学为例[D]. 上海：上海师范大学，2014.

长。①在大四实习期间，实习指导教师主要负责为学生安排实习场所，带领学生参访幼儿园，协助学生确定试教教案，并在学生完成试教后提供反馈信息。例如，实习指导教师会安排学生在进入幼儿园实习前或初期阶段跟随班级教师，以便他们了解幼儿园及班上幼儿的情况，并向教师和家长进行自我介绍；通过这些过渡性的安排，帮助学生以平和、轻松的心态步入实习生活。在大五实习阶段，实习指导教师则主要负责实习生每月一次的返校实习汇报，对学生的试教报告给予反馈，并亲自到学生的实习园所进行观摩。B校实习指导教师的具体职责如表 4-10 所示。

表 4-10　B 校实习指导教师的具体职责

实习指导教师	实习指导教师的职责
大四实习指导教师	（1）为学生试教教案提供建议 （2）回馈学生活动设计 （3）进园访视学生 （4）确认参访幼儿园 （5）带领学生分享参访经验 （6）回馈学生说故事、试教活动 （7）带领学生设计集中实习教案 （8）带领讨论并提供学生教案建立 （9）带领学生讨论分享
大五实习指导教师	（1）协助实习学生研拟及执行六个月之实习计划 （2）主持实习学生返校座谈时之小组讨论 （3）每月定期辅导实习学生至少四小时，并评论实习学生的实习日志 （4）作为实习学生与实习辅导教师之间沟通与协调之媒介，协助处理实习学生所遭遇到的问题与困难 （5）平时与实习学生保持联系，并提供适时的辅导 （6）到实习学校访视实习学生，每周至少两次为原则 （7）实习结束前，引导学生统整实习的心得与经验；评定实习学生的实习成绩，并汇总交送实习组

　　学校教授在我们进入集中实习前，会协助我们对即将在幼儿园展开的课程进行规划并给出一些建议，提醒我们实习期间需要注意的事项，例如有礼貌，与老师、孩子和家长的互动。实习中，我们每周五回校的当周进行分享，借由和同学们的分享，大家相互讨论，老师也会集中我们的问题给出建议，遇到难题时会给予方法与鼓励。我们再次返回幼儿园时，会根据老师的建议和自己的反思对接下来的课程做相应的调整，当然，也会与班上老师进行沟通。实习结束后，老师会协助我们整理文件档案，鼓励我

---

① 刘军豪. 两岸高师学前教育专业课程设置比较研究：以两岸几所高师本科院校为例[D]. 济南：山东师范大学，2015.

们彼此分享，并提醒和预告大五实习的事项。（Ts9）

我没有去幼教现场教学过，但是通过带学生实习和辅导幼儿，让我获得了关于幼教现场的经验，这也是很多老师自我专业成长的方式。我之前因为接一个研究项目，所以需要访问一百多所幼儿园。在我去幼儿园的时候会思考如果是我要怎样带小孩，就会留意幼儿园老师的专业教学方面，这个过程增强了我的专业知能。并且我们学校比较重视课程教学，所以教师们都会自发地多进行专业实践，以完善自己的课程。对于可以进幼儿园辅导的高校教师，学校要求其必须具有一定的实践经验，即以前从事过一线教学并有进修学历或带过三年实习生。（Tt6）

（2）幼儿园实习辅导教师

B校将负责在幼儿园指导实习的教师称为"实习辅导教师"。在大四的集中实习期间，实习辅导教师主要负责为学生的见习和试教活动提供指导及帮助，并在学生完成试教后给予反馈，为其后续的试教活动提出相应建议。进入大五实习阶段，实习辅导教师则主要负责对学生在实习期间的敬业精神、学习态度以及试教表现进行观察和评估。其具体职责包括：①引导学生见习、提供学生说故事教案建议；②观察学生试教并提供回馈、指导学生保育练习并提供下一次教案建议；③提供集中实习方向；④填写实习评量表。

实习辅导教师指导的多数为班级经营、教学内容设计及点出教学的优缺点，指导形式为口头讨论，另外对教室学习区的规划及内容给予相当多的建议及调整方式，对学习区的丰富性有很大帮助。（Ts13）

班上老师会给予我们关于现场的实际经验以及面对幼儿突发状况的应变策略与方法，并就教学的引导、内容与我们讨论，找出适合幼儿的更好的教学方式。在这个过程中，我们学到了她们的宝贵经验。有时候是趁班上幼儿午休的时间，班上老师会与我们一起讨论与检讨当天的课程。而对于幼儿保育的方法，我们通过在课余时间通过询问实习辅导教师如何做来知晓，有时班上老师会看情况适时地介入。（Ts9）

实习辅导教师清晰地认识到自己对实习生的指导职责，在学生实习期间，她们不会主动干预学生的教学安排。相反，在教学活动开始前，实习辅导教师会与学生共同商讨教学计划，并在教学活动结束后与学生一起反思教学过程中的不足之处与改进方向，从而帮助学生完善其实践性知识。

3. 实习的考核与评价

B校在实习课程的相关文件中对实习的考核与评价作出要求："教育实习成绩之评量由本校及教育实习机构共为之，双方各占50%，以总成绩60分为及格，成绩及格者发给《修毕师资职前教育证明书》，不及格者以重修处理。"实习评价的重点为品德操守、服务态度及敬业精神、表达能力及人际沟通、教学能力及学生辅导知能、研习活动之表现等。

B校规定学生的实习成绩评价由学校邀请实习机构共同就实习生在实习期间撰写的实习计划、实习心得报告或专题研究报告，以口试及社交方式给予评价。学校和实习机构给出的成绩各占总成绩的50%。学校给本校指导教师和幼儿园指导教师分别制定了学生的教育实习成绩评价表，由实习指导教师和幼儿园指导教师共同打分和评价。两份评价表除了填写人的身份不同，考核的内容均是相同的：教学观摩占10%，教学实习占20%，班级管理占30%，行政实习占10%，研习活动占10%，敬业精神占20%。

（二）实践环节的特点

1. 贯穿式的实习安排

B校以一种贯穿职前阶段的实践方式培养学生的实践性知识，将见习、研习和实习均安排在具体的课程中。台湾地区高校除了全时教育是"师资培育相关规定"要求的半年时间之外，并没有对大学期间的集中教育实习作出具体时长的要求。然而，通过访谈台湾地区高校的学生和任课教师得知，尽管没有具体的学时规定，但教育见习、研习等活动已被嵌入相关专业课程之中。

台湾地区高校视教育见习和研习为师资培养不可或缺的环节。尽管这些活动未被正式纳入教育实习课程，但专业课教师普遍倾向于将专业课与见习、研习相结合，根据课程目标精选内容，并设计阶段性的教育研习任务，鼓励学生带着理论学习和教育目标走出课堂，步入幼儿园进行初步实践。这既有助于学生更好地理解理论知识，又使他们能提前熟悉幼儿园教育教学活动的运作及幼儿的学习特点。在实践中，学生得以反思和提炼所学理论，进而将其转化为实践智慧。同时，这种实践经历促使学生带着从实践中获得的思考与困惑重返课堂，相比以往，他们的学习目标更加明确，意愿更加强烈，主动性也更强。

台湾地区高校实习课程包括两部分：一是安排在大学的第四年进行的集中教育实习，即大四的学年课。大四上学期，学生必须要修习"幼儿园教保实习"，下学期可以选择修习"幼儿园教学实习"。二是大五期间的半年全时教育实习，时间跨度为大四毕业后的8月1日至次年的1月11日，以及次年的2月1日至7月11日，在同一所幼儿园完成教学实习。大五实习遵循台湾地区"师资培育相关规定"关于"半年教育实习"的要求，由高校负责实施。所以，B校的实习时间集中在大四一学年和大五半年，远超大陆高校所提供的实习时长。由此可见，在实践环节的时间安排上，B校通过一种贯穿整个职前培养阶段的方式，促进学生将理论与实践相结合，不断积累实践性知识。例如，从大一到大四，贯穿专业课程学习的实践安排，随着学生对理论学习的加深，其教育实践活动也逐渐丰富，并且遵循着"实践—反思—实践"的学习过程，促进学生通过不断的反思提升自己的实践能力。

大一到大四的课程中，"幼儿园教材教法""幼儿绘本赏析与导读""幼儿艺术""婴幼儿发展""学习评量"等课程都有设计活动让学生到幼儿园进班教学。例如，"幼儿语文教学"上，我们在期末运用整个学期所学的语文教学相关知识设计了一个语文营，让幼儿实际报名参加。"幼儿音乐与律动"，自编律动，在一次又一次的练习与老师验收的过程中，我们不断发现自己不足之处并加以改进。在"婴幼儿保育实习""幼儿园教学实习设计"课程中，我们先请学校老师或班级老师看过教案是否有需要修改之处，再进园教学执行自己设计的教案，结束后请班级老师给予回馈、教学建议，再写省思记录自己的教学可再改进的地方。（Ts9）

一、二年级的课程都是较多理论的介绍和到各个幼儿园的参访活动。等学生到了三、四年级则进阶到实务操作。这个时候的课程更倾向于与实践相结合，都是一些实操或者实习课程，主要是让学生学习运用之前的理论知识服务于之后的工作。所以在学生对现场教学不是很熟悉时，我们的课程会先让学生到现场以后先去了解、观察，接着自己再去试试看，可以想想自己做的与课堂上所学的有何不同，而不会将学生推进教室直接上手，因为学生不熟悉幼儿园的流程，之前没怎么接触过孩子，突然就要学生教学带孩子，她们肯定会比较焦虑，有可能排斥。所以要给她们一个心理过渡期，让她们有个心理准备，去熟悉之后要面对的工作和所处环境。等熟悉一切之后，她们自然而然就可以胜任了。（Tt5）

2. 协同式的实习指导

B校的实习指导主要是由高校实习指导教师和幼儿园实习辅导教师共同完成的。鉴于实习对提升学生专业能力的重要性，高校为实习指导教师设定了明确且详尽的工作职责，以确保对学生的有效指导。通过高校与幼儿园双方教师的悉心引导，学生能够不断提升将理论转化为实践的能力，并将实践经验升华为个人的实践性知识。在学生实习期间，实习指导教师负责进行分区座谈、教学观摩、定期返校座谈，并指导学生的"实习工作报告"。此外，他们还协助学生制作和整理实习档案袋，帮助学生顺利从职前阶段过渡到入职乃至职后阶段，这一过程体现了对实习生循序渐进式的指导策略。同时，该模式强调实习学生、幼儿园实习辅导教师与高校实习指导教师三者之间建立协同互助的合作关系。台湾地区高校的实习指导模式如图4-4所示，直观地展示了这一协同指导体系的结构与运作。

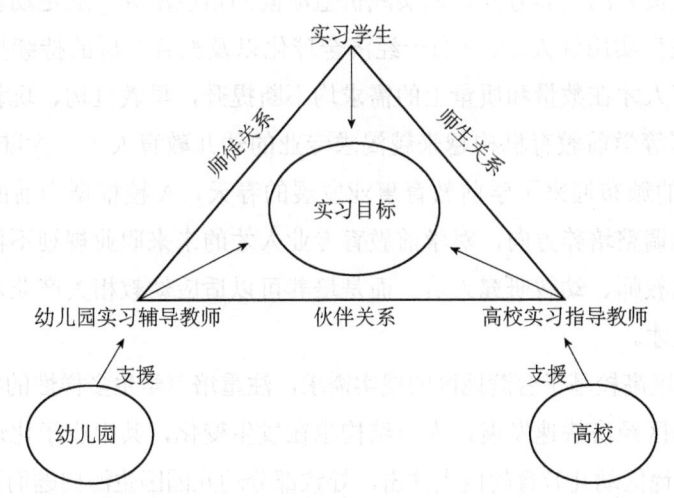

图4-4 台湾地区高校的实习指导模式

实习前教师会去与幼儿园沟通，因为幼儿园方面与教授都很熟，所以学生到幼儿园后，园方都很放心让学生去做，也知道要怎样指导学生。如果学生的状况不好，幼儿园会向学校反映，学校再与学生进行沟通。并且在最后实习结束，学校会邀请学生们实习的幼儿园园长和主任，了解学生的状态，请幼儿园对学生的培养给予相关建议，有点类似检讨会。（Ts9）

同时，台湾地区的幼儿园积极配合高校为学生安排的实习活动。幼儿园指导教师明确自己的指导任务，并在学生实习期间给予全程式的指导，帮助学生将理论与实践紧密结合，提升其实践能力。

第三节 两所高校职前幼儿教师实践性知识培养体系的比较

一、两所高校职前幼儿教师实践性知识培养体系的共同之处

（一）以社会需求为学前教育专业人才培养的现实依据

两所高校作为幼儿教师职前培养工作的重要支柱，承担着时代发展所赋予的责任，把握学前教育专业人才（包括幼儿园教师、保育员以及与幼教专业相关的产业人员）的培养方向，从实践价值取向的角度培养"立足幼教师资，兼顾相近相关"实用性人才。[①]由于经济全球化以及教育发展的持续推进，社会对学前教育人才在数量和质量上的需求均不断提升，早教机构、玩教具开发公司、幼儿园等学前教育机构越来越渴求专业的幼儿教育人才。大陆自2010年"国十条"的颁布迎来了学前教育事业发展的春天，A校根据当前的社会需求与时俱进地调整培养方向，对学前教育专业人才的未来职业规划不再是过去单纯的幼儿园教师、幼教研究人员，而是培养可以适应幼教相关产业发展的学前教育专业人才。

台湾地区高校基于台湾地区的现实需求，注重培养学生多样性的社会职能。随着台湾地区经济快速发展，人口结构也在发生变化，其中少子化现象不断凸显，对台湾地区幼儿教育的巨大冲击，导致部分幼儿园因生源问题而面临倒闭，甚至出现"流浪教师"的现象，引发报考幼儿教师人数减少，招生不足。人口老龄化、少子化以及新移民子女的教育问题，使得家长更加重视子女的教育问题，

---

① 步社民. 本科学前教育专业的目标定位和课程设置问题[J]. 教师教育研究，2005（3）：20-24.

并且日益关注学前教育。以上原因促使台湾地区不断提升教育质量、强化服务社会功能。目前台湾地区的幼儿教育市场发展较为成熟，特教、早教及社区工作等行业都需要专业的幼教人员，这为学前教育专业学生提供了多种职业选择。为此，B 校注重培养学前教育专业人才的实用价值，让学生从容面对自己未来的职业生涯中不同岗位的转换与流动，即学生未来的职业方向可以是幼儿园教师，也可以是与学前教育专业临近的职业，还可以选择继续升学进入研究生学历层级。多面向的职业选择，更有利于发挥学前教育的服务社会功能。

（二）结合相关规定对人才培养方向进行设定

两岸高校均依据相关规定提出学前教育专业学生的培养要求。其中，大陆高校对学前教育专业学生的培养以《3—6 岁儿童学习发展指南》《幼儿园教师专业标准（试行）》为主要依据，从"素质、知识、能力"三方面要求，提升幼教师资水平，保障学前教育的质量。在《国家中长期教育改革和发展规划纲要（2010—2020 年）》和《关于当前发展学前教育的若干意见》（简称"国十条"）中提出的"国家颁布幼儿教师专业标准"，2012 年教育部又颁布了《幼儿园教师专业标准（试行）》，基于"师德为先、幼儿为本、能力为重、终身学习"的理念，从"专业理念、专业知识、专业能力"三方面提出要求，旨在提升幼儿教师队伍整体素质，推动学前教育事业的发展。A 校以法律法规为人才培养的方向标，旨在培养具有专业素养的学前教育专业人才，为学前教育事业发展提供优质的教师队伍。

台湾地区的学前教育规定相对完善，这对 B 校的人才培养起到了积极的引导作用。例如 B 校对人才培养要求的制定主要依据台湾地区原有的《幼儿园教师专业标准》的基础上修订的第 6 版幼儿园教师专业标准。B 校根据专业标准提出了涵盖幼儿教师胜任职业岗位所需要的专业知识、专业能力和专业理念的 7 项专业素养，旨在推进台湾地区的幼儿教师精致化培养，提高本校幼教师资培养品质，使本校出去的毕业生能够符合社会的需求，更有竞争力。为此，作为师资培育主要机构的 A 校和 B 校将课程调整为更加具有针对性和指向性，对幼儿教育师资培养，参考专业标准来进行，避免幼儿教师资源的浪费。高校根据职场对幼儿教师能力有什么样的诉求，便注重此方面的能力培养，以提升人才培养的有效性，推进两岸学前教育事业的发展。

（三）通过丰富的专业课程培养学生的实践性知识

两所高校均意识到通过专业课程的学习，可以让学生获得职前实践性知识，即通过专业课程体系，培养学生从事幼儿教育教学活动需要的专业理念、态度、知识、经验和能力，并且获得具体教育情境中的实践能力。[①]为此，两所高校均结合实践性知识的特征和获得原理，在课程体系中构建专门培养学生实践性知识的课程内容。其中，A校依据2011年颁布的《教师教育课程标准（试行）》中规定"高校要依据课程标准，设计课程方案，合理安排公共基础课程、学科专业课程和教师教育课程的结构比例，依据学习领域设置模块以及学分要求，完善课程结构"设置本校的课程，主要通过专业课程、延展课程、实践课程重点培养学生的实践性知识。

B校依据"师资培育相关规定"中规定的"师资职前教育课程包括普通课程、专门课程、教育专业课程及教育实习课程"和"师资培育相关规定施行细则"中要求的"师资培育职前课程定义为普通课程：学生应修习共同课程；教育专业课程：为培育教师依师资类科所需教育知能之教育学分课程；教育实习课程：在培育教师之教学实习、导师实习、行政实习、研习活动之半年全时教育实习课程"等相关规定基础上，延续学校以往的传统，设置了丰富的专业课程促进学生实践性知识的学习。两所高校实践性知识专业课程设置如表4-11所示。

表4-11 两所高校实践性知识专业课程设置

年级	A校实践性知识课程		B校实践性知识课程	
	上学期	下学期	上学期	下学期
大一	钢琴与儿歌弹唱1	钢琴与儿歌弹唱2、学前儿童生理与卫生	幼儿发展、幼儿绘本赏析与导读	幼儿发展、环境与幼儿教育幼儿艺术
大二	钢琴与儿歌弹唱3、儿童发展	钢琴与儿歌弹唱4、幼儿园游戏与指导、幼儿园课程与教学理论	幼儿观察、幼儿园教保活动课程设计	幼儿语文教学
大三	奥尔夫音乐、幼儿园艺术教育、幼儿园科学教育、幼儿园社会教育、幼儿园健康教育、幼儿园语言教育、幼儿园教育环境创设	教育诊断与幼儿心理健康	婴幼儿安全教育	幼儿学习与评量、幼儿园教材教法、婴幼儿保育实习、幼儿音乐与律动
大四	教育实习	教育实习、毕业设计与研习	幼儿剧专题制作、幼儿园教保实习	幼儿园教学实习

---

① 刘冬梅. 高职学前教育专业课程实践性探索[J]. 长江大学学报（社科版），2013（4）：174-176.

（四）注重培养学生的专业教保知能

理论知识的学习是转化为实践性知识，形成实践智慧的前提[①]，高校需要在职前教育阶段培养学生关于幼儿保育与教育的专业知识，提升学生的专业教保能力。全美幼教协会曾提出幼儿教育应关注的内容包括儿童发展、照顾、教育与学习等。随着经济发展和计划生育，社会对学前教育的质量越来越关注，并且受到西方国家教保合一教育理念的影响，大陆学前教育由过去注重教育转变为"保教并育"。这对负责学前教育工作的幼儿教师来说，需要具备专业的保育与教育能力才能促进幼儿身心健康发展。2012年教育部颁布的《幼儿园教师专业标准（试行）》中强调，"合格的幼儿园教师应具备关于幼儿保育和教育的知识"。A校作为培养本地区幼教师资的重要支柱，在课程设置中以实践为取向，通过开设系统、丰富的专业课程，构建理论与实践结合的教学内容，培养职前幼儿教师的实践性知识，帮助学生累积实际工作需要的保教能力，最终可以具备专业的素养，胜任幼儿园的保教工作。[②]

B校在幼教系专门课程的规划中加入保育导向的相关课程，为培养学生的教保知能提供全面的配套措施，帮助学生获得实践性知识，提升学生的专业教保能力。由于台湾地区近年来少子化问题越来越严重以及托幼整合之后幼儿教师面对的教育对象的年龄由4—6岁扩大为2—6岁，社会大众对幼儿的保育与教育问题日益关切。专业的幼儿教师只有掌握幼儿身心发展特点和科学的教育方法，才能够提供有助于幼儿健康成长、学习和游戏的教育活动和生活照料，保障幼儿园保教活动的顺利开展。为此，B校根据"幼儿教育及照顾相关规定"中要求的幼儿园教保服务内容，开设相应课程，例如"幼儿保育""幼儿园环境""幼儿园教材教法"等课程，并提高本校幼教系学生修习相关幼教课程的分数，加强对学生专业教保知能的培养，转变过去幼儿教师职前培养中偏重学生教育知能的问题，帮助学生实现保教知能兼具。

（五）采取循序渐进的实践方式帮助学生获得实践经验

两所高校通过设置循序渐进的实践过程，通过见习、研习、实习的形式让学生获得真实的教育教学体验，逐步引导学生累积实践性知识。班杜拉曾

[①] 魏善春. 师范生实践性知识及其有效教学途径探析[J]. 课程·教材·教法. 2009（7）：73-77+83.
[②] 郑启云. 实践取向的学前教育专业教育类课程课堂教学改革[D]. 长沙：湖南师范大学，2020.

提到"由直接经验导致的所有学习现象，都可以在替代的基础上发生，即都可以通过观察他人及其结果而发生"[1]。教育部于2011年颁布的《教师教育课程标准（试行）》中规定，"教育实践活动包括教育见习和教育实习等内容"，强调实践环节对于教师培养的重要作用。实践环节是学生获得实践体验，汲取实践知识，发展实践能力的主要途径。为此，大陆高校实习生在进入幼儿园实习的开始阶段，着重强调先通过观察来熟悉幼儿园的工作再开展独立的教学观摩活动。

台湾地区高校在为学生安排的幼儿园见习任务中提到"认识实习班级成员、环境安全与卫生事项等"，先让学生慢慢熟悉要进入的教育现场，先建立实践情感，再开始实践体验。两所高校均在实践的最初阶段通过观摩学习，帮助学生建立对幼儿教育现场的概念。随着专业学习的深入，再根据不同课程安排到幼儿园展开独立教学和相关研究等实践活动。让学生从熟悉到试教再到独立教学，借由不断地回顾与反思，发现自己在实践教学中的问题，然后寻求问题的解决，最终生成具有自己个性特点的实践性知识，这样的实践安排具有内在的合理性。[2]

（六）安排集中实习促进学生实践性知识的巩固

实践是生成实践性知识的主要来源[3]。实习作为重要的实践活动是接近教育现场的直接途径。两所高校都高度重视实践场所对教师培养的重要作用，认识到实习教学对教师专业发展的重要影响[4]，重视通过实习活动引导学生生成实践性知识。为此，两所高校均通过将实习作为学生的必修科目，为准教师进入教学现场打开直接通道，为学生验证和应用其所学的理论知识，提升自身教学实践能力。[5]学生通过"滚打摸爬"和"师徒相授"等方式获得宝贵的实践经验和大量的实践性知识。

其中，教育部颁布的《教师教育课程标准（试行）》对实践活动的目标要

---

[1] 施良方. 学习论：学习心理学的理论与原理[M]. 北京：人民教育出版社，1994：384.
[2] 刘军豪. 两岸高师学前教育专业课程设置比较研究：以两岸几所高师本科院校为例[D]. 济南：山东师范大学，2015.
[3] 杨秀玉，任辉. 实习教师的实践性知识及其生成路径探析：基于国外学者的研究[J]. 外国教育研究，2015（8）：52-59.
[4] 李崇爱，王昌善. 欧美发达国家教育实习的模式与理念[J]. 教育评论，2005（4）：100-103.
[5] 骆琤. 中美教师教育实践课程比较研究[D]. 上海：华东师范大学，2009.

求为"具有观摩教育实践的经历与体验"。为此，A校结合相关专业课程的目标，安排学生到幼儿园观摩幼儿的一日生活，了解实施幼儿教育活动的生成性和实践性。通过教育实习，学生能够在实践中获得职业道德教育，体验幼儿教师职业的责任感，树立正确的教育观，并且有助于深化之前所学的教育专业知识，提高自己的教育教学能力，形成一定的独立工作能力。台湾地区高校为学生安排了大四集中实习和独有的大五半年实习，帮助学生带着已有的准备到幼教现场去验证课上所学的理论知识和实践中生成的教育智慧，促进学生在真实的情境中练习解决问题与思考问题的能力，积极联系和运用理论知识，形成批判性思维，这样的安排符合教师专业成长的规律。[①]

（七）提供"双导师"型指导教师队伍保障人才的培养

"双导师"是指由高校教师和幼儿园教师共同完成对学生的实习指导，可以更好地帮助学生从理论到实践的互相转化，形成自己的实践性知识。[②]两所高校的指导教师队伍中均包括来自高校的学术基础深厚的理论教师和来自幼儿园实践经验丰富的一线教师，通过建设这样"双导师"型教师队伍为学生的实践能力提供师资保障。在实践活动中，指导教师通过对学生的能力与行为做出判断和提出改进建议，帮助学生找到自己专业能力的生长点，为胜任教育工作做好准备。这样的指导教师队伍，一方面发挥了高校教师的理论知识和科研能力优势，帮助学生将实践上升到理论；另一方面，凭借幼儿园一线教师丰富的保教经验，给予学生具体的实习指导，使学生将理论知识转化为实践能力。

"双导师"型指导教师队伍能够有效助力学生深入学习和运用幼儿教育规律、幼儿身心发展特征、教学与游戏活动的组织与实施等相关知识。学生在课堂掌握理论知识后，进入幼儿园进行实践活动，在"双导师"的指导下，从理论与实践两个维度进行准备、实施、评价与反思，为获取实践性知识构筑了双重保障。这种由高校与幼儿园联合指导的模式，一方面借助双方的合作，确保实习生在理论与实践上均能得到全面指导；另一方面，拓宽了指导人员的范围，丰富了指导的方式方法，为准教师的职业成长提供了更有力的支持。

---

① 苏雪云，杜宇航，张明红. 基于中美八所高校学前教育本科人才培养方案的比较与分析[J]. 教师教育研究，2021（5）：74-83.

② 周逸. 教师职前教育中"实践性知识"的获取[J]. 教学与管理，2007（3）：30-31.

（八）由高校与企业共同完成实践活动的考核与评价

在实习成绩的评价方面，两校均将评分责任交由校内和校外实习指导老师共同承担，且双方评分各占 50%。评价时，既参考书面资料，也结合现场教学活动的开展情况，实现了过程性评价与结果性评价的结合。A 校对实习生的实习考核采用"分项考核，综合评定"的方式，由带队教师和指导教师依据实习生的具体表现共同确定成绩，总成绩为 100 分，带队教师和指导教师评分各占 50%。B 校的实习课程期末考核则涵盖见习报告（学生需至少完成一次全日见习）、教保活动试教与保育练习心得、实习专业档案以及辅导老师的评量。

两校的主要评价工作均由高校指导教师和实习场地指导教师共同承担，且均明确规定双方教师的评价权重各占 50%。通常，高校教师会根据学生提交的材料（例如实习手册、调查报告）以及幼儿园指导教师反馈的实习生实习表现（如工作态度、组织纪律等），对实习生成绩进行等级评定，并给出最终分数。此外，两校还会给予实习生一定的实习评价权利，其中台湾地区高校特别要求"实习辅导教师在完成观察与评量后，需与学生沟通讨论评量结果，学生可据此作为改进和成长的依据"。同时，幼儿园园长或主任也会对实习生在实习期间的表现进行评量，这一评量结果将作为高校教师评价学生成绩的重要参考之一。在 A 校的《教育实习鉴定表》中，还设有由学生填写的自我鉴定部分。

两校均采用经验鉴定法、听课评议法对学生的实习进行评价。经验鉴定法实习生在指导教师的组织下，开展的经验总结活动，活动中的信息是最后评价的重要参考依据。A 校在学生大四实习的过程中每一个月集中学生回到学校进行一次汇报，开展小组的经验总结，学生针对自己在实习过程中取得的进步和发现的问题进行讨论，并获得幼儿园实习指导教师的指导。B 校的实习生每月也要返校一次完成汇报，同时还要上交实习相关资料，包括一份见习记录与报告、一份试教检讨报告。其中试教检讨报告的内容还要包括实习辅导教师的回馈意见、实习生的教学设计与检讨、自我省思。听课评议法，又称课堂观察评价法，是指导教师直接进入实习生的教学现场对其进行观察、分析和判断。[①]
两校均有要求指导教师要在学生实习的过程中，观摩一次学生的教学活动。例如，A 校的《教育实习方案》中要求：实习点带队教师指定一所幼儿园进行教

---

① 夏榆凌. 中美小学教师培养之教育实践课程比较[D]. 成都：四川师范大学，2010.

学公开课展示，并对公开课进行点评。

二、两所高校职前幼儿教师实践性知识培养体系的不同之处

（一）培养要求在人才价值取向上有所不同

A校培养要求的价值取向为"相对重视学生的理论素养，同时兼顾专业的全面性"[①]，培养具备德、智、体、美、劳等全面素质的学前教育专业人才。大陆高校依据《幼儿园教师专业标准（试行）》中的专业理念与师德、专业知识、专业能力三个维度，对学生培养规格做出"素质、知识、能力"三方面的划分，并在每一项下面提出了不少于五项的具体要求，旨在培养具有高素质的学前教育工作者。早在1999年颁布的《中共中央国务院关于深化教育改革全面推进素质教育的决定》中就对教育目标做出了类似的要求，"以培养学生的创新精神和实践能力为重点，造就有理想、有道德、有文化、有纪律的德、智、体等方面全面发展的社会主义建设者和接班人"。自此，各级各类教育机构将培养德、智、体、美、劳全面发展的人纳入到自己的培养目标当中，成为矢志不渝的价值追求[②]。所以培养全面发展的人才是大陆高校基于历史的传统以及对"为人师者"全面的榜样示范作用的重视。

B校培养要求的价值取向是专门化的学前教育工作者，围绕幼儿教师的教保核心能力建构培养要求，具有明显的专业指向性。例如，B校对学生提出的7项专业素养，要求本校学前教育专业的学生应"了解幼儿阶段身心发展特质、具备幼儿评量与辅导的能力、建立具备理论基础的幼教理念、具备幼儿课程与教学的知能、了解生态环境对幼儿的影响、具备幼教之专业伦理与精神、具备幼儿艺术知能与创造力"。这样的要求是根据幼儿教师作为一名社会服务人员需要具备的核心能力提出的。B校提出这样的培养要求有其社会的原因，台湾地区幼儿教师在"托幼整合"之后被称为"教保服务人员"，这一名称的转变体现出台湾社会对学前教育专业人才的角色定位：为幼儿、家庭、社会提供服务。并且，为了提升教保服务的专业水平，台湾地区近年来又提出"精致师资培育素

[①] 孙曼彤. 海峡两岸学前教师培养模式的比较研究[D]. 上海：上海师范大学，2014.
[②] 刘军豪. 两岸高师学前教育专业课程设置比较研究：以两岸几所高师本科院校为例[D]. 济南：山东师范大学，2015.

质方案",旨在培养符合现代社会需求的幼儿教师。为了精进师资培育课程,台湾地区在原有《幼儿园教师专业标准》的基础上进行了修订,其中包括10项专业标准和对应的29条专业标准指标。B校依据新的专业标准制定相应的培养要求,旨在追求精致的幼儿师资,培养可以胜任幼儿园教保人员职责、社区服务人员工作,能够立足于特殊教育机构和早期教育机构的学前教育专业人才。

（二）培养要求在具体表述上存在差异

A校从一种"传统的教师塑造观"角度出发,用外在整体的要求来塑造准教师的完美形象[1]。对学生以"具有、掌握、善于、能够"等要求,期待其能达到一名成手教师的标准。例如,要求学生"了解与幼儿生存和发展相关的法律法规及政策规定；掌握幼儿身心发展特点及规律等"。这样的培养要求在表述上存在过于笼统、含糊、不具体等问题,对学前教育工作的实践性特点表述的不全面、不贴切,特别是对于要具备的保教实践能力和反思实践能力等。这种表述方式虽然宽泛却无针对性,容易给教师的教学带来困惑,给学生的学习带来模糊性[2]。

台湾地区高校将培养目标中的培养要求聚焦在人才的专业性层面,对学生应具备的专业素养做出细致的要求。从专业幼教人员的角度明确应具备的专业知识、专业能力和专业伦理。例如,在"了解幼儿阶段身心发展特质"的要求中,从微观层面给予学生具体引导"了解个体自受孕至幼儿期的发展特征、影响发展的因素及人类发展理论,以及发展适宜的教保策略之基础"。这是B校在依据"倾向于胜任力的实践取向"的《幼儿园教师专业标准》基础上,注重培养学生在未来进入真实的幼教现场开展教育活动所需要的专业素养[3]。为此,对学生的专业性做出细致、具体的要求,注重培养学生学习基础学科、专业学科以及教育的知识,具有初步的实践能力,形成教师实践性知识。[4]

---

[1] 周玲玲. 基于实践统整的学前教师职前教育课程体系：问题与对策[J]. 教育发展研究,2015(22)：117-121.

[2] 彭海蕾,刘莹. 中美高校学前教育专业实践课程的比较[J]. 学前教育研究,2012(2)：49-54.

[3] 黄新宪. 台湾教育的历史转型[M]. 上海：上海人民出版社,2010：82.

[4] 康丹. 基于教师专业发展的学前教育本科专业培养目标的构建[J]. 高等教育研究（成都）,2007(3)：8-11.

（三）培养学生实践性知识的课程学分比重不同

两所高校均注重培养学生的实践性知识，通过提供不同的课程和学分帮助学生获得胜任幼儿园教师工作的专业能力。从两所高校对于学生毕业应达到的学分要求来看，大陆高校在总的学分要求上比台湾地区高校多出21学分。大陆高校要求学生修满165学分才能毕业，台湾地区高校要求学生修满144学分方能毕业。因为大陆高校注重对人才的全面培养，所以对学生应修习的学分要求相对台湾地区学校较高。在大陆高校的课程设置中，对于实践性知识培养的学分为115学分，占到总学分的比例为69.7%。这是大陆高校根据教育部颁布的《教师教育课程标准（试行）》中对于幼儿园职前教师教育课程要求是：最低总学分数（含选修课程）64学分和18周教师教育课程，必修学分最低44学分；教育实践18周（包括教育见习、教育实习等），对本校课程进行设定，旨在培养学生的实践性知识。并且在大陆高校对于培养学生实践性知识的115学分课程中，有72学分的课程为必修课程，选修课程为43学分。可见对于学生专业知识的培养，大陆高校期望学生可以按照学校的逻辑架构走，所以为学生提供的可以自主选择课程的学分相对台湾地区高校要少一些。

台湾地区高校有94学分的课程是培养学生的实践性知识，占总学分比例的65.3%。台湾地区2013年最近下发的《大学设立师资培育中心办法》中规定设有师资培育中心的大学开设幼儿园教育学程应修学分数至少48学分，其中包括教保专业知能课程32学分。而B校依据2013年的《师资职前教育课程教育专业科目及学分对照实施要点》，在幼儿园教师师资职前教育课程的5类课程18个科目和相应修习限度等规定的基础上，将部分职前课程的学分上调。由规定的至少修习48学分提高为至少修习63学分。对本校学生的专业学习提高要求，是为了加强对学生职前实践性知识的培养。并且，在台湾地区高校主要承担实践性知识培养的课程中，必修课程所占学分为59，比大陆高校要少，但是为学生提供了55学分可以由自己选修的课程（图4-5）。由此可窥见，台湾地区高校相对更偏向给予学生培养自己兴趣和特长的空间，让学生有更多自我发挥的可能。

```
┌─────────────────────┐         ┌─────────────────────┐
│ 幼儿园教师师资职前教育课程 │   ──▶    │ 幼儿园教师师资职前教育课程 │
│ 教育专业课程科目，应修至少 │         │ 教育专业课程科目，应修至少 │
│        48学分        │         │        63学分        │
└──────────┬──────────┘         └──────────┬──────────┘
           ▼                               ▼
┌─────────────────────┐         ┌─────────────────────┐
│ 1. 教学基本学科课程，    │         │ 1. 教学基本学科课程，    │
│    应修至少2科4学分；    │         │    应修至少2科6学分；    │
│ 2. 教育基础课程，       │         │ 2. 教育基础课程，       │
│    应修至少2科4学分；    │   ──▶    │    应修至少3科6学分；    │
│ 3. 教育方法课程，       │         │ 3. 教育方法课程，       │
│    应修至少2科4学分；    │         │    应修至少2科6学分；    │
│ 4. 教学实习课程        │         │ 4. 教学实习课程        │
│    应修至少4学分；      │         │    应修至少4学分；      │
│ 5. 教保专业知能课程，    │         │ 5. 教保专业知能课程，    │
│    应修至少32学分。     │         │    应修至少41学分。     │
└─────────────────────┘         └─────────────────────┘
```

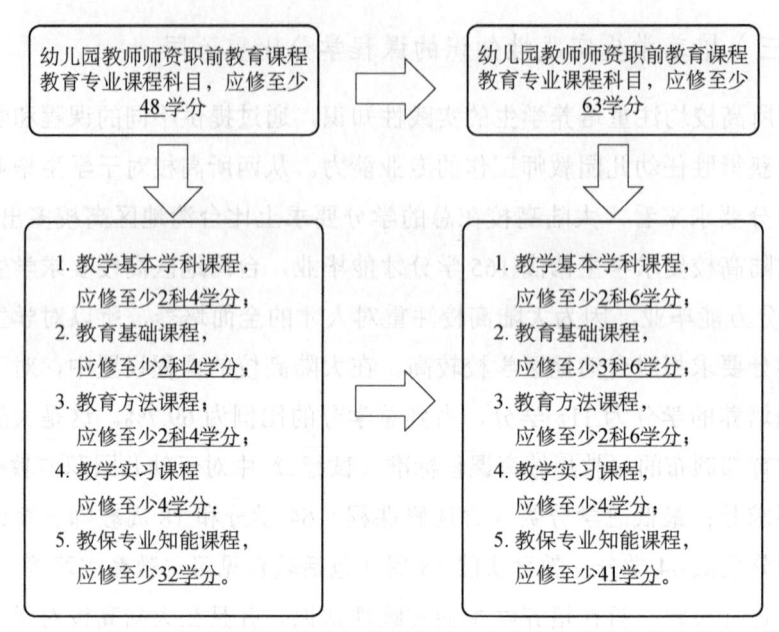

图 4-5　B 校幼儿园教师师资职前教育课程教育专业课程科目及学分变化对照

（四）课程内容发展学生不同的职业能力

A 校通过学科专业课程、实践课程培养学前教育专业学生的实践性知识，并且重点帮助学生获得在幼儿园开展游戏活动、组织教育教学活动的专业能力。例如通过将"幼儿园游戏与指导""幼儿园课程与教学理论"等课程设置为专业必修课程，帮助学生获得开展幼儿教育活动的实践性知识。并且，通过三年的时间开设大量艺术教育课程，帮助学生获得组织幼儿园艺术教育活动的实践性知识，培养学生的教育能力。这是因为大陆高校目前仍以培养幼儿园教师为主，所以高校旨在培养可以胜任幼儿园教师职责的学前教育专业人才。虽然托幼一体化在不断发展，但是由于大陆地区传统的"两教一保"，幼儿园中保育员更多的是负责班级的劳务性工作，在薪资待遇上无法与教师相提并论。[①] 由于目前公立幼儿园在教师数量上的需求，大陆高校学前教育专业学生未来的职业仍以幼儿教师为主。所以，经过四年本科培养的学前教育专业学生到幼儿园更多的是承担教育教学工作，协助班级保育员完成对幼儿生活方面的照料。基于社会需求以及学生未来职业出路的考量，A 校

---

① 徐千惠. 两岸学前教保人员培育之比较研究[D]. 新竹：新竹教育大学，2015.

主要帮助学生获得胜任幼儿教育工作的实践性知识，提升学生的教育能力。

B校注重对学前教育专业学生教保知能的培养，在专业课程中将教保知能课的分值比重提高，以保障学生的学习质量。具体表现为，B校学前教育专业的学生要想在毕业之后取得幼儿教师资格，需要修习63学分的幼教学程。这主要是依据台湾地区在2012年完成"托幼整合"后，幼儿园招收2—6岁幼儿，因为台湾地区幼儿园教师不区分保育员与幼儿教师，所以学生进入幼儿园要全面负责幼儿的保育与教育工作。并且，台湾地区2013年下发的《师资职前教育课程教育专业科目及学分对照实施要点》对幼教课程进行了细致的规定：教学基本学科课程、教育基础课程、教育方法课程、教育实习课程及教保专业知能等五个类型，其中"教保专业知能"领域即"教保员核心课程"。B校为确保每位学前教育专业毕业的学生均能具备到幼儿园担任"教保员"资格，在其对学生的毕业要求的学分中将"专业教保知能"课程嵌入专业必修课程中，帮助学生通过专业学习获得胜任幼儿教育工作的专业能力。例如，通过将"幼儿教保概论""幼儿园教保实习"等课程设为学生的必修课程，通过理论学习与教育实践帮助学生获得实践性知识。

（五）两所高校对于学生实习的期望不同

大陆高校的实践活动旨在培养毕业后在工作岗位中可以独当一面的"成手"型幼儿教师。为此，A校的实践要求是按照一名幼儿教师的标准要求学生学做教师，期望学生通过实习达到"独立从事教育教学工作的能力，独立从事教育研究的能力"[1]。A校要求学生实习期间需要主要完成保育、教学、园本教研、说评课、教学公开课和撰写毕业设计四方面的任务，最终获得可以独立开展教学活动的能力。大陆高校以外在的标准培养全面发展的幼儿教师，却往往忽略了对实习生自身的学习态度、信念及人格特点等内在特质的塑造，缺乏充分调动学生实习的积极性和对幼儿园实习活动参与的热情，不利于学生的全面发展。

实习的基本目的是对初任教师进行辅导，使其将之前所学的理论知识与实践结合，帮助教师顺利过渡到真正的教学生活中。[2]B校将教育实习看作是学

---

[1] 孙曼彤. 海峡两岸学前教师培养模式的比较研究[D]. 上海：上海师范大学，2014.
[2] 许彩禅. 中美幼儿教育师资培育制度之比较研究[D]. 广州：暨南国际大学，1999.

生进入教育现场的实地练习，注重培养学生的主动意识和问题意识，引导学生通过实习发现自己在专业学习上存在的问题，通过不断反思和修正，提升自己的专业能力。所以 B 校在对学生的实习要求当中提出学生通过记录每日的教学日记来反思，并且对自己最成功或最不成功的教学事件进行反思，在与指导教师沟通后也要进行反思。[①]B 校通过帮助学生意识到实习对其专业成长的重要作用，增强学生的学习主动性，使其有意识地反思自己的教育行为，不断积累实践性知识。

（六）通过教育实习培养不同的专业能力

A 校重视通过教育实习发展学生开展教学和进行科研的能力。[②] A 校的实习内容包括保育实习、教育实习、教研实习和毕业设计四部分。虽然 A 校在实习最初阶段关注学生保育工作的实习，"熟悉幼儿园一日生活流程，掌握各生活环节的卫生保健要点，协助保育员和教师进行保育工作"。但重点期望学生的教学能力的获得。例如，要求学生在集中实习过程中完成 15 篇听课记录，通过观摩、听课等方式跟随班级教师学习，对于学生实际教学活动的要求为"独立组织 3 次集中教学活动"。同时，大陆高校注重通过实习培养学生的教研能力。例如，实习内容当中要求"学生要以教师专业发展为主题，以幼儿园教师为调查对象，进行相关访谈调查，并撰写相关调查报告"，且调查报告要不少于 1000 字，旨在帮助学生通过实地调研学以致用，将在学校期间学习的研究方法等理论知识运用到幼儿园实际教学中。A 校将开展教育研究是大陆学生实习期间必须完成的一项任务。由此，可以窥见大陆高校对学生的培养体现了理论应用于实践的教育观念。

台湾地区的集中实习的内涵较为丰富，不仅包括集中教育实习，还包括参观见习和行政实习等内容。许彩婵指出"实习的基本目的在于对初任教师进行教学或行政事务的辅导，使其尽可能将职前教育阶段所学的理论融入实务中，而顺利地进入真实的教学情境"[③]。曾大千和陈炫任提出在整个执勤师资培养

[①] 吴忠霞. 师范院校学前教育专业师范生专业知识及其优化[J]. 淮北师范大学学报（哲学社会科学版），2022（1）：93-97.
[②] 孔凡琼. 台湾教育实习的理论研究与实践反思：以 PD 大学为例[D]. 上海：上海师范大学，2014.
[③] 徐彩婵. 中美幼儿教育师资培育制度之比较研究[D]. 广州：国立暨南国际大学，1999.

的过程中，教育实习具有承前启后的关键作用[①]。职前教育阶段的实习不同于其他课程的学习。这是一种依托实践场所的动态学习，在真实的教学中帮助学生发展在幼儿园工作所需要的一切实务技巧，并且帮助学生合理地将理论与实践进行整合与转化。从 B 校大四集中实习的内容可以看出，其重点是培养学生作为一名幼儿教师独立带班的能力。[②]例如，学生在大四上学期的实习中要完成教学见习 1 次，试教 3 次（其中包括 1 次说故事活动和 2 次主题活动）在其下半学期入园集中实习之前要先完成 2—3 次试教，通过先进入场地熟悉幼儿园，逐步尝试独立教学，将理论知识转换为实践性知识。在集中实习的 4 周时间中有 14 天是负责幼儿的全天活动，还要求学生实习期间与同学一起设计一个全园的大型活动，并且按照计划执行在事后分析其成效和撰写心得。

这项要求意在强调学生在实习期间参与教师行政事务，与教师进行协调和配合，从而熟悉和了解幼儿园行政工作的流程。然而，在实际实习工作中，有时实习生因实习幼儿园的安排而承担了过多繁杂的行政工作，这影响了他们的实习心态，使他们认为这些行政琐事对实习帮助不大，且占用了大量时间，导致难以有效地将理论与实践相结合，限制了个人的专业成长。[③]

相比之下，A 校在学生的实习过程中更侧重于培养教育教学能力，对行政实习没有明确提出要求。通常，高校和幼儿园都认为实习生首先应掌握在班级中教学和带领幼儿开展一日生活及各项活动的能力。实习生进入班级后，一般先观察，然后逐渐跟随带班教师一起带领幼儿参与活动，此时指导教师会给予适当指导。实习生开始逐步协助带班教师开展幼儿的日常生活保育活动，进而过渡到协助带班教师开展班级的游戏活动、教学活动等，为其分担部分日常工作。由此可见，大陆高校实习生更多地在班级中不断积累开展教学、组织活动、班级管理等实践知识。台湾地区高校在学生的大五实习时，侧重于让学生独立开展教学活动，锻炼其独立带班能力。因此，在实习期间，幼儿园实习辅导教师会赋予学生较大的自主权进行教育与班级管理，帮助学生适应不同的教学实际，形成自己的教学风格，丰富个人的实践性知识。

---

① 曾大千，陈炫任. 论师资法令架构下至实习制度变迁与发展[J]. 教育科学，2010（2）：56-78.
② 孔凡琼. 台湾教育实习的理论研究与实践反思：以 PD 大学为例[D]. 上海：上海师范大学，2014.
③ 孔凡琼. 台湾教育实习的理论研究与实践反思：以 PD 大学为例[D]. 上海：上海师范大学，2014.

（七）实习指导教师的遴选标准不同

A 校和 B 校都为实习生提供高校指导教师和幼儿园指导教师。台湾地区的高校实习指导教师在选择上要求不仅注重教师的专业能力和意愿，还要求教师有至少一年的幼儿教学经验。因此，遴选的教师不仅对实际的幼儿园教育教学和保教活动有所了解，而且有经常带领学生开展研习和见习活动的合作园所，经常会参与到幼儿园的一些教师培训、教研以及教学活动当中，与实习幼儿园联系比较紧密，对幼儿园的教育教学、人际沟通以及组织机构与班级经营等内容比较熟悉。[①]因此，当学生进入幼儿园实习时，由于负责实习的幼儿园与高校指导教师保持着紧密联系，幼儿园能够积极协助高校指导教师，共同完成对学生的实习指导任务。A 校在选择实习指导教师时，尤为重视教师的思想品德、责任心及敬业态度，通常由负责管理实践活动的学院负责人挑选与学生专业学习紧密相关的授课教师，特别看重其理论指导水平和认真负责的态度。然而，鉴于大陆高校学前教育专业学生人数众多，而专业课教师相对匮乏，一位高校实习指导教师往往需要负责多位实习生，这些学生分散于各个实习园所，且园所间的距离各异。加之高校实习指导教师在校内还要承担繁重的教学与科研任务，对学生的指导往往仅能满足学校提出的基本要求。若学生遇到进一步的问题或困惑，则要主动联络自己的指导教师，或寻求幼儿园指导教师的帮助，抑或与同班同学交流经验、分享心得。

由于高校教师资源紧张，A 校对实习指导教师的幼儿园教育教学经验并未设定明确的要求。A 校众多青年指导教师虽具备高学历和良好的科研能力，但对幼儿园实际操作经验的了解，主要通过教学、指导学生、参与幼儿园科研项目及培训等途径获得。至于 A 校的幼儿园实习指导教师，则由与高校建立合作关系的园所负责人选定，多为实习生所在班级的主班教师。在完成园方规定的指导任务基础上，幼儿园实习指导教师对学生的指导态度，很大程度上取决于实习生的学习意愿和主动性。双方指导教师根据学生的实习任务，各自负责理论或实践部分的指导。

（八）实习的考核与评价方式有所不同

台湾地区的实习考核主要参考本地区的"师资培育相关规定"当中提到的

---

① 杨雯龄. 两岸幼师资培育制度之比较研究[D]. 屏东：屏东教育大学，2012.

"教育实习成绩之评量应包括教学演示成绩,由师资培育之大学及教育实习机构共同评定,其比率各占50%"。同时,台湾地区的《师资培育之大学办理教育实习作业原则》中规定,各高校也可以自主制定实习评价标准。因此,B校要求学生建立实习档案袋,撰写实习计划书,而大陆高校要求学生完成实习手册。档案袋评价法"是指准教师要收集可反映自己的教育理念、教育理论和实践知识、学科专业知识、教学技能等相关的相关证明材料,来记录自己的专业成长过程和展示已达到教育实践能力的水准"[①]。台湾地区高校个人教学实习专业档案的内容包括前置作业、实习心得与计划、省思札记、教学设计与试教省思、研习资料与心得、随手札记、活动照片、教保资源等,并且要加上目录和侧标,还要制作成光碟,一起上交给高校指导教师。这种实习档案的建立,有助于实习评价方式的量化考核。同时也引导对学生实习过程的重视,帮助学生及时梳理和积累实习期间获得的知识与经验,为其日后工作中的反思与学习提供重要参考。并且B校的实习成绩评量表中提到,教学观摩占10%,教学实习占20%,职务实习占30%,行政实习占10%,研习活动占10%,敬业精神占20%。从实习考核内容的各项所占比例可以看出,B校更注重学生在实习过程中对于班级经营与管理能力的发展,具体包括经营规划、辅导方法、实务处理、经营成效4个方面。其次是对敬业精神和教学能力的看重,主要看学生在实际工作中的团队合作与沟通能力,还有教育教学活动的组织与实施。大陆地区对学生的实习没有完全统一的考核方法和标准,因此高校的习惯性做法是实习单位给出的成绩和学校给出的成绩各占50%。

第四节 职前幼儿教师实践性知识培养体系的启示与思考

一、重视职前幼儿教师实践性知识的培养

实践性知识是影响幼儿教师开展教育教学活动的知识基础。职前教育阶段是教师专业发展的重要阶段,学生通过专业学习获得大量的理论性知识,同时也获得丰富的实践性知识。为此,高校需要重视培养学生的实践性知识,并且突出培养具有实践价值的学前教育专业人才。

---

① 夏榆凌. 中美小学教师培养之教育实践课程比较[D]. 成都:四川师范大学,2010.

（一）提高对实践性知识与理论性知识关系的认识

教师专业知识主要分为两大类：理论性知识和实践性知识。[①]理论性知识通常经由教育讲座和阅读图书等方式获得，属于原理类知识；实践性知识是教师在掌握一定理论性知识的基础上，通过理解和反思，进一步运用到实际教学中的知识。[②]实践性知识作为教师专业知识中重要的一部分，对理论性知识有选择和促进的作用，对教师的专业发展也有重要影响。

理论性知识通常处于外显状态，容易被教师察觉和与他人共享，是教师专业知识中可以见到的部分，属于"冰山露出水面"的部分。[③]而实践性知识隐藏于教师的过往经历、实践体验和个人特质中，虽然对教师的日常教学行为和思考方式有着重要的影响，但因其具有一定的缄默性，只有教师本人在使用或者表现出来才可被发觉。教育实践作为教师获得实践性知识的直接途径，将教师在课堂所学习的理论性知识，通过教师有目的的思考、判断和行动转化成教师的实践性知识。[④]理论性知识与实践性知识之间有着相互促进的作用。职前幼儿教师在具备一定的理论性知识后，经历真实的教育情境和教育反思，生成属于自己的实践性知识。实践性知识的形成是教师进一步对理论性知识的吸收和升华。为此，应重视在职前教育阶段对幼儿教师的实践性知识进行培养，旨在促进学生对理论性知识的学习与运用，提升学生的专业能力，促进学生的专业成长。[⑤]

（二）突出职前幼儿教师培养的实践价值取向

实践性知识是教师专业知识的重要内容，对教师理论知识的学习与吸收有着积极的影响，并且对教师在具体教育情境中的行为和思考都起着决定的作用。教师在职前阶段获得丰富的实践性知识，增加其社会人才的实用性，有助于其顺利地胜任实际的教育工作，成为一名合格的幼儿教师。大陆、台湾地区两所高校在职前阶段注重实践性知识的培养，以实用性为人才培养目标的价值

[①] 黄玲侠. 职前教师实践性知识生成途径探析[J]. 中国成人教育，2014（23）：133-135.
[②] 陈向明，等. 搭建实践与理论之桥：教师实践性知识研究[M]. 北京：教育科学出版社，2011：35.
[③] 江淑玲，李梦瑶. 从实习到入职：新手教师班级管理的实践性知识建构及启示[J]. 教师教育研究，2013（1）：22-27+34.
[④] 魏善春. 师范生实践性知识及其有效教学途径探析[J]. 课程·教材·教法，2009（7）：73-77+83.
[⑤] 但菲，贺敬雯，张梦涛. 职前幼儿教师实践性知识的发展现状、影响因素及教育建议[J]. 教育研究与实验，2017（2）：73-79.

取向，不仅符合教师的专业成长规律，更是顺应现代社会的发展需求。

随着经济的发展，对于学前教育人才的需求会不断多元化，尤其社会开始注重早期教育的价值和投入，现代社会家长注重独生子女的教育质量，面对人口老龄化家长对于祖辈照看孩子需要专业人士的指导等因素，高校要具有更前瞻的眼光，结合未来社会对人才的需求，培养具有多面向职业能力的学前教育专业人才。实践性知识作为教师专业实践能力的重要知识，是教师实践经验的升华，更是教师实践智慧的体现。为此，高校应以培养实用性学前教育专业人才为目标，以培养学生的实践能力为主线，将实践活动贯穿整个培养过程。通过将培养目标渗透到课程设置、实践环节中，注重对学生实践性知识的培养，突出培养人才的实践价值取向，最终发挥教育对社会的服务功能。此外，还应深入挖掘和建构相邻相近领域的内涵体系，积极探索培养幼儿园教师和培养相关专业人才二者之间的关系。①

二、优化实践性知识的职前培养路径

加强对职前幼儿教师实践性知识的培养，有助于促进幼儿教师的专业发展。高校需要不断完善职前幼儿教师实践性知识的现实培养途径，从培养方案设计、培养目标、专业课程设置、教育实践活动、实践平台、教师队伍建设等方面加强对学生实践性知识的培养。

（一）市场需求导向的培养方案设计

以市场需求为导向，确定职前幼儿教师实践性知识培养方案。以毕业后所能够胜任的职业能力为本位，可以通过对学前教育专业市场进行调研，从幼儿教育行业、学前教育专业用人单位的需求出发，根据相应的就业职业岗位对所需的专业能力与素养进行全面的分析，勾勒出职业能力概貌，从而制定出职前幼儿教师的职业能力标准和教学体系。随后将职业能力标准融入学前教育专业人才培养方案中，并以此为依据设计职前幼儿教师实践性知识培养的课程体系，充分体现出以需求导向和能力为本的人才培养思想的同时注重实践教学体系的搭建，突出培养职前幼儿教师的实践能力。为此以实践需求为导向的职前幼儿教师人才培养方

---

① 刘军豪. 两岸高师学前教育专业课程设置比较研究：以两岸几所高师本科院校为例[D]. 济南：山东师范大学，2015.

案的制定，主要涵盖以下几个方面：第一，通过对市场进行调研，对职业岗位进行分析，从而制定专业人才培养的职业能力标准。第二，以职业能力为本位设计专业课程体系，将理论教学与实践教学充分融合。通过"理论+实践"的方式来促进学生对专业知识的理解以及实践能力的发展。第三，将行业证书，职业证书与学历证相联系，通过职前人才培养工作让学生具备专业能力、职业资格和行业认可的扎实专业素养。第四，重视学生人文素养与创新素养的培养在职前培养方案中不仅开设具有人文精神和职业素养的课程，同时重视学生创新创业能力的获得，为学生未来灵活就业，自主创业做充足的准备。[1]

（二）实践能力为核心的培养目标

培养要求对课程建设、实施和评价都具有引领的作用，对学生的社会实用性有着牵一发而动全身的影响。[2]两岸高校在制定培养要求时，以实践能力作为学前教育专业人才培养的出发点，在培养目标上从专业理念、专业知识、专业能力三个层面明确要求。

从"学前教育专业的学生"到"合格的幼儿教师"是一个角色转换和适应的过程。因此，在制定人才的培养要求方面，高校应从学生的角度出发，明确其毕业前需要达到的专业能力、具备的专业知识以及如何形成正确的专业伦理，将培养要求具体、可操作化，这样才有助于学生在大学四年的学习生活中有意识、有目的地提升自己。学生也只有在明确了应达到的标准之后，才能积极地将其内化为自己的学习目标，统整自己的学习经验，确定自己的专业生长点，避免盲目和不知所措的学习态度。为此，高校在制定培养目标时，要充分考虑学生作为培养对象的主体性，培养要求的制定应以幼儿教师实践能力为核心，促进学生形成积极的职业情感，以饱满的热情投身于教育事业；帮助学生养成观察、分析、判断和反思等教学能力，使其构建关于幼儿、关于教学、关于个人的实践性知识。

（三）支撑实践性知识培养的专业课程设置

专业课程为学生实践性知识培养提供了重要的理论支撑。A校和B校以幼

---

[1] 李定清．需求导向应用性本科人才培养模式研究[M]．成都：西南交通大学出版社，2012（6）：29-30．
[2] 粟高燕，赵雯．中美学前教育本科人才培养模式比较与思考[J]．黑龙江高教研究，2013（11）：18-21．

儿教师的岗位需求能力作为学前教育专业课程设置的基础，将岗位所需求的专业知识、专业能力等作为课程培养的主要内容，通过课程模块培养学生的职业能力。同时，台湾地区高校在培养学前教育专业相关人才方面，为学生提供了课程保障和选择权利，让学生可以根据自己的兴趣或特长自主地选择专业发展方向。

高校在进行课程设置的时候，需要将实践性知识渗透到课程内容中，可以从以下几方面进行考量：首先，在设置课程时，可以将专业标准中的幼儿教师专业能力纳入专门课程目标中。同时，根据本校的培养目标，适当提高学生核心专业课程的学分，以保障学生培养的专业性。其次，为学生提供丰富多彩的选修课程，以增强学生社会职能的多样性，并通过充足的选修空间确保学生具有可选择、适应多种职业的专业能力。学生在完成规定的专业课程学分后，可以根据自己的兴趣和爱好进行多方面的探索，而不会被局限在单一的发展方向上。再次，应依据学校的课程资源和优势，开发具有本校特色的课程，并结合专业课程设置相关实践活动，使学生在教育实践中自然而然地运用专业知识，不断丰富自己的实践性知识。[1]最后，高校可依据当前国内外学前教育的发展趋势，开设适当的专题课程，以培养学生在特定领域知识的纵深性。同时，针对社会需求，充分利用学校资源，为学生提供专项训练课程，帮助她们掌握实践技能，为日后进入教育现场、通过教育实践积累实践性知识打下坚实的基础。这样相对灵活的课程安排有利于拓宽学生未来的职业选择：她们可以成为幼儿园教师，也可以从事与幼儿教育相关的工作，还可以选择继续深造，攻读研究生学位，从而更充分地发挥学前教育服务社会的功能。

（四）全程化的教育实践活动

教育实践是帮助学生获得实践性知识、形成教育实践能力的主要环节，日本学者佐藤学曾指出，实践经验与临床实践是专业教育的重要基础。[2]这两所高校均在大一到大四阶段为学生安排不同的教育实践活动，帮助学生不断累积实践性知识。有学者指出，职前培养机构应设计"全程化"的教育实践活动，

---

[1] 吕静. 教师职前实践性知识培养：现状与途径：以边疆民族地区教师教育为例[J]. 全球教育展望，2009（10）：72-77.

[2] 佐藤学. 课程与教师[M]. 钟启泉译. 北京：教育科学出版社，2003：250.

将教育实践贯穿于学生职前培养过程中，才能为学生提供更多实地操作的机会，有利于学生充实和积累教学经验，形成实践智慧。①两所高校实践性知识培养的实践环节如图 4-6 所示。

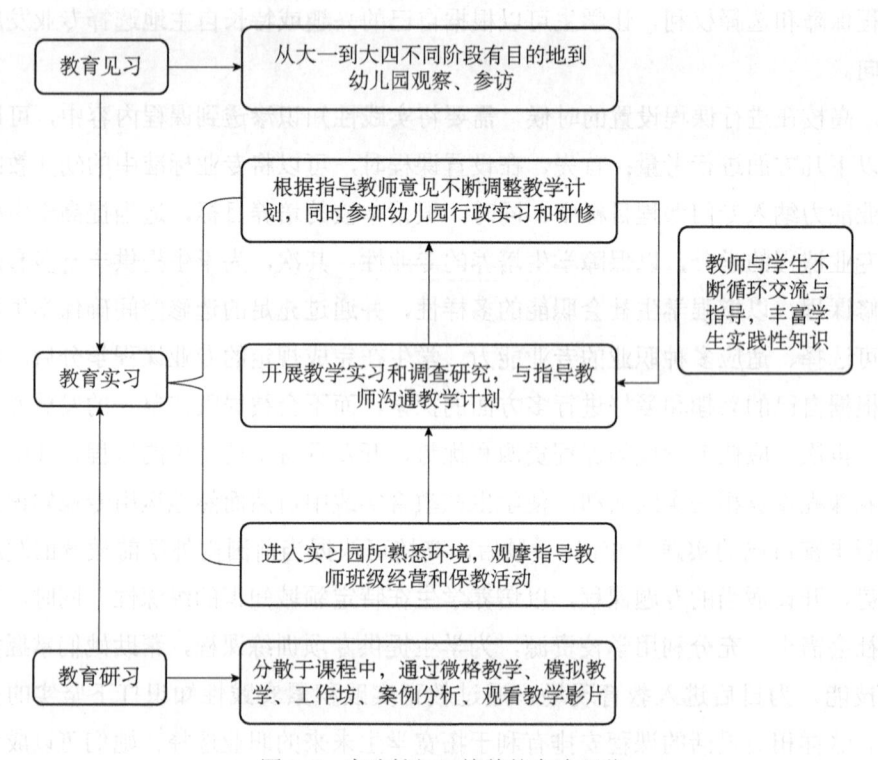

```
教育见习 → 从大一到大四不同阶段有目的地到幼儿园观察、参访

教育实习 → 根据指导教师意见不断调整教学计划，同时参加幼儿园行政实习和研修
         ↑
         开展教学实习和调查研究，与指导教师沟通教学计划
         ↑
         进入实习园所熟悉环境，观摩指导教师班级经营和保教活动
                                                        教师与学生不断循环交流与指导，丰富学生实践性知识

教育研习 → 分散于课程中，通过微格教学、模拟教学、工作坊、案例分析、观看教学影片
```

图 4-6　实践性知识培养的实践环节

教育实践活动的安排，在时间上应具有全程性，在内容上应具有整合性，在形式上应具有多样性。在平时的专业课程中，教师根据课程内容适当安排学生开展实践，旨在帮助学生将理论知识与实践建立有效连接。高校需要为学生创造充足的实践体验，才能提升学生的教育实践能力。为此，可以延长实践活动的时间，并提供具有丰富内容和形式的实践活动。例如，将观摩见习、核心课程见习、模拟教学训练、研究性实习、教学实习等活动穿插在大学本科四年的培养中。尤其要增加核心专业课程的见习和研习时间，为学生消化理论知识、形成实践性知识提供充足的空间与时间。②

---

① 林廷华. 资深幼儿教师实际知识发展历程之研究[J]. 正修学报，2015（28）：30.
② 夏榆凌. 中美小学教师培养之教育实践课程比较[D]. 成都：四川师范大学，2010.

（五）促进实践能力提升的多样实践平台

实践平台是理论知识转换为实践知识的重要场地，只有提供丰富多样的实践场域，帮助学生获得不同的实践体验，才能全面提升学生的实践能力。大陆高校为学前教育专业学生搭建的教育实践平台包括幼儿园专项艺术活动室、实验实训室、微格教室等。台湾地区高校为学生提供到托幼机构与婴幼儿直接互动的机会等。这些教育实践平台不仅丰富了学生的教育实践经验，还为其实践性知识的转化提供了现实基础。

为此，高校在学前教育专业学生的职前培养中，可以搭建不同种类的实践平台。一类是校内的专业实践平台，例如模拟教室、微格教室、专项实验室等。这类实践场地主要作用是通过提供接近现实的幼儿园教学环境和教学情境，让幼儿园教育活动中鲜活的案例走入课堂，把实践课程变为系统的知识，通过角色扮演、仿真娃娃的操作或是案例讲解等形式，让学生通过亲身实践感受可能遇到的实际问题。[1]尽量让实践过程与真实的幼儿园教保环节保持一致，引导学生积极调动自己的实践智慧解决问题、反思自己、强化练习，促进学生实践性知识的升华和实践能力的形成。另一类是根植于真实幼儿园的实践现场，需要学生通过不断与教育现场的对话，形成属于自己的实践性知识。高校应选择优秀的幼儿园作为稳固的实践基地，并与园方达成紧密的合作伙伴关系，共同指导学生的教育实习。通过经验丰富的指导教师的引领，让学生在观摩中学习经验，在亲身体验中领悟经验，在实践过程中积累经验，在教育反思中总结经验。[2]为此，提供丰富多样的实践平台，让学生通过见习、研习和实习等方式获得实践体验，有助于激发学生的学习热情，帮助学生建立专业的教育理念、吸收实践性知识、提高实践能力，为其持续的专业发展提供现实基础。[3]

（六）"双师型"指导教师队伍建设

"双师型"指导教师是指导教师兼具理论基础与实践经验。[4]目前，很多高

---

[1] 周玲玲. 基于实践统整的学前教师职前教育课程体系：问题与对策[J]. 教育发展研究，2015（22）：117-121.
[2] 陈小菊. 整合与重构：论实践取向的教师教育课程[J]. 中国电力教育，2012（3）：32-34.
[3] 金忠明，李慧洁. 论教师实践性知识及其来源[J]. 全球教育展望，2009（2）：67-69.
[4] 张亮，李善英. 台湾学前教育本科专业课程设置的特点与启示[J]. 赤峰学院学报（自然科学版），2015（13）：270-271.

校指导教师科研能力出众，但对教育现场缺乏了解。他们在指导学生实习的过程中由于缺乏实践经验，难以给予学生有效的指导，不能及时帮助学生经由反思发现自身存在的问题，进而难以促进学生实践性知识的形成。高校实习指导教师只有在充分了解教育现场的前提下才能给予学生有针对性的指导，与学生一起探讨当下的教育情境，反思教育教学行为，生成实践性知识。例如，B 校对实习指导教师的选聘要求是：教师具有教育实习的专业素养，有能力指导学生的实习，并且具有在幼儿园一年以上的教学经验。这样的规定促使该校的实习指导教师注重自身实习指导经验的积累，对学生实际教学的指导更有意义。

由此可见，高校要建设"双师型"指导教师队伍，必须重视指导教师选聘标准，规定具有一定实践经验的教师胜任实习指导教师的工作。高校鼓励并支持青年教师定期进入实习基地进行学习，以提升个人实践能力，更好地辅助职前幼儿教师实践性知识的获得与提升。高校教师应与实践基地建立良好的沟通与合作，了解幼儿园教师的职后培训需求与安排，根据自己的空余时间积极参与企业组织的职业技能培训，调研企业实际需求，利用自己所学的理论知识为企业开展相关专业培训与讲座。同时，高校教师也可以积极参与企业组织的实践活动。例如，高校教师可以作为场外理论指导或比赛评审专家，参与幼儿园开展的教师教学能力比赛、教师技能比赛、幼儿观察分析与指导案例评选等活动，近距离地学习并融入幼儿园一线教育教学活动的组织与开展过程。教师一方面能够为自己的专业教学提供丰富的实践案例，另一方面能够提高个人的实践指导能力，促进专业发展与职业成长。教师可以深入幼儿园教学一线指导学生见习、实习活动，或与幼儿园合作开展项目合作等，增进对幼儿园实际教学的了解，给予学生更贴近实际的指导，提升自己的理论与实践转化的水平，努力成为具备"双师素质"的教师。同时，高校不仅可以与企业开展合作，共同培养"双师型"教师队伍，积极完善与改进教师的素质结构，还可以将教师自身具备的实践经验或指导学生实习的经验作为教师业绩考核的内容之一，促使教师重视自身的实践经验，积极参与幼儿园实际教研工作，提高自身的实践素养。

三、构建"三位一体"的实践性知识保障机制

"三位一体"的实践性知识保障机制（简称"三位一体"协同机制）是指

将政府、高校与幼儿园三者紧密联合，为职前幼儿教师实践性知识的培养工作提供全面保障。有学者指出，学前教育专业的职前培养工作具有很强的实践性，学生需要在实践活动中不断的参与、感悟和思考，培养实践情感，获得实践体验，增强实践能力。①

（一）政府

政府充分发挥宏观调控的作用，带动高校将职前培养的具体运作与社会实际需求相结合，组织幼儿园作为实践场域积极配合高校的培养工作，全面促进职前幼儿教师实践性知识的培养。建立"三位一体"协同机制（图4-7），需要发挥政府的政策支持与导向作用。

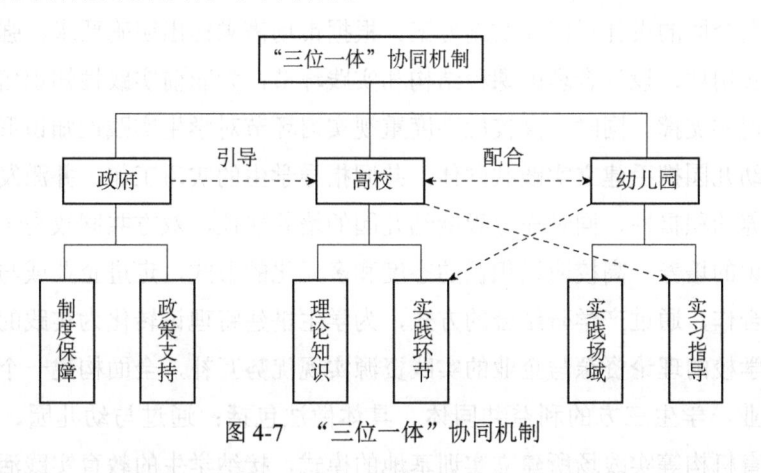

图4-7 "三位一体"协同机制

政府作为学前教育专业人才培养的有力支撑，应从宏观调控的角度，为实践性知识的培养提供政策支持与资金保障：首先，通过制定专门的师资培育法律法规，为职前幼儿教师实践性知识培养工作提供法律支持和政策引导。一些学前教育专业高校的人才培养质量与幼儿园对教师的实际需求不符，导致部分学生毕业后进入幼儿园的适应期较长，无法及时认清自己不足、积极改进和提升个人专业素养、充分发挥自己的专业优势、提升自己的实践能力。究其主要原因，应在师资培养过程中对教育实习给予更充分的政策与制度保障，通过制定相关的政策与制度，加强高校对幼儿教师职前实践环节的投入与重视，缩短

---

① 张浩. 论师范生培养体系的重构[J]. 江西科技师范大学学报，2014（5）：100-103.

学生入职初期的适应过程。①其次，针对职前教育的课程安排和实践环节给予政策上的倾斜，提高学校对师范生职前实践性知识重视度，并给予高校在人才培养工作上一定的自主权，充分调动高校对职前实践性知识培养工作的积极性。再次，为高校对实践平台的建设提供充足的资金支持，引导幼儿园与高校进行实习合作，让学前教育专业学生获得不同的实践体验。最后，对职前幼儿教师实践性知识培养工作的成果进行定期监督和科学评价，为之后的教师教育工作提供有效借鉴。

（二）高校

高校作为承担教师教育工作的核心主体，应为学生职前实践性知识的培养提供一套全面的设计思路和实施方案。根据市场需求提出明确要求，强化人才培养的实用性，设计合理的课程结构和实践环节，为职前实践性知识培养提供坚实的现实支撑。同时，高校应高度重视实习环节对学生实践性知识形成的作用，与幼儿园携手建立实践共同体，共同指导学生的实习工作，并激发幼儿园参与培养的积极性，同时充分吸纳幼儿园的培养建议，双方共同致力于学生实践性知识的培养。高校应以积极的态度和多元化的形式，走进企业或与企业展开深度合作，通过产学研结合的方式，为学生搭建将理论转化为实践的广阔平台，使学校的理论资源与企业的实践资源实现优势互补，全面构建一个涵盖学校、企业、学生三方的利益共同体。具体做法包括：通过与幼儿园、早教机构、托育机构等实践场所建立实训基地的模式，接纳学生的教育实践活动，拓宽学生的就业渠道，同时弥补校内实训条件的局限以及师资队伍实践能力的不足；也可以采取订单模式，与用人单位联合招生，进行定向培养。学校和企业根据自身培养目标和人才需求，共同制订人才培养计划并开展相应的人才培养工作，助力学生毕业后顺利就业。此举还有助于将企业文化和企业需求顺畅地融入职前培养工作中，充分调动企业参与职前人才培养的热情与积极性。

职前培养质量是学前教育专业人才培养工作的关键所在。培养具备实践能力和专业素养的学前教育专业人才，不仅能满足现代社会对学前教育专业人才的迫切需求，还能实现用人单位、学生、学校、教师和家长等利益群体的现实诉求。因此，构建一个以需求为导向的学前教育专业人才培养质量评价机制，

---

① 孙曼彤. 海峡两学前教师培养模式的比较研究[D]. 上海：上海师范大学，2014.

可以有效推动职前幼儿教师实践性知识培养工作的落实。高校应制定科学的教育实践评价机制，激发学生的教育实践热情，激励学生学习和积累实践性知识，增强学生在专业发展过程中的自主性。

全面、客观的教育实践评价需要高校改变过去注重结果的评价方式，重视教育实践的过程性，将评价的方式由量化转为质、量结合，共同促进学生的发展。[①]评价的主体由教师和学生共同承担，促进学生对于自己教育实践的认知和反思。[②]评价的内容不仅要包括学生的专业实践能力，还要包括学生个人反思、与他人合作等，涵盖幼儿园教育工作的多样性以及作为一名幼儿教师需要具备的专业素养。评价指标要以学生为中心，以促进学生的专业发展和个人成长为出发点，考虑学生的适应性而非教师的标准性，主要衡量学生通过教育实践所获得的进步，可以建立教育实践档案袋，将记录学生教育实践过程的重要资料，例如实践反思日志、观摩图片、教学影像以及指导教师的反馈记录等资料，由教师引导学生对自己的档案袋进行整理。高校在对学生的教育实践进行评价时，可以参考高校指导教师的反馈意见、幼儿园教师的评价、教育实践档案袋的内容、学生本人的自我评价四个方面进行，建立全面客观的评价机制，保障和促进学生的专业发展。

（三）幼儿园

按古德莱德的观点，培养教师的任务并非教育机构单方的责任，需要实习学校共同组建伙伴关系，二者相互协商来共同完成对教师的职前培养工作，需要对教师教育的全过程进行指导。[③]幼儿园作为"三位一体"协同机制中重要的合作伙伴，应增强自己的协同意识，主动承担培养责任，配合高校的实习安排，认真完成对学生的实习指导工作。

幼儿园可以从以下方面落实自身的伙伴责任：首先，确立指导教师的选拔标准，通过评定和筛选，遴选优秀的幼儿教师担任实习生的指导教师，从师资水平上确保指导教师具备指导学生的能力。其次，制定详尽的实习生指导工作

---

① 兰惠敏. 中外职前教师教育实践性课程的比较与启示[J]. 内蒙古师范大学学报（教育科学版），2011（10）：84-86.
② 彭海蕾，刘莹. 中美高校学前教育专业实践课程的比较[J]. 学前教育研究，2012（2）：49-54.
③ 吕静. 教师职前实践性知识培养：现状与途径——以边疆民族地区教师教育为例[J]. 全球教育展望，2009（10）：72-77.

方案，明确幼儿园指导教师的职责，并确保指导工作的可操作性和实效性，同时根据方案及时对实习情况进行研究和反馈。再次，幼儿园对学生的实习指导应与高校的实习指导工作保持同步，并迅速响应实习生或教师提出的建议与困难，确保实习指导实现应有的价值和意义。最后，幼儿园指导教师应给予学生"全程式"的实习指导。在实习初期，帮助学生适应教育现场；在实习过程中，协助学生完成学校安排的实习内容；实习结束后，给予细致的反馈，并积极参与高校组织的实习讨论会，与高校教师共同为学生的实践性知识获取提供有效建议，或纠正实习中的问题，进行正确示范。

幼儿园作为学生主要的教育实践基地，应充分发挥其在职前幼儿教师实践性知识培养过程中的重要作用。通过提供稳定的实践场所和有效的指导，让学生亲身体验教育活动的过程，在具体的教育情境中，将理论知识转化为实践性知识。同时，通过建立资源库，为学生积累丰富的实践性知识，并选拔教学经验丰富的一线教师担任实习生指导教师。

此外，作为学前教育专业人才的主要使用阵地，企业应结合自身需求及所拥有的教育资源，积极为职前幼儿园教师的培养贡献力量，搭建职前与职后人才培养的桥梁。企业应主动了解高校对学生见习实习的要求与计划，提供优质师资助力人才成长，并开展专项培训活动，以加强学生的学习，培养学生在实际工作中的思维方式与操作方法，最终实现政府、幼儿园、高校、企业多方共同为职前幼儿教师人才培养保驾护航。

第五章 职前幼儿教师实践性知识研究的总结与展望

第一节 研究结论

随着《中共中央国务院关于学前教育深化改革规范发展的若干意见》《教育部关于实施卓越教师培养计划 2.0 的意见》《学前教育专业师范生教师职业能力标准（试行）》等一系列重要文件的颁布，对提升幼儿教师队伍的培养质量给予了前所未有的重视。高校作为幼儿教师培养的关键环节，其角色举足轻重，特别是在推动幼儿教师实践性知识的快速发展方面，被视为提高培养质量、促进幼儿教师专业成长的重要基石。本书深入且全面地调查分析了职前幼儿教师实践性知识的当前状况，系统梳理并构建了职前幼儿教师实践性知识的生成路径。在此基础上，本书进一步提出了有针对性的职前幼儿教师实践性知识培养策略与方案，旨在为培养具备高水平实践性知识的幼儿教师提供科学依据和实践指导。

一、职前幼儿教师实践性知识的内涵及结构

基于理论框架并结合研究对象的具体特点，本书将职前幼儿教师的实践性知识定义为学前教育本科师范生个人所具备的、在面对幼儿教育实际情境时形成的"如何操作"的策略性知识体系。这种知识体系通过师范生在实践环境中的言语和行动得以体现，展现了其在实践场景中反思、判断和推理的过程。

通过综合运用文献回顾、开放式问卷调查以及半结构化访谈等多种研究方法，我们归纳出职前幼儿教师实践性知识的五维结构，即关于自我认知的实践

性知识、关于幼儿发展的实践性知识、关于幼儿一日生活组织的实践性知识、关于环境互动的实践性知识以及关于幼儿研究的实践性知识。

二、职前幼儿教师实践性知识的发展现状、发展特征及影响因素

本书调查了职前幼儿教师实践性知识的发展现状，总结了不同阶段的职前幼儿教师实践性知识的发展特征，并对职前幼儿教师实践性知识生成的影响因素进行了调查。

（一）职前幼儿教师实践性知识的发展现状

职前幼儿教师实践性知识总体发展状况良好，其中关于幼儿一日生活组织的实践性知识和关于幼儿研究的实践性知识得分较高，关于自我认知的实践性知识得分较低，关于环境互动的实践性知识和关于幼儿发展的实践性知识得分最低，在人口学变量下存在性别、年级、生源地、志愿选择等方面的差异。

（二）职前幼儿教师实践性知识的发展特征

大一学生的实践性知识主要表现为经验性为主，在解决实际问题时所采取的策略一般都是依据先前的生活和学习经验，通过提取大脑中相似情境的认知经验来完成问题的解答。

大二、大三学生的实践性知识主要表现为以理论知识为主，她们在这一阶段会通过小组合作、案例讨论、团队学习等形式进行实践课程学习。学生更加愿意在共同体中学习，因为与同龄人之间进行交流讨论会让她们的思维更加活跃、自如，在激烈的争辩中碰撞出思维的火花，这些都有助于有效提高其实践性知识发展水平。

大四学生的实践性知识表现为理论与实践的相结合，在实习中，学生会真正进入教育实践场域，在组织教育教学活动过程中面临诸多实际问题，这就促使学生进行思考解决问题的有效措施，并在事后进行反思，为之后进入职场奠定基础。

（三）职前幼儿教师实践性知识生成的影响因素

本书对职前幼儿教师实践性知识生成的影响因素进行了调查，影响因素主

要来自学校和个体两大方面，学校因素具体包括教育实习、教育见习和专业课程的学习；个体因素具体包括自我个性特征、早期经验和学习动机对实践性知识生成的影响。

三、职前幼儿教师实践性知识的生成过程

本书对职前幼儿教师实践性知识的当前状况进行了调研，概括了处于不同学习阶段的职前幼儿教师在实践性知识发展上呈现出的特点，同时探究了影响职前幼儿教师实践性知识形成的各种因素。

（一）萌芽浮现阶段

有关自我的知识、有关幼儿发展的知识、有关环境互动的知识、有关课堂教学的知识，在进入师范院校学习之初便开始萌芽浮现。这些知识之中存在一个运作协调模式，即原有的理念认识、具体的情景和行动反思。职前幼儿教师生成原有的理念知识，这表现为职前幼儿教师对幼教的期望、理想、对职业和身份的认同，为职前幼儿教师提供了一个视角。在面对具体的情景中时，她们会采取行动。当职前幼儿教师面对与原有理念意象不一样的期望时，她们便开始陷入反思，通过这一过程不断调整和完善自己的教育理念和实践行为。

（二）逐渐形成阶段

在专业学习初期，经过模拟课堂的试讲、教育见习等，职前幼儿教师自身的理性思维能力得到发展。她们在这一阶段初步形成了关于教师角色和教育观等价值观念，无形中会通过观察、体验、探索以及学习模仿其他教师的语言、行为乃至思维方式，并且在模仿之后将这些融入自己的教学实践中。

（三）生成更新阶段

职前幼儿教师实践性知识的生成过程依托之前教学经历的积淀，当她们进入具体的教学情景时，会根据情景中遇到的问题而生成新的知识，进而影响或改变原有的信念。如果问题得到解决，那么那些有用的关键性信息就会被存储在个体的知识经验中，以便下次遇到类似的情况建议运用；如果问题未得到解决，职前幼儿教师则会通过观察体验、自我探索、向他人学习或者不断反思等方式，生成

新的实践性知识。

四、职前幼儿教师实践性知识培养体系的比较

通过比较两岸两所高校在职前幼儿教师实践性知识培养中的培养目标、课程设置和实践环节的内容,进一步分析这两所高校在职前幼儿教师实践性知识培养体系方面的特点和异同,并在此基础上为今后职前幼儿教师实践性知识的培养提供启示和借鉴。

(一)职前幼儿教师实践性知识培养的共同之处

1)两所高校均以实践导向设置学前教育专业人才培养目标,以社会需求为人才培养的现实依据,同时结合相关规定对人才培养方向进行设定,旨在培养具有专业素养的学前教育专业人才,为学前教育事业发展提供优质师资。

2)两所高校均采用以职业能力为主导的课程设置方案,结合实践性知识的特征和获得原理,在课程体系中构建专门培养学生实践性知识的课程内容,并且注重培养学生的专业教保知能,通过开设系统、丰富的专业课程培养职前幼儿教师的实践性知识,帮助其累积实际工作需要的保教能力,使其最终具备专业素养,胜任幼儿园的保教工作。

3)两所高校均以教育能力培养为重点的实践环节,采取循序渐进的实践方式帮助学生获得实践经验,并且安排集中实习促进学生实践性知识的巩固,同时提供"双导师"型指导教师队伍保障学前专业人才的培养。

(二)职前幼儿教师实践性知识培养的不同之处

1)培养目标反映不同的人才培育观念。首先,两所高校在培养要求的人才价值取向上有所不同,A校相对重视学生的理论素养,同时兼顾专业的全面性,培养具备德、智、体、美、劳等全面素质的学前教育专业人才;B校培养要求的价值取向是专门化的学前教育工作者,是围绕幼儿教师的教保核心能力建构出的培养要求,具有明显的专业指向性。其次,表现在培养要求在具体表述上存在差异,A校对学生以"具有、掌握、善于、能够"等作为要求,期待其能达到一名成手教师的标准,B校将培养目标中的培养要求聚焦在人才的专业性层面,对学生应具备的专业素养做出细致的要求。从专业幼教人员的角度

明确学生应具备的专业知识、专业能力和专业伦理。

2）课程设置偏重培养不同的职业能力。①培养学生实践性知识的课程学分比重不同：在 A 校对于培养学生实践性知识的 115 学分课程中，有 72 学分的课程为必修课程，选修课程为 43 学分。在 B 校承担实践性知识培养的课程中，必修课程为 59 学分，为学生提供了 55 学分可以选修的课程。②对于学生专业知识的培养，A 校期望学生可以按照学校的逻辑架构走，所以为学生提供的可以自主选择课程的学分相对台湾地区高校要少一些。③课程内容发展学生不同的职业能力：A 校通过学科专业课程、实践课程培养学前教育专业学生的实践性知识，并且重点帮助学生获得在幼儿园开展游戏活动、组织教育教学活动的专业能力；B 校注重对学前教育专业学生教保知能的培养，在专业课程中将教保知能课的分值比重提高，帮助学生提升学习质量。

3）实习环节对不同的实践性知识侧重不同。两所高校对于学生实习的期望不同，A 校的实践活动旨在培养毕业后在工作岗位中可以独当一面的"成手"型幼儿教师，B 校将教育实习看作是学生进入教育现场的实地练习，注重培养学生的主动意识，引导学生通过实习发现自己在专业学习上存在的问题，通过不断反思和修正，提升自己的专业能力。同时，通过教育实习培养不同的专业能力。A 校重视通过教育实习发展学生开展教学和进行科研的能力，B 校重点培养学生作为一名幼儿教师独立带班教师的能力。

第二节　研　究　启　示

一、内化职前幼儿教师的教学信念

（一）强化专业认同并坚定专业信念

实践性知识的生成不仅受到具体教育情境的影响，还受到更为上位、对教育本质所持有的坚定信念的深层影响[①]。教师职业的特殊性质要求教师将自己完全沉浸于教育事业之中，对自我的认同、对自我角色的理解与定位、自我效能感、价值观和所秉持的教育理念等，都潜在而深刻地作为支撑教师教育实践活动的基石。对于职前幼儿教师而言，她们如何理解"幼儿教育"、是出于何

---

① 陈向明，等. 搭建实践与理论之桥：教师实践性知识研究[M]. 北京：教育科学出版社，2011：7.

种原因学习学前教育专业以及她们如何看待未来的就业前景等一系列关键问题，都将直接影响到其能否真正热爱幼儿教师这一职业，能否对幼儿教育活动抱有坚定的信任感，采取采用行动时能否具有方向性和坚定性，在复杂多变的教育教学情境中能否果断地做出判断和决策，即专业认同。从社会学角度看，专业认同是个体对自身在社会中所扮演角色的确认和肯定，是学前教育专业师范生在不断学习过程中逐渐形成对本专业的深刻感知和全面理解。

幼儿教师肩负着为国家和民族"护根"的崇高使命，教育征途艰辛而漫长，真正引领她们抵达远方的，不仅仅是能力，更是扎根于内心深处的使命感与责任感。然而当下，经济的迅猛发展及其他诸多内在与外在因素的错综交织，使得职前幼儿教师群体的专业认同感有待增强，由专业理想信念缺失带来的人才流失问题需要重视，因为这不仅威胁到幼儿教育事业的持续健康发展，更成为制约教师个人成长和进步的重要障碍。为此，有必要引导职前幼儿教师科学地认知和肯定自己的实践性知识，使其深刻理解到，实践性知识不仅是直接影响教育实践成效的重要因素，更是彰显自身专业性的主要依据，从而使实践性知识从沉寂的角落走向自觉的光明，让每一位幼儿教师都能在实践中找到自我价值的体现，最终增强专业发展的自觉与自信。同时，教师关于教育本质的信念是通过自我的实施而逐渐塑造的，并且被自己的行动效果证实为"真"。这就要求职前幼儿教师不仅关注眼前的教育实践，更应具备前瞻性的视野。因此，应引导职前幼儿教师构建一种以自我认知能力、自主研修意识及自我发展愿景为核心的职业追求，以期充分激发教师的内在动力和潜能，促使其形成一种对专业精深和实践卓越孜孜以求的信念。通过在实践中不断地解决实际问题和进行长期的批判性思考和反思，职前幼儿教师能够悟出一套应对教育实践的有效行为法则，继而能游刃有余地应对复杂多变的教学情境，从而全面提高自己的专业素养。

（二）激活对自我的关注和理解

自我认知，作为统摄并指导其他各类知识的"后设层次"知识，是教师教学活动设计与实施的内在导航仪。教师会采取何种教学知识、选择何种教学方法或是做出哪些教学决策，均在其自我认知的监控与引导之下运作而成。[①]对

---

① 陈国泰. 初任幼儿教师实际知识的发展之个案研究[J]. 花莲师院学报, 2003（16）：299-323.

于职前幼儿教师而言，实践性知识的建构和累积绝非外部灌输生成的，而是要主体积极参与并努力实现。从调查结果来看，职前幼儿教师关于自我认知的实践性知识发展水平相对较低，部分原因在于有些学生对教育理论知识缺乏兴趣，学习动力更多源于外界压力，导致她们的学习往往建立在被动、机械的基础之上，缺少最基本的知识浸润以及深入理解和内化的驱动力。这些未来教育者踏入复杂多变的教育实践场域时，可能因理论与实践的脱节而感到茫然无措，因实践经验匮乏而使理论知识未能得到有效内化与支撑，这无疑会严重阻碍其实践性知识的生成。自我的个性特征、过往经验以及学习动机，构成了影响职前幼儿教师实践性知识发展的核心要素。关于自我认知的实践性知识引领着其他方面实践性知识的探索与发展。因此，职前幼儿教师如何定位自己的角色、怀揣怎样的发展愿景、采用何种自我学习方式及反思策略，不仅关系到职前幼儿教师实践性知识发展的动力源泉、路径选择和实现手段，而且决定了幼儿教师实践性知识发展的速率与质量。

概言之，关于自我认知的实践性知识在职前幼儿教师实践性知识中占据着举足轻重的地位，犹如引领职前幼儿教师实践性知识体系的先锋。因此，推动职前幼儿教师实践性知识发展的首要任务就是唤醒并深化其关于自我的实践性知识，加强其对自我的深度关注和全面理解，积极引导其了解社会职业发展的最新趋势，使其能够清晰地认识到自己的态度倾向、兴趣所在、就业愿景以及行为动机，从而激励其满怀激情地朝着自己的职业方向努力和奋斗。应激发职前幼儿教师的主体参与精神，关注自身自主成长过程、主体地位和实践经验。为了有效激活并进一步发展职前幼儿教师关于自我认知的实践性知识，可以通过描绘隐喻、画自我肖像、阐述自我发展意愿、设计自主学习方案和规划职业生涯等方式实现。尽管职前幼儿教师实践性知识形成的无意性强，但有意识地思考与深入探究能加速实践性知识发展的进程，并明显提高实践性知识的质量、丰富其内涵。采取以上措施，不仅能够培养出具备扎实专业技能的高素养幼儿教师后备力量，还能为其未来的职业生涯奠定坚实基础。

（三）形成"自悟"的反思意识

生成和提高教师实践性知识的核心途径在于对自我实践经验的反思、感悟、总结和提升。所谓"反思"，就是指一种深度挖掘与理性审视经验问题的过程，对于幼儿教师而言，反思就是以日常教育教学活动为思考对象，通过细致入微的视角，对自己在教育实践中的行为表现、决策制定以及这些行为所带来的实际结果进行全面审视、深刻分析与理性评判的过程。美国教育家布鲁巴赫等认为反思性教学实践可细分为三类：一是"对实践的反思"（reflection on practice），这类环节发生在实践活动完成之后，要求教师回顾并评价教学目标是否达成，以及为这些目标所采取的教学策略是否有效，其间教师可以进行一系列深入追问；二是"实践中反思"（reflection in practice），这类环节是发生在教学实践过程中的即时反思，由于教学实践过程中充满了不确定性和不可预见性，教师需要具备高度的敏感性和即时反思的能力以应对出现的问题；三是"为实践反思"（reflection for practice），是前两种反思的预期结果，即"实践后反思"与"实践中反思"的目的最终形成超前性的反思，从而培养一种在教学实践之前的深思熟虑的良好习惯。①教师在整个教学实践的过程中以及教学实践结束之后，都应该持续反思自身的教学行为，不断总结提炼经验，以不断改进和优化自己的教学。

鉴于职前幼儿教师受限于实践场域的缺失，难以频繁地参与到真实的教学互动中去，这就要求她们在日常的专业学习和教育教学实践经验的积累过程中，依靠"自悟"和"反思"去有意识地调整和改变自己的行为，致力于"为实践反思"，培养超前性反思的意识，并形成良好的反思习惯。具体而言，首先，职前幼儿教师可以在课后及时总结和反思，确保教学过程中出现的问题能够得到及时的识别和解决；其次，撰写反思日记，即在一天的学习结束后，可以记录下个人的心得感悟，尤其是在实习期间，更应详细记录实习工作中的经验，并与其他实习教师一起共同探讨、分析存在的问题与缺点。在有机会进行教育教学活动时，职前幼儿教师应详尽记录教学的背景、效果、个人感受、存在的问题以及通过反思后得出的解决方案与未来设想等。除此之外，职前幼儿教师可以积极参与观摩并分析幼儿园教师的一日教育活动，对所观察到的情境进行描述与分析，提高自身对教育教学活动的洞察力并批判性地进行思考。以上途径实际上是鼓励职前幼儿教师形成"挑剔问题"的意识，使她们在校内学习与校外实习中存在的问题能充分显露，从而为有针对性地制订改进计划、生

---

① 王可萍. 师范生教学实习中反思意识和反思能力的培养研究：以历史学专业教育实习为例[D]. 桂林：广西师范大学，2013.

成丰富的实践性知识创造良好的条件。

二、优化实践性知识的职前培养路径

（一）把握实践性知识发展的关键期

受教经历对教师实践性知识的塑造力不容低估，透过深度观察与学习，教师的教学态度、教学方式、教学理念乃至行为模式等核心要素会逐渐整合，这对教师个人的专业成长具有深远的意义，可能进一步催化出教师在教学上所能引用的教学图像，形成教师独特的教学想法与策略。这些都能融入成为内隐知识体系的一部分，并作为指导未来教学实践的宝贵资源。然而，从传统上看，对学前师范生的培养模式中往往展现出一种偏向性，即强调职前阶段教育教学理论的灌输，而对其实践性知识的培育则有所缺失，甚至存在一种根深蒂固的误解，即认为实践性知识的获取主要是在入职后通过长期的实际工作经验自然而然积累起来的。这直接导致师范生的实践类课程在师范教育体系中的地位被削弱并逐渐被边缘化，致使学生只能依赖短暂且有限的教育实习来获得初步的实践体验与经验。在常规的培养框架内，教育学、心理学课程等基础学科课程通常被安排在学生入学的前两年，而从大三开始，课程重心几乎都转向有关专业学科的学习，并且由于此后学生少有机会接触心理学与教育学知识，加之日常学习中缺乏将这些理论知识应用于实践的机会，先前所学的教育理论会因缺乏实际应用的土壤而被逐渐遗忘，不能有效地转化为支撑其未来教学生涯的坚实基础。

大三学年作为师范生大学生涯的关键期，对他们的职业发展发挥着承上启下的作用。在这一阶段，无论是在职业定位的精准化、职业态度的成熟化、职业认同的深化方面，还是在实践性知识、实践智慧的培育方面，都步入了至关重要的发展阶段。大三学生正处于一个处理实然现状与应然理想之间的矛盾之中，因为很多师范生在这一阶段开始进行教育实习，但因为实习安排零散和时间短促，往往还没有来得及去深入体会与领悟，实习便已经匆匆结束，使得实习效果大打折扣。在教育实习的过程中，师范生会察觉到所学理论知识与一线教学实践之间存在明显差距，并且认识到自己在将理论知识有效应用于教学实践以及灵活应对实践情境中各种问题的能力上有所欠缺。这些困境的克服很大程度上取决于师范生在实践过程中是否得到了有效的实际帮助与指导。因此，为破解这一问题，首要之举是鼓励师范生积极主动与指导教师进行沟通与交流，勇于提出自己对知识的理解和疑惑，分享对教育教学的见解与感悟，在此过程中促进实践性知识的深化与发展，帮助其更好地将理论知识与实践相结合；其次，应增加师范生的实践机会，为其提供更为丰富、多样的实践体验，使其在实践中不断感悟和反思，逐步积累与沉淀实践性知识，最终将其转化为支撑专业成长与职业发展的重要基石。

（二）优化职前教师教育课程的设置与实施

对于职前教师群体而言，课程学习不仅是其教育培养体系的核心组成部分，而且是获得并内化实践性知识的重要途径。为职前幼儿教师提供一套科学、系统的专业课程方案，协助其构建完整而坚实的知识架构，无疑是高校培育高质量人才的重要使命和责任。然而，高校在师范生的培养实践过程中，往往未能充分重视师范生实践性知识的培养与发展。在课程上体现为，理论性课程和实践性课程的配置比例失衡，这直接制约了师范生实践性知识的积累与提升，进而影响到其未来从事教育工作的适应能力与专业素养。专业理论知识在教师实践性知识价值实现中起到举足轻重的导向作用，但在当前教师教育课程的实施过程中，专业理论知识的教学往往因缺乏适宜加工与整合而显得明确性不足、巩固性欠缺，出现只重讲"理"、不重讲"例"等问题。这些偏重理论而轻视实例的教学模式，不仅未能充分发挥理论知识对实践的指导作用，反而因其过度抽象与晦涩难懂而增加了师范生的学习难度与记忆负担。同时，部分理论知识的讲授过于依赖经典文献与权威论述，在表述上缺乏必要的转化与阐释，使得抽象理论与直观经验之间的意义建构难以完成，进而阻碍了师范生对理论知识的深入理解与灵活运用。

因此，师范院校在进行课程体系规划时，应着重加强学生的实践课程及经验，旨在填补理论知识与实践操作之间的鸿沟，确保学生在步入教育领域时不陷入理论与实践间严重脱节的困境。鉴于实际知识的建构是从理论和实践中建构而来，并非单纯依靠外部知识输入的结果，故此种能力的培养，不能单从教导着手，或只依赖"经验的积累"，而要加以"启发""锻炼"。在教师教育课程的实施框架内，课程目标应超越对师范生专业理论知识的简单传授以及对知识的简单理解，应聚焦于理论知识如何内化为师范生的主观信念，使其"知其然"，更"信其然"，进而激发其在实际教学情境中主动尝试运用所学知识的意愿。在条件匮乏的情况下，专业教师可结合自身经验增加教育实训环节，例如，以小组的形式，通过设置情境主题—情境再现—情境解决等活动环节，让师范生在虚拟的角色扮演中体验幼儿、家长以及幼儿教师的身份特点，感受和学习幼儿教师与幼儿及家长之间交流互动方式。此外，除了一般的理论课程之外，还应加强对职前幼儿教师反省思考、问题解决、人际关系和压力调适等方面的培养，同时鼓励职前幼儿教师在实际操作中，培养对实践知识的建构与检验技能，平时则加强对教学的反省能力与实践动机。至于师资培育和在职进修的课程方面，同样需要注意理论与实践的深度融合，确保教师在职业生涯的不同阶段都能够获得适切的支持与发展机会，从而实现专业能力的持续提升与教育智慧的不断积累。

（三）搭建多元的教育实践平台

在职前教育阶段，教师的实践性知识缺失现象颇为显著，其主要原因是智育取向教育理念和技能型学习观之间的矛盾，导致实践性知识发展不平衡，加之内部指导机制的不足和外部实践环境的匮乏，进一步使得职前幼儿教师在实践能力的提升上困难重重。[1]实践平台作为联结理论知识与实践应用的纽带，扮演着将理论知识转化为实践知识的关键角色。唯有提供丰富多样、各具特色的实践环境，让学生在这些环境中获取多样化的实践经历，方能全面增强学生的实践能力。鉴于此，高校在学前教育专业学生的职前培养中，应当积极搭建多元化、多层次的实践平台，例如模拟教室、微格教室、专项实验室等。这类实践场地的主要作用是通过提供接近现实的幼儿园教学环境和教学情境，为职前幼儿教师提供丰富的实践场域，使其能够在接近真实的教学情境中获得多样化的实践体验。同样，实践平台能够让幼儿园教育活动中生动鲜活的案例走入课堂，将原本零散的实践课程整合为系统化的知识体系，通过角色扮演、仿真娃娃的操作或是案例讲解等多种教学形式，让学生在亲身实践中直观感受并深入理解未来职业生涯可能遇到的各种实际问题。应努力确保实践过程与真实幼儿园的教育保育环节紧密贴合，激励学生在实践活动中积极运用个人的实践智

---

[1] 黄友初. 职前教师实践性知识的缺失与提升[J]. 教师教育研究，2016（5）：85-90.

慧，通过解决具体问题、自我反思以及不断练习，推动学生实践性知识的内化与升华，从而达到实践能力的全面提升。

此外，实践性知识的获取途径深深根植于幼儿园的实践现场之中，需要学生通过与教育现场进行持续对话与互动，逐步构建并丰富属于自己的实践性知识体系。为了达成目标，高校应当选择一批优质的幼儿园作为稳固的实践基地，并与园方建立紧密的合作伙伴关系，双方共同指导和支持学生的教育实习活动。在实践基地中，经验丰富的指导教师将发挥关键作用，通过在观摩环节中传授宝贵的实践经验，以及在学生的亲身体验过程中提供及时的指导和反馈，帮助学生在实践过程中不断积累经验，并在教育反思中不断总结经验和深化对教育的理解。因此，高校应当构建多元化、丰富性的实践平台，让学生通过见习、研习、实习等多种途径获得丰富的实践体验。这样的安排不仅能够激发学生的学习热情与探索欲望，还有助于学生树立专业的教育理念，吸收并深化实践性知识，不断提升个人的实践能力，从而为其持续专业发展奠定更加坚实的基础。

三、提高职前幼儿教师教育实习和见习的质量

（一）协助与指导职前幼儿教师的实习督导制度

已有研究发现，部分院校为了达到《教师教育课程标准》的相关规定，不考虑自身的办学基础与办学条件，仅仅追求实践课程学时与学分的达标，或采取"放羊式"管理将学生留在幼儿园实习一学期之久，这种"盲目实践"会导致未来幼儿园教师实践性知识的严重缺失。[1]从师范生的个体角度来说，她们大多数在实习过程中仅仅重复机械地完成既定的教育任务，是为了"工作"而"工作"，并非对教育实践的深入理解与探究的驱动。这些现象说明职前幼儿教师教育实习和见习环节中存在质量低下的问题，未能促使职前幼儿教师实践性知识得到良好的发展。从实践性知识的生成机制来看，其生成至少需要满足两个核心条件：一是具有实践行为，二是要具有反思能力。通过对外界行为的简单模仿而获得的知识并不能视为真正的实践性知识，而是一种程序性知识，这

---

[1] 刘天娥，海鹰. 高校学前教师教育课程设置存在的问题及改革路向[J]. 教育评论，2016（10）：117-120.

种知识只需要遵循既定的操作步骤按部就班地进行实践操作。相比之下，实践性知识是属于个体的知识，它要求个体在实践中不断进行自我反思与体悟，从而实现对知识的内化与升华。

实习指导教师作为职前幼儿教师在教育实习过程中的重要他人，应当具备一系列核心特质，包括专业、积极、响应、支持、同理、非审判性等。然而，在教育实习现场中，部分指导教师倾向于沿用自身习惯化的指导方式来协助职前幼儿教师进行教学实践，却鲜少有针对性地根据每一位职前幼儿教师的特质与经验灵活调整指导方式。这无疑削弱了指导的有效性，导致实习成效大打折扣。鉴于此，建议实习指导教师应该深化对"如何指导"的学习与实践，除了要掌握基本的专业发展技巧、熟知专业发展理论、沟通技巧及示范方法，还要与实习幼儿教师建立良性的互动关系。同时，加强与高校内指导教授的合作也是不可或缺的一环，真正实现双方共同促进实习指导工作的科学化和专业化。此外，职前幼儿教师在实习现场进行试教的时候，部分指导教师未能做到在旁观看，或者未能在职前幼儿教师实习结束之后给予相应的及时且具体的反馈和建议，这一环的缺失无疑错失了提升实习生教学技巧与实践智慧的宝贵时机。因此，指导教师应为实习教师多多提供建议，提升指导教师在实习过程中的参与度与反馈质量，相信有助于提升实习教师的教学技巧与促进其实践性知识的增长。因此，高校作为培养未来幼儿教师的摇篮，有责任构建科学、合理且高效的师范生实习管理制度，形成一套完善的师范生专业实习考核标准，确保实习活动的规范性与有效性，充分发挥实习作用。同时，鼓励大学生携带课题深入幼儿园一线进行观察和实践，对学前教育领域的理论与实践中的各种问题进行深入、持续的思考与研究，实现理论与实践的良好融通。[①]

（二）建构职前幼儿教师与一线幼儿教师学习共同体

尽管教师的实践性知识能够显著地体现出高度个性化的特征，但依然不能忽视其生成过程本质上是一个充满合作性参与的动态构建过程。学习共同体是一个由学习者（即学生）与助学者（涵盖教师、领域专家、辅导人员等）共同组成的集体，其成员在学习过程中频繁地进行沟通互动、交流并共享多样化的学习资源，共同完成既定的学习任务等。这一系列活动在共同体成员间构筑起

---

① 但菲."三性合一"：学前教育人才培养模式改革探索[J].辽宁教育，2015（4）：61-63.

一种相互影响、相互激励的人际联结网络。这不仅有助于提升学生的关键能力和核心素养，还能有效激发他们的探究意识，促进深度学习的发生，同时培养学生的合作精神和团队协作能力。这些能力对个体的全面发展以及未来社会适应能力的提升具有深远的意义。研究发现，职前幼儿教师获取实践性知识的途径呈现出多元化特点。比如，她们通过观摩指导教师的教学形态，尤其是通过对比分析多位指导教师对同一教材的不同教学演绎，深刻体会"同课异构"的教学魅力，从而领悟教学实践的多样性和灵活性。此外，职前幼儿教师还通过观察、模仿指导教师的教学行为，进行自我反思，发现自身在教学实践中的不足之处，并据此明确未来的努力方向。她们带着具体问题与指导教师的教学实践进行对比，以此为参照改进自己的教学方法。更重要的是，职前幼儿教师能从观摩过程中发现问题，并积极与指导教师进行对话和讨论，这个过程不仅能够促进其实践性知识的积累，还能够增强其解决问题的能力，并培养其批判性思维。鉴于此，应营造开放包容的学习氛围，鼓励职前幼儿教师之间以及与实习指导教师之间进行交流和对话，通过思想碰撞激发新的教学灵感，促进知识的共享与创新。

在学生的日常学习与生活中，学校作为其主要的活动场所，在一定程度上限制了其交流对象的多样性与广泛性，导致师范生与人文环境互动所需实践性知识相对缺乏，特别是那些在未来职业生涯中不可或缺的、与各类服务对象（如幼儿及其家庭）有效沟通的知识与技能。所以，高校有责任探索并实施一系列创新策略，以弥补这一知识缺口。例如，通过与幼儿园建立紧密的合作关系，高校可以邀请杰出的园长及一线带班教师，为师范生举办系列化的教育活动观摩。这些活动不仅能还原幼儿园教育的真实场景，还包含嘉宾们个人丰富经验的分享，旨在为师范生提供一个生动、具体的学习平台。通过直观感受幼教工作的日常与挑战，聆听嘉宾们的心得体会，师范生能更加深切地被幼教工作者所感染，以更加饱满的热情和开放的心态，吸收和内化这些宝贵的实践性知识。因此，增加观摩、实地参观及实习的机会，也是提升职前幼儿教师实践性知识生成的有效途径。师范院校在规划实习课程时，应当尽量安排各种不同类型的实习场域。通过亲身实践，师范生能够在正式步入职场前就积累先辈的经验，从而在日后遇到类似情况时从容不迫，采取恰当的干预措施。对于初入校门的职前幼儿教师，师范院校还应积极邀请幼儿一线教师走进课堂，进行面对面的指导与教学。这种近距离的交流不仅能够促进理论与实践的深度融合，还能让师范生在日常学习中与在职幼儿教师建立起紧密的联系。特别是在期末教学实践环节，利用短暂的幼儿园见习机会，让师范生亲身体验幼教工作，对其实践性知识的积累与转化具有很高的价值。

（三）建立完善的职前幼儿教师评价与反馈体系

幼儿教师实践性知识的本质属性，涵盖实践性、情景性、个人性、缄默性和动态生成性等多个维度，彰显了其获取路径的核心在于实践与反思的融合。幼儿园作为幼儿教育实践的前沿阵地，对职前幼儿教师实践性知识的培育具有不可估量的作用，不仅提供了一个稳定且丰富的实践场所，还具备系统化的指导策略，使职前幼儿教师能够亲身参与教育活动的全过程，从而在特定的教育情境中，激发其理论知识的活力，促进其向实践性知识的有效转化。教学活动是一个兼具复杂性与特殊性的系统，教学场域自然而然地被视为天然的挑战性环境。[①]对于职前幼儿教师而言，要实现知识从理论到实践的跨越，促进个体实践性知识的持续生成与发展，就必须在教学场域积极面对并深刻反思遇到的多样现象与复杂问题。这要求职前幼儿教师不仅在实践中不断学习，更要在知识的生成过程中进行批判性反思，以期达到知识的深化与内化。此外，职前幼儿教师的自我评价与反思虽是知识构建的重要一环，但孤立地进行个人反思往往难以触及认知的盲点。因此，构建一个包含同伴、指导教师等在内的知识共同体，对实践性知识的全面习得至关重要。任何知识，一旦脱离了其赖以生存的知识共同体，都容易陷入个体思维的局限。因此，应建立职前幼儿教师与同伴、指导教师之间的评价反馈机制，形成紧密的互动同盟，在实习活动中，通过持续的自我审视与他人反馈、观点的反驳与修正，使职前幼儿教师能够在动态的互动过程中，不断深化对实践性知识的理解，最终实现知识的有效习得与内化。

鉴于此，高校作为培养未来幼儿教师的摇篮，理应肩负起构建既科学全面又涵盖多维度评估视角的师范生实习评价体系的重担，确保实习活动的规范性与有效性，充分发挥实习的作用。具体来说，为了切实提升幼儿教师储备队伍的整体素质，必须聚焦于职前幼儿教师实践性知识质量的优化与提升。开发与

---

① 杨辉. 课堂教学活动系统的复杂性探索[J]. 教师教育研究，2007（1）：58-61+71.

建立有针对性的职前幼儿教师实习质量评价机制，有助于保障职前幼儿教师培养质量。职前幼儿教师实习质量评价机制的开发和建立需要以幼儿教师专业素养的各个构成要素为基石，将实践能力与实践性知识作为评价的核心内容。通过深入剖析职前幼儿教师专业发展的内在需求与规律，制定既符合实际需求又具有前瞻性的评价范式，为职前幼儿教师的实习与见习质量提供有力的引导与反馈。总之，为了实现个体成长、群体进步与客观环境优化的和谐统一，必须高度重视职前幼儿教师在专业学习与实践性知识发展过程中的主动性、自发性以及反思实践能力。通过积极构建与知识共同体之间主动且积极的对话关系，及时提供以职前幼儿教师反馈，激发其内在潜能，推动其在教育实习与见习中不断成长。

第三节 研究展望

由于研究能力和时间的局限，本书还存在一些不足之处。

在研究职前幼儿教师实践性知识发展现状时，针对不同年级学生实践性知识发展特征的研究仅采用了有限的样本，因此所得信息和资料具有一定的局限性。此外，在探讨影响因素时，仅进行了简单的百分比数据统计，缺乏更深入的分析，从而影响了结论的说服力和深度。

在研究职前幼儿教师实践性知识生成过程时，受时间和精力所限，研究内容主要集中在自我知识、幼儿知识、环境知识以及课堂教学知识的生成上。鉴于实践性知识内容的广泛性，未来研究可适当增加对其他方面的探讨。同时，关于影响职前幼儿教师实践性知识的因素是基于个案得出的，因此还需更多研究来验证其普适性。

在研究不同地区职前幼儿教师实践性知识培养体系特征及其启示时，受时间和空间限制，访谈对象的挖掘和访谈资料的收集存在一定的困难，导致资料不够丰富。此外，访谈法虽看似简单，但要求访谈者具备高度的敏锐性和追问技巧，以发掘问题和寻找答案。由于研究者对访谈法的运用尚存不足，未来需进一步提高收集和分析访谈资料的能力。

未来关于职前幼儿教师实践性知识的研究可聚焦以下方面。

首先，教学方式对职前幼儿教师实践性知识培养具有重要影响。本书研究发现，两岸两所高校教师在课堂教学中采用的教学方式对学生的实践性知识获取有不同程度的影响，但因时间和个人原因未能进行更深入的探究。建议未来研究者深入挖掘此内容，以促进高校实践教学改革，提升职前幼儿教师实践性知识的培养质量。

其次，鉴于不同院校面临的实际情况各异，且职前幼儿教师实践性知识培养是一个长期过程，教学理论与教学实践往往脱节。因此，后续研究可进一步探查提升职前幼儿教师实践性知识能力培养的方式，如在师范院校课程中增加信息技术资源，这既可为教师培训提供数字化教学资源，也可为教学能力训练提供适宜的学习环境。

参考文献

鲍嵘. 2002. 论教师实践性知识及其养成：兼谈教师专业发展的基础[J]. 高等师范教育研究，（5）：8-9.

波兰尼. 2004. 科学、信仰与社会[M]. 王靖华译. 南京：南京大学出版社.

步社民. 2005. 本科学前教育专业的目标定位和课程设置问题[J]. 教师教育研究，（3）：20-24.

蔡红梅. 2012. 职前教师教育中师范生实践性知识习得探究[J]. 黄冈师范学院学报，32（2）：21-23.

蔡亚平. 2005. 论教师实践性知识的失误与建构[J]. 教育理论与实践，（11）：18.

曹鹤. 2015. 高校学前教育专业本科人才培养模式研究[D]. 沈阳：沈阳师范大学.

曹正善. 2004. 论教师的实践知识[J]. 江西教育科研，（9）：3-6.

陈柏华. 2012. 教师实践性知识研究：回溯与反思[J]. 教育发展研究，（8）：59-64.

陈凤玉. 2014. 基于支撑平台的学前教育人才培养探索[J]. 学前教育研究，（12）：64-66.

陈国泰. 1999. 小初任教师实际知识的发展之研究[D]. 高雄：高雄师范大学.

陈国泰. 2003. 初任幼儿教师实际知识的发展之个案研究[J]. 花莲师院学报，（16）：299-324.

陈静静. 2009. 教师实践性知识及其生成机制研究：中日比较的视角[D]. 上海：华东师范大学.

陈丽颖. 2001. 特殊教育实习教师实务知识之研究[D]. 台北：台北师范学院.

陈向明. 2000. 质的研究方法与社会科学研究[M]. 北京：教育科学出版社.

陈向明. 2003. 实践性知识：教师专业发展的知识基础[J]. 北京大学教育评论，（1）：107.

陈向明. 2009. 对教师实践性知识构成要素的探讨[J]. 教育研究，30（10）：66-73.

陈向明. 2009. 教师实践性知识研究的知识论基础[J]. 教育学报，5（2）：47-55+129.

陈向明，等. 2011. 搭建实践与理论之桥：教师实践性知识研究[M]. 北京：教育科学出版社.

陈向明，赵康. 2012. 从杜威的实用主义知识论看教师的实践性知识[J]. 教育研究，（4）：108-114.

陈小菊. 2012. 整合与重构：论实践取向的教师教育课程[J]. 中国电力教育，（3）：32-34.

陈星. 2010. 城市初中初任教师实践性知识现状及对策研究[D]. 大连：辽宁师范大学.

陈兴华. 2012. 实践性知识与幼儿教师职前教育改革[J]. 周口师范学院学报，29（2）：154-156.

陈学文. 2012. 重庆市中职学前教育艺术人才技能培养模式探索[D]. 重庆：重庆师范大学.

但菲，贺敬雯，张梦涛. 2017. 职前幼儿教师实践性知识的发展现状、影响因素及教育建议[J]. 教育研究与实验，（2）：73-79.

但菲，王红艳，吴琳. 2006. 高素质幼儿教师的培养与教师的专业化发展[J]. 学前教育研究，（4）：43-45.

邓阳，苏文安，王后雄. 2013. 基于FCL模型的师范生教学实践性知识学习共同体研究[J]. 教师教育研究，25（6）：53-59.

范柯柯. 2013. 幼儿园教师实践性知识内涵初探[J]. 学理论，（21）：359-360.

范柯柯. 2013. 幼儿园教师实践性知识形成的个案研究[D]. 北京：首都师范大学.

范良火. 2003. 教师教学知识发展研究[M]. 上海：华东师范大学出版社.

范勇，李敏. 2013. 中国新西兰学前教育本科课程设置比较研究：以成都大学学前教育学院和新西兰怀卡托理工学院教育学院为例[J]. 教育与教学研究，（11）：124-129.

费金有，宋美娜，刘惠莲，等. 2017. 师范生实践性知识的内涵与特点分析[J]. 当代教研论丛，（2）：21.

葛明贵，王玉思. 2015. 学前教育专业人才培养模式的问题反思：来自学生的调查分析[J]. 池州学院学报，（6）：5-9.

郭雪萍，李胜男. 2014. 在顶岗实习中促进师范生实践性知识生成的策略[J]. 吉林省教育学院学报（上旬），30（9）：5-6.

郭玉霞. 1997. 教师的实务知识[M]. 高雄：高雄复文图书出版社.

韩小飞. 2015. 混合学习视域下高校师范生教师实践性知识培养策略研究[D]. 长春：东北师范大学.

韩宗银. 2013. 我国在职研究生培养体系研究[D]. 武汉：中国地质大学.

洪福财. 2006. 幼儿教育史：台湾观点[M]. 台北：五南图书出版有限公司.

黄玲侠. 2017. 基于师范生实践性知识生成的案例教学[J]. 常州信息职业技术学院学报，16（1）：33-35.

黄美瑛. 1995. 意向：幼儿教师实际知识的运作之研究[D]. 屏东：屏东师范学院.

黄新宪. 2010. 台湾教育的历史转型[M]. 上海：上海人民出版社.

霍金宁. 2009. 教师教育机智的生成及教育学意义[J]. 现代教育论丛，（4）：63-66.

季奎奎. 2011. 幼儿教师实践性知识培养探究[J]. 新课程研究（下旬刊），（1）：13-15.

江洪玲. 2007. 高师学前教育专业课程设置与教师专业化发展[D]. 苏州：苏州大学.

姜美玲. 2008. 教师实践性知识研究[M]. 上海：华东师范大学出版社.

蒋娟. 2017. 大陆、台湾高校学前教育专业培养目标的比较与分析：以大陆、台湾两所高校为例[J]. 中华少年，（7）：235-236.

蒋茵. 2004. 教师实践性知识的开发与专业成长[J]. 上海师范大学学报（哲学社会科学.基础教育版），33（4）：108-111.

金忠明，李慧洁. 2009. 论教师实践性知识及其来源[J]. 全球教育展望，（2）：68-69.

鞠玉翠. 2003. 教师个人实践理论的叙事研究[D]. 上海：华东师范大学.

阚赤兵. 2011. 职前教师教育实践性知识的构建[J]. 东北师大学报（哲学社会科学版），（4）：232-235.

康丹. 2007. 基于教师专业发展的学前教育本科专业培养目标的构建[J]. 高等教育研究（成都），（3）：8-11.

康晓伟. 2016. 论康纳利和克兰迪宁的教师个人实践性知识思想[J]. 外国教育研究，43（5）：90-98.

克里斯·阿吉里斯，唐纳德·A.舍恩. 2008. 实践理论：提高专业效能[M]. 邢清清，赵宁宁译. 北京：教育科学出版社.

孔凡琼. 2014. 台湾教育实习的理论研究与实践反思：以 PD 大学为例[D]. 上海：上海师范大学.

赖秀芬. 2002. 国中英语专家教师实务知识之研究[D]. 嘉义：台湾中正大学.

劳文格，潘华莉. 2015. 顶岗支教师范生实践性知识的构建策略解析[J]. 求知导刊，（24）：150.

李·S.舒尔曼，王幼真，刘捷. 1999. 理论、实践与教育的专业化[J]. 比较教育研究，（3）：37-41.

李斌辉. 2011. 基于信息技术的师范生实践性知识建构：以"语文课程与教学论"教学为例[J]. 教育与教学研究，25（5）：12-17+23.

李崇爱，王昌善. 2005. 欧美发达国家教育实习的模式与理念[J]. 教育评论，（4）：100-103.

李丹. 2011. 幼儿教师实践性知识发展研究[D]. 重庆：西南大学.

李定清，等. 2012. 需求导向应用性本科人才培养模式研究[M]. 成都：西南交通大学出版社.

李佳琳. 2008. 初任教师与经验教师实践性知识比较个案研究[D]. 长春：东北师范大学.

李孔珍. 2007. 教师教育课程不容忽视的内容：实践性课程[J]. 课程·教材·教法，（9）：74-79.

李利. 2012. 职前教师实践性知识发展研究[D]. 苏州：苏州大学.

李利. 2014. 实践共同体与职前教师实践性知识发展：基于教育实习的叙事研究[J]. 教师教育研究，（1）：92-96.

李利，许庆豫. 2015. 职前教师实践性知识发展研究[J]. 高等教育研究，（8）：48.

李莉. 2016. 陕西省地方本科院校师范生实践性知识的调查与分析[J]. 西安文理学院学报（社会科学版），19（2）：93-96.

李梁. 2015. 师范生实践性知识养成研究：基于小学教育专业师范生的叙事[J]. 教育发展研究，（4）：48-53.

李琼. 2009. 教师专业发展的知识基础[M]. 北京：北京师范大学出版社.

李小红. 2002. 教师个人理论刍议[J]. 高等师范教育研究，（6）：38-43.

李晓华. 2011. 地方师范大学教师教育课程渐进变革与反思：以教师实践性知识为视角的个案分析[J]. 当代教育与文化，3（5）：70-77.

廖元锡，廖伯琴. 2006. 科学探究教学的实践性知识及其建构[J]. 中国教育学刊，（6）：58-60.

林崇德，申继亮，辛涛. 1996. 教师素质的构成及其培养途径[J]. 中国教育学刊，（6）：16-22.

林廷华. 2015. 资深幼儿教师实际知识发展历程之研究[J]. 正修学报，（28）：30.

林一钢. 2008. 实习教师个体理论变化研究[J]. 全球展望教育，（6）：53-57.

林一钢，潘国文. 2013. 探析教师实践性知识及其生成机制？[J]. 全球教育展望，42（10）：42-48.

刘东敏，田小杭. 2008. 教师实践性知识获取途径的思考与探究[J]. 教师教育研究，（4）：16-20.

刘冬梅. 2013. 高职学前教育专业课程实践性探索[J]. 长江大学学报（社科版），（4）：174-176.

刘海燕. 2006. 试论教师实践知识的生成机制[J]. 教学与管理，（15）：5-6.

刘汉霞. 2004. 论教师的实践知识及其生成[D]. 武汉：华中师范大学.

刘汉霞. 2006. 教师的实践知识：教师专业化的知识转向[J]. 教育探索，（1）：116-118.

刘军豪. 2015. 两岸高师学前教育专业课程设置比较研究[D]. 济南：山东师范大学.

刘天娥，海鹰. 2016. 高校学前教师教育课程设置存在的问题及改革路向[J]. 教育评论，（10）：117-120.

刘雄英. 2011. 师范生实践性知识的培养路径[J]. 教育理论与实践，（12）：51-53.

刘旭东，吴银银. 2011. 我国教师实践性知识研究十年：回顾与反思[J]. 教师教育研究，23（3）：17-24.

刘媛. 2015. 物理学专业师范生实践性知识的研究[D]. 上海：华东师范大学.

刘忠喜. 2013. 英语师范生实习期间教师实践性知识发展的个案研究[D]. 海口：海南师范大学.

龙宝新. 2009. 教师教育文化创新研究[M]. 北京：教育科学出版社.

龙翠翠. 2013. 师范生实践性知识的建构路径[J]. 开封教育学院学报, 33（3）：82-83.

龙翠翠. 2014. 高师语文专业师范生实践性知识的结构[J]. 开封教育学院学报, 34（1）：127-128.

卢立涛, 沈茜, 梁威. 2016. 职业生命的"美丽蜕变"：从一线教师到优秀教研员——兼论教研员实践性知识的生成过程[J]. 教师教育研究, （3）：73-79.

卢祖琴. 2011. 建构主义视阈中师范生实践性知识的建构[J]. 韶关学院学报, 32（7）：131-133.

罗凯. 2017. 幼儿转岗教师实践性知识生成探略[J]. 贵州师范学院学报, 33（6）：72-75.

罗文华. 2013. 顶岗支教师范生实践性知识的构建途径与策略[J]. 广西师范学院学报（哲学社会科学版）, 34（4）：100-103.

骆玎. 2009. 中美教师教育实践课程比较研究[D]. 上海：华东师范大学.

吕静. 2009. 教师职前实践性知识培养：现状与途径——以边疆民族地区教师教育为例[J]. 全球教育展望, （10）：72-77.

吕静, 刘建平, 赵科, 等. 2013. 职前教师教育实践性知识培养模式变革[J]. 中国成人教育, （18）：86-89.

吕立杰, 郑晓宇. 2008. 实习教师"现实震撼"的表现与分析[J]. 外国教育研究, （9）：9-13.

马克斯·范梅南. 2008. 教育敏感性和教师行动中的实践性知识[J]. 北京大学教育评论, （1）：2-20+188.

迈克尔·波兰尼. 2000. 个人知识：迈向后批判哲学[M]. 许泽民译. 贵阳：贵州人民出版社.

孟宪乐. 2004. 实践知识：当代教师专业化新的知识基础[J]. 全球教育展望, 33（11）：52-55.

尼克·温鲁普, 简·范德瑞尔, 鲍琳·梅尔. 2008. 教师知识和教学的知识基础[J]. 北京大学教育评论, （1）：21-38+188.

潘国文. 2013. 师范生实践性知识生成的个案研究[D]. 金华：浙江师范大学.

潘国文, 罗丹. 2012. 教师意象在实习前后的变化：师范生实践性知识发展的个案研究[J]. 上海教育科研, （8）：44-47.

彭海蕾, 刘莹. 2012. 中美高校学前教育专业实践课程的比较[J]. 学前教育研究, （2）：49-54.

齐艳娟, 左伟, 高宏伟. 2000. 微格教学在高校双促式模拟教育实习中的实践初探[J]. 长春师范学院学报, （6）：73-74.

秦风冰. 2008. 我国体育教育训练学硕士研究生培养体系研究[D]. 苏州：苏州大学.

秦金亮. 2006. "全实践"理念下高师学前教育专业实践整合课程探索[J]. 学前教育研究,

（1）：47-51.

申燕. 2006. 教师实践知识研究的启示[J]. 教育科学论坛，（8）：38-39.

施良方. 1994. 学习论[M]. 北京：人民教育出版社.

施煜文. 2002. 世界主要国家学前教育师资培养的比较及其对制定上海市师资培养方案的启示[D]. 上海：华东师范大学.

史东芳，高有才. 2016. 职前教师实践性知识生成中教学意象的模塑[J]. 陕西师范大学学报（哲学社会科学版），45（3）：164-170.

宋璞，李祥. 2017. 学前教育师范生实践性知识的构成要素及生成路径[J]. 学前教育研究，（1）：34-43.

宋怡，王萌萌. 2016. 缄默知识视域下的师范生实践性知识养成[J]. 教育导刊，（9）：89-92.

粟高燕，赵雯. 2013. 中美学前教育本科人才培养模式比较与思考[J]. 黑龙江高教研究，（11）：18-21.

孙曼彤. 2014. 海峡两岸学前教师培养模式的比较研究[D]. 上海：上海师范大学.

孙意. 2015. 中、美、澳、新四国幼儿园教师教育理念的比较研究[D]. 南京：南京师范大学.

索长清，姚伟. 2014. 台湾地区幼托整合政策的发展及其启示[J]. 现代教育管理，（1）：71-75.

汤成麟，谢辉婷，孙甜甜. 2015. 芬兰学前教育师资培养模式探析及其启示[J]. 陕西学前师范学院学报，（1）：83-88+96.

唐利平. 2011. 实习支教：师范生实践性知识生成的有效途径[J]. 四川教育学院学报，27（8）：15-17.

田学红. 2009. 我国"教师教育课程"的改革实践及其思考[J]. 教育研究与实验，（3）：21-25.

万文涛. 2006. 教师实践性知识论纲[J]. 中小学教师培训，（6）：7-11.

汪贤泽. 2009. 论教师的实践性知识[J]. 全球教育展望，（3）：79-80.

王博成. 2001. 国小教师生活课程实务知识之研究[D]. 台北：台北师范学院.

王鉴，徐立波. 2008. 教师专业发展的内涵与途径：以实践性知识为核心[J]. 华中师范大学学报（人文社会科学版），（5）：127.

王丽盈. 2015. H大学师范生实践性知识形成的调查研究[D]. 上海：华东师范大学.

王录梅. 2015. 论职前教师实践性知识的缺失与建构[J]. 内蒙古师范大学学报（教育科学版），28（4）：54-56.

王清霞，张银爱. 2015. 师范生实践性知识生成的有效路径：基于课堂学习共同体的视角[J]. 郑州航空工业管理学院学报（社会科学版），34（5）：191-193.

王少妮. 2008. 美国幼教师资职前培养体系研究[D]. 成都：四川师范大学.

王小鹤. 2015. 关于高校学前教育专业实践教学有效性的思考[J]. 教育探索，（11）：87-91.

魏善春. 2009. 师范生实践性知识及其有效教学途径探析[J]. 课程·教材·教法，（7）：73-77+83.

吴冷，周志毅. 2006. 教师教育视野下实践性知识的培植：现状与对策[J]. 杭州师范学院学报（社会科学版），（6）：117-118.

吴银银. 2016. 教师实践性知识生成与发展路径探究：基于生活史视角[J]. 教育理论与实践，（14）：35-37.

夏晶伊. 2009. 幼儿教师实践性知识特征的个案研究[D]. 长春：东北师范大学.

夏榆凌. 2010. 中美小学教师培养之教育实践课程比较[D]. 成都：四川师范大学.

谢慧. 2011. 职前教师实践性知识的发展途径研究[D]. 长春：东北师范大学.

辛丽华. 2010. 幼儿教师实践性知识及其建构机制的研究：基于SECI知识管理模型的探索[D]. 上海：华东师范大学.

邢春娥. 2009. 通过反思日记提升幼儿教师实践性知识的策略研究[D]. 长春：东北师范大学.

徐千惠. 2015. 两岸学前教保人员培育之比较研究[D]. 新竹：新竹教育大学.

许彩禅. 1999. 中美幼儿教育师资培育制度之比较研究[D]. 南投：暨南国际大学.

许倩倩. 2015. 学前教育本科专业设置的发展趋势与存在问题分析：以26份《普通高等学校本科专业设置申请表》为样本[J]. 学前教育研究，（2）：30-36.

许文权. 2012. 谈五年制师范生实践性知识的培养[J]. 延边教育学院学报，26（1）：50-53.

许振光，王昭君. 2014. 试析师范生实践性知识的价值及其养成[J]. 成都航空职业技术学院学报，30（4）：22-23+32.

严月娟. 2016. 论师范生实践性知识的生成[J]. 湖北第二师范学院学报，33（9）：81-84.

阳红，罗永祥，胡韬. 2013. 顶岗实习：提升师范生实践性知识的实证研究：以贵州师范大学为例[J]. 贵阳学院学报（社会科学版），（4）：54-56.

杨琛. 2014. 行动与反思：职前幼儿教师实践性知识生成的关键[J]. 贵阳学院学报（社会科学版），（3）：60-62.

杨琛. 2016. 集体生成职前幼儿教师实践性知识的个案研究[J]. 佳木斯职业学院学报，（6）：213.

杨丽华. 2010. 对学前教育本科人才培养目标的思考[J]. 昆明学院学报，（5）：123-125.

杨雯玲. 2012. 两岸幼儿师资培育制度之比较研究[D]. 屏东：屏东教育大学.

杨秀玉. 2010. 教育实习：理论研究与对英国实践的反思[D]. 长春：东北师范大学.

杨秀玉，任辉. 2015. 实习教师的实践性知识及其生成路径探析：基于国外学者的研究[J]. 外国教育研究，（8）：52-59.

叶澜, 白益民, 等. 2001. 教师角色与教师发展探新[M]. 北京: 教育科学出版社.

叶立群. 1997. 师范教育学[M]. 福州: 福建教育出版社.

尤书才. 2012. 职前教师实践性知识的困顿与丰富途径[J]. 沧州师范学院学报, 28（2）: 124-126.

袁敏. 2014. 民办幼儿园教师实践性知识发展现状的个案研究[D]. 成都: 四川师范大学.

袁新新. 2010. 幼儿园新手教师实践性知识的个案研究[D]. 开封: 河南大学.

曾庆彪. 2008. 新任教师个人实践性知识建构研究: 基于个人生活史的考察[D]. 上海: 华东师范大学.

张海萍. 2015. 师范生实践性知识现状与对策研究: 以江苏某校为例[J]. 中国教育技术装备, （12）: 86-88.

张浩. 2014. 论师范生培养体系的重构[J]. 江西科技师范大学学报, （5）: 100-103.

张建波. 2009. 艺术型学前教育本科人才培养模式的研究[J]. 绥化学院学报, （3）: 155-156.

张建宁. 2013. 中学数学职前教师实践性知识生成策略研究[D]. 长春: 东北师范大学.

张建伟. 1997. 反思: 改进教师教学行为的新思路[J]. 北京师范大学学报（社会科学版）, （4）: 56-62.

张力之, 秦浩正. 2009. 教师教育实践性知识的思考[J]. 现代大学教育, （3）: 19-22+111.

张立昌. 2002. "教师个人知识": 涵义、特征及其自我更新的构想[J]. 教育理论与实践, （10）: 30-33.

张立新. 2008. 教师实践性知识形成机制研究: 基于教师生活史的视角[D]. 上海: 上海师范大学.

张立忠, 熊梅. 2010. 论教师实践性知识的内涵与结构[J]. 课程·教材·教法, 30（4）: 89-95.

张青瑞. 2013. "校""园"合作: 学前教育人才培养模式新探[J]. 内蒙古师范大学学报（教育科学版）, （6）: 81-83.

张瑞. 2008. 教师实践知识的延伸地: 课程评价[J]. 教育实践与研究（小学版）, （1）: 56-78.

张淑琼. 2015. 幼儿教师实践性知识发展状况研究[J]. 教育学术月刊, （4）: 75-80.

张先锋. 2007. 论教师实践知识的建构[D]. 兰州: 西北师范大学.

赵昌木. 2008. 教师教学实践知识个案研究[D]. 济南: 山东师范大学.

赵彦俊. 2009. "实习支教生"实践性知识生成研究[D]. 重庆: 西南大学.

赵彦俊. 2010. 职前教师实践性知识生成研究: 以"顶岗支教"为研究个案[M]. 北京: 中央编译出版社.

郑玉. 2007. 在快乐中学习和创造: 对一位初中数学教师个人实践知识的叙事探究[D]. 桂

林：广西师范大学.

中国社会科学院语言研究所词典编辑室. 1980. 现代汉语小词典[M]. 北京：商务印书馆.

钟启泉. 2001. 教师"专业化"：理念·制度·课题[J]. 教育研究，（12）：12-16.

钟启泉. 2004. "实践性知识"问答录[J]. 全球教育展望，33（4）：3-6.

周玲玲. 2015. 基于实践统整的学前教师职前教育课程体系：问题与对策[J]. 教育发展研究，（2）：117-121.

朱桂琴. 2007. 教师培训中实践性知识的缺失及其对策[J]. 中小学教师培训，（1）：18-20.

朱宁波，张丽. 2007. 国内外教师实践性知识研究述评[J]. 辽宁师范大学学报（社会科学版），（3）：66-68.

朱焱，陈廷俊. 2017. 教师实践性知识管理策略研究[J]. 江苏教育研究，（10）：45-50.

朱永侃. 2006. 丰富实践性知识促进化学教师专业成长研究[D]. 上海：华东师范大学.

佐藤学. 2003. 课程与教师[M]. 钟启泉译. 北京：教育科学出版社.

D. A. 库伯. 2007. 体验学习：让体验成为学习和发展的源泉[M]. 王灿明，朱水萍译. 上海：华东师范大学出版社.

F. 迈克尔·康内利，D. 琼·柯兰迪宁，何敏芳，等. 1996. 专业知识场景中的教师个人实践知识[J]. 华东师范大学学报（教育科学版），（2）：5-16.

Bereiter C. 2015. The practicality of principled practical knowledge：A response to Janssen，Westbroek，and Doyle[J]. Journal of the Learning Sciences，24（1）：187-192.

Brekelmans M. 2015. Adaptive research supervision：Exploring expert thesis supervisors' practical knowledge[J]. Higher Education Research & Development，34（1）：117-130.

Calderhead J. 1988. The development of knowledge structure in learning to teach[M]. In J. Calderhead（Ed.），Teachers Professional Learning. London：The Falmer Press：51-64.

Carl B. 2014. Principled practical knowledge：Not a bridge but a ladder[J]. Journal of the Learning Sciences，23（1）：4-17.

Clandinin D J. 1986. Classroom Practice：Teacher Images in Action[M]. London：Falmer Press.

Clandinin D J. 2013. Personal practical knowledge：A study of teachers' classroom images[J]. Curriculum Inquiry，15（4）：361.

Clandinin D J，Connelly F M. 1986. Rhythms in teaching：The narrative study of teachers' personal practical knowledge of classrooms[J]. Teaching and Teacher Education，（2）：377-387.

Eick C, Dias M. 2005. Building the authority of experience in communities of practice：The development of preservice teachers' practical knowledge through coteaching in inquiry classrooms[J]. Science Education, 89 (3): 470-491.

Eilliot J. 1991. A model of professionalism and its implications for teacher education[J]. British Educational Research Journal, 17 (4): 309-318.

Elbaz F. 1981. The teacher's "practical knowledge": Report of a case study[J]. Curriculum Inquiry, 11 (1): 43-71.

Elbaz F. 1983. Teaching Thinking: A Study of Practical Knowledge[M]. London: Croom Helm.

France L. 2011. An element of practical knowledge in education: Professional routines[J]. McGill Journal of Education, 46 (1): 77-81.

Grossman P L. 1990. The Making of Teacher: Teacher knowledge and teacher education[M]. New York: Teachers College Press.

Hans H, Nico V. 2002. The use of analogies in language teaching: Representing the content of teachers' practical knowledge[J]. Journal of Curriculum Studies, 34 (1): 77-90.

Isaksen A, Nilsson M. 2013. Combined innovation policy: Linking scientific and practical knowledge in innovation systems[J]. European Planning Studies, 21 (12): 1919-1936.

Jan H, van Driel D B, Nico V. 2001. Professional development and reform in science education: The role of teachers' practical knowledge[J]. Journal of Research in Science Teaching, 38 (2): 137-158.

Jones M T, Eick C J. 2010. Implementing inquiry kit curriculum: Obstacles, adaptations, and practical knowledge development in two middle school science teachers[J]. Science Education, 91 (3): 492-513.

Koichi F. 2014. A Long-Term Student Teaching Program in Promoting Practical Knowledge for Preservice Science Teachers[M]. Berlin and Heidelberg: Springer.

Lortie D C. 1975. School Teacher: A Sociological Study[M]. Chicago and London: The University of Chicago Press.

Martha W, Martin G, Cor S. 2016. The impact of peer collaboration on teachers' practical knowledge[J]. European Journal of Teacher Education, 39 (1): 126-143.

Morton T, Gray J. 2010. Personal practical knowledge and identity in lesson planning conferences on a pre-service TESOL course[J]. Language Teaching Research, 14 (3): 297-317.

Paulien C, Meijer N V, Douwe B. 2001. Similarities and differences in teachers' practical knowledge about teaching reading comprehension[J]. Journal of Educational Research, 94

(3): 171-184.

Peter S, Terry W. 2008. The International Handbook of Mathematics Teacher education- Volum 1: Knowledge and Beliefs in Mathematics Teaching and Teaching Development[M]. The Netherlands: Sense Publishers.

Ramin R, Mohammad T, Hassani H F. 2014. Teachers' individual practical knowledge about teaching reading comprehension[J]. Journal of Language Teaching and Research, 5 (2): 452-459.

Roblin N N P, Ormel B J B, Mckenney S E, et al. 2014. Linking research and practice through teacher communities: A place where formal and practical knowledge meet? [J]. European Journal of Teacher Education, 37 (2): 183-203.

Rosaen C L, Schram P. 1998. Becoming a member of the teaching profession: Learning a language possibility[J]. Teaching and Teacher Education, 14 (3): 283-303.

Witterholt M, Goedhart M, Suhre C. 2015. The impact of peer collaboration on teachers' practical knowledge[J]. European Journal of Teacher Education, 39 (1): 1-18.

附 录

附录一　职前幼儿教师实践性知识半结构式访谈提纲

1. 你对幼儿教师的实践性知识是如何理解的？它主要包括哪几个方面？每个方面都有哪些具体的表现？（举例说明）

2. 你在学校里主要学习到了哪些实践性知识？怎么获得的？

3. 你觉得自己现在在哪些方面仍比较欠缺，还需要加强的？从学校、自身两方面谈谈如何去提高自己，弥补这些不足？

4. 你认为职前和职后的幼儿教师在实践性知识方面是否存在差异？如果存在差异，具体体现在哪些方面？（举例说明）

5. 你认为职前幼儿教师的实践性知识的获取途径有哪些？最主要的途径是什么？

6. 你认为影响职前幼儿教师实践性知识获得的因素有哪些？怎么影响的？

附录二　职前幼儿教师实践性知识开放式调查问卷

1. 您认为什么是幼儿教师的实践性知识？主要包含哪些方面？

2. 您认为职前和职后幼儿教师的实践性知识是否存在差异？如果存在差异，具体体现在哪些方面？

3. 您认为职前幼儿教师实践性知识的获取途径有哪些？最主要的途径是什么？

4. 您认为影响职前幼儿教师实践性知识形成的因素是什么？

附录三　职前幼儿教师实践性知识初始调查问卷

亲爱的同学：

　　您好！感谢您在百忙中抽出时间协助我们完成这次调查。本问卷旨在了解您在学校学习期间实践性知识发展现状，以便促进幼儿教师专业化发展。本问卷采取匿名方式，不会对您本人产生任何影响，请根据您的真实情况作出选择或填写。再次感谢您的合作与支持！

第一部分：基本信息

1. 性别：　　　　　A 男　　　　B 女
2. 生源地：　　　　A 农村　　　B 城市
3. 学前教育专业是否是申报大学的第一志愿　　A 是　　B 不是
4. 所在年级　　A 大一　　B 大二　　C 大三　　D 大四
5. 所在学校_____

第二部分

　　请阅读题项，在"完全符合"、"比较符合"、"不确定"、"比较不符合"和"完全不符合"五个选项中选取与你真实想法相吻合的选项，并在对应的方框内打对号"√"。

题目	完全符合	比较符合	不确定	比较不符合	完全不符合
1. 知道如何规划自身专业发展。					
2. 知道如何根据教学内容进行知识的准备和材料的收集。					
3. 知道如何处理家长与幼儿园之间的矛盾与冲突。					
4. 知道如何使用幼儿喜欢并易于理解的语言向幼儿传递知识。					
5. 知道如何确定近期发展目标。					
6. 知道如何选择和设计有教育意义的游戏活动。					
7. 知道如何进行自主学习。					
8. 知道如何干预指导幼儿游戏。					
9. 知道如何判断自身性格、气质是否适合学习学前教育专业。					

续表

题目	完全符合	比较符合	不确定	比较不符合	完全不符合
10. 知道如何设计、撰写教育研究方案。					
11. 我对学前教育的发展前景很有信心。					
12. 我乐意告诉别人我所学的专业。					
13. 知道如何针对不同教学内容进行适宜的课堂导入。					
14. 知道如何回应幼儿发散式的提问。					
15. 总体上我了解自己所学的专业（专业性质、专业目标、外界评价、就业状况等）。					
16. 知道如何向导师请教或与同学交流，探讨幼儿教育问题。					
17. 知道如何处理幼儿游戏过程中的偶发事件（比如争夺玩具）。					
18. 知道如何针对研究内容选择可行的研究方法。					
19. 知道如何在幼儿游戏和学习时观察幼儿、评估幼儿。					
20. 知道如何处理幼儿生活中的偶发事件（比如午休、吃饭困难、喉咙被异物卡住等）。					
21. 知道如何与幼儿沟通，了解幼儿的真实想法。					
22. 知道如何帮助幼儿减少打架、骂人等攻击性行为。					
23. 知道如何设计环境主题，美化布置幼儿园环境。					
24. 我愿意未来当一名幼儿园教师。					
25. 知道如何利用自身优势来提高自己的专业水平。					
26. 知道如何运用心理学知识解释幼儿在教育活动中出现的问题。（比如幼儿的"自私"行为、入园焦虑问题）。					
27. 知道如何制作玩教具。					
28. 知道如何进行幼儿教育相关研究文献的收集和整理。					
29. 知道如何根据主题创设有利于幼儿发展的班级环境。（比如节日、季节等主题）					
30. 知道如何训练幼儿的大动作和精细动作。					
31. 知道如何锻炼幼儿洗漱、整理衣物等生活自理能力。					
32. 知道如何培养幼儿的记忆力、想象力、思维等心理品质。					
33. 知道如何进行数据的统计和分析。					
34. 知道如何结合日常教育实践，确定研究主题。					
35. 知道如何在日常活动中培养幼儿合作、分享等亲社会行为。					

续表

题目	完全符合	比较符合	不确定	比较不符合	完全不符合
36. 知道如何使用调查法、访谈法、观察法、实验法等常用的研究方法。					
37. 知道如何进行自我反思，改进自身行为。					
38. 知道如何与幼儿家长沟通，协调幼儿教养相关事务。					
39. 我愿意将幼儿教师作为未来的职业。					
40. 知道如何运用生理学知识解释幼儿在成长过程中出现的现象。（比如三翻六坐七滚八爬周会走）					

第三部分

一、您认为以下因素对您实践性知识的获得影响怎样？（请在每栏对应项打"√"）

题目	影响非常大	影响比较大	影响一般	影响很小	没有影响
1. 家庭生活经验					
2. 大学之前的学习经历					
3. 参加与教育教学实践有关的社团					
4. 自我的个性特征					
5. 大学教师的课程指导					
6. 家教经历					
7. 大学专业课程的学习					
8. 大学教育实习					
9. 大学教育见习					
10. 参与微格教学课程训练					
11. 与教学实践相结合的案例分析					
12. 学习动机					
13. 参与学术专题讲座					
14. 同学间的交流、讨论					
15. 阅读相关书籍和杂志					
16. 关注互联网上的教育新闻或视频					

二、在下列选项中选出相符的选项

在您的经历中，您认为影响您实践性知识获得的最重要五项影响因素按重要性由高至低依次递减的序号分别是①_____；②_____；③_____；④_____；⑤_____。

A. 自己的性格　B. 参加与教育教学实践有关的社团　C. 职业动机　D. 自己欣赏的教师或教育界名人　E. 自己的中小学学习经历　F. 本科专业课程的学习　G. 自己的家教经历　H. 课堂上的试讲、试教　I. 学校组织的教育见习　J. 学校组织的教育实习　K. 大学老师的教学指导　L. 自主学习，查阅幼儿教育相关书籍　M. 自己的同学或朋友

再次感谢您的参与！

附录四　职前幼儿园教师实践性知识正式调查问卷

亲爱的同学：

您好！感谢您在百忙中抽出时间协助我们完成这次调查。本问卷旨在了解您在学校学习期间实践性知识发展现状，以便促进幼儿教师专业化发展。本问卷采取匿名方式，不会对您本人产生任何影响，请根据您的真实情况作出选择或填写。再次感谢您的合作与支持！

第一部分：基本信息

1. 性别：　　　　A 男　　　　B 女
2. 生源地：　　　A 农村　　　B 城市
3. 学前教育专业是否是申报大学的第一志愿　　A 是　　　　B 不是
4. 所在年级　　A 大一　　B 大二　　C 大三　　D 大四
5. 所在学校_____

第二部分

请阅读题项，在"完全符合"、"比较符合"、"不确定"、"比较不符合"和"完全不符合"五个选项中选取与你真实想法相吻合的选项，并在对应的方框内打对号"√"。

题目	完全符合	比较符合	不确定	比较不符合	完全不符合
1. 知道如何干预指导幼儿游戏。					
2. 知道如何锻炼幼儿洗漱、整理衣物等生活自理能力。					

续表

题目	完全符合	比较符合	不确定	比较不符合	完全不符合
3. 知道如何进行幼儿教育相关研究文献的收集和整理。					
4. 知道如何结合日常教育实践，确定研究主题。					
5. 我乐意告诉别人我所学的专业。					
6. 知道如何进行自我反思，改进自身行为。					
7. 知道如何运用心理学知识解释幼儿在教育活动中出现的问题。（比如幼儿的"自私"行为、入园焦虑问题）。					
8. 知道如何运用生理学知识解释幼儿在成长过程中出现的现象。（比如三翻六坐七滚八爬周会走）。					
9. 知道如何与幼儿沟通，了解幼儿的真实想法。					
10. 知道如何使用调查法、访谈法、观察法、实验法等常用的研究方法。					
11. 总体上我了解自己所学的专业（专业性质、专业目标、外界评价、就业状况等）。					
12. 知道如何在日常活动中培养幼儿合作、分享等亲社会行为。					
13. 知道如何处理幼儿游戏过程中的偶发事件（比如争夺玩具）。					
14. 知道如何根据教学内容进行知识的准备和材料的收集。					
15. 知道如何进行数据的统计和分析。					
16. 知道如何训练幼儿的大动作和精细动作。					
17. 知道如何与幼儿家长沟通，协调幼儿教养相关事务。					
18. 我愿意将幼儿教师作为未来的职业。					
19. 知道如何设计、撰写教育研究方案。					
20. 知道如何针对不同教学内容进行适宜的课堂导入。					
21. 知道如何进行自主学习。					
22. 知道如何使用幼儿喜欢并易于理解的语言向幼儿传递知识。					
23. 知道如何根据主题创设有利于幼儿发展的班级环境。（比如节日、季节等主题）					
24. 知道如何针对研究内容选择可行的研究方法。					
25. 知道如何帮助幼儿减少打架、骂人等攻击性行为。					
26. 知道如何向导师请教或与同学交流，探讨幼儿教育问题。					

第三部分

一、您认为以下因素对您实践性知识的获得影响怎样？（请在每栏对应项打"√"）

	影响非常大	影响比较大	影响一般	影响很小	没有任何影响
1. 家庭生活经验					
2. 大学之前的学习经历					
3. 参加与教育教学实践有关的社团					
4. 自我的个性特征					
5. 大学教师的课程指导					
6. 家教经历					
7. 大学专业课程的学习					
8. 大学教育实习					
9. 大学教育见习					
10. 参与微格教学课程训练					
11. 与教学实践相结合的案例分析					
12. 学习动机					
13. 参与学术专题讲座					
14. 同学间的交流、讨论					
15. 阅读相关书籍和杂志					
16. 关注互联网上的教育新闻或视频					

二、在您的经历中，您认为影响您实践性知识获得的最重要五项影响因素按重要性由高至低依次递减的序号分别是①_____；②_____；③_____；④_____；⑤_____。

A. 自己的性格　B. 参加与教育教学实践有关的社团　C. 职业动机　D. 自己欣赏的教师或教育界名人　E. 自己的中小学学习经历　F. 本科专业课程的学习　G. 自己的家教经历　H. 课堂上的试讲、试教　I. 学校组织的教育见习　J. 学校组织的教育实习　K. 大学老师的教学指导　L. 自主学习，查阅幼儿教育相关书籍　M. 自己的同学或朋友

再次感谢您的参与！

附录五 职前幼儿教师实践性知识生成过程访谈提纲

1. 请描述你的生长经历，包括生活和教育。
2. 请描述在你成长的过程中，什么样的事情或者人对你的影响最大。
3. 请描述你自己的性格特征。
4. 你为什么选择读师范的学前专业？
5. 在你所学习的学前教育专业课中，请说一说你学过的教育理论、观点，或者喜欢的课程。为什么喜欢？从其中学到了什么？
6. 你是怎样看待幼儿的？你认为幼儿像什么？有些什么特点？
7. 你认为幼儿应该受到什么样的教育才是比较好的教育？你会怎么做？
8. 你们有试讲小组吗？这对你有在教学认识、能力提高上有怎样的影响？
9. 平时除了上课，是否还参加其他的活动？
10. 你心目中优秀幼儿教师的过人之处体现在哪些方面或应该具备的标准有哪些？能做个比喻吗？
11. 你理想中的幼儿园应该是什么样的？幼儿园的活动是什么样的？
12. 进入幼儿园实习后，和你的期待有什么不一样？
13. 在幼儿园实践的过程中，你怎么进行课堂管理？怎么开展幼儿活动？怎么布置班级环境？怎么与幼儿沟通、怎么透过幼儿的行为理解他们的心理？有无遇到突发事件？请举例说明。
14. 你的教学与其他同学有什么不同吗？与学校指导老师的教学有什么不同？
15. 经过实习后，你觉得哪些事件对你成长影响较大？
16. 请谈谈你对指导教师的看法，指导教师的行为你觉得哪些是你值得学习的？
17. 谈谈你的感悟，收获。

访谈文本示例

时间：2016 年 5 月 26 日
地点：弘文楼 216
访谈对象：St22
访谈内容：
St22：现在在一家私人教育机构，试讲英语。3—6 岁混龄。1 个半小时的时间，教育机构负责人提供思路，教材是洪恩英语，我自己看书，教案自己设计。在设计教案的过程中，与课程论的老师讨论过，我觉得挺有收获的。对了，教案我也带来，用给你看一下吗？
（研究者翻看教案）
访：你设计的教案已经初具规模，你是如何设计教案的，根据什么？
St22：我觉得上课还是要有秩序，主要的设计想法来自自己的想象，也因为在上幼儿园课程论的时候，觉得 XX 老师教课的风格非常灵活，我认为课程大概要像那样的。也把我自己设计的教案给 XX 老师看了，她给我很多建议和帮助。最开始的教案设计，非常不连贯，有一个韵律歌，有一段英语视频。教育机构负责人想要我加入绘画。但是，我觉得内容太多理论，那个负责人什么都想加进来，我觉得不是这样的，但是具体怎么做我也不知道，还在修改，也有很多不懂。教案虽然设计完了，但是我依然不知道怎么去上课。怕孩子听不懂。也不知道应该怎么上。
访：你了解幼儿发展的年龄特点吗？
St22：了解一点，有印象，但是用专业理论来讲，我不能确定也不能校准。只是能凭平时的日常经验有所了解。在设计课程的时候，我也有结合幼儿不同的年龄而进行游戏和要求。3 岁的孩子能够跟着一起动。4 岁的孩子，能够哼节奏。6 岁的孩子能够和我一起唱。就可以了。
……

附录六　职前幼儿教师教育实习观察记录表

观察日期	
观察地点	
观察人员	
主要事件	

观察文本

时间：2016年10月14日，11:25—11:40

地点：某幼儿园大班教室内

人物：实习教师（St36）和幼儿

【OC：前一天的集中教学互动是《缝缝补补》，幼儿学习了用塑料针在特制的教学上进行简单的穿线，今天学习区自由活动美工区里一共有10名幼儿做缝工，活动结束，幼儿收拾东西，职前幼儿教师简短的进行总结和分享。】

……

5名幼儿的作品分享结束后，<u>实习教师转换语气，变得活跃。</u>她问："请大家想一想，你们做缝工的时候，都遇到了什么问题？"

这个时候，每个幼儿的注意力都被实习教师的问题吸引了起来。大家七嘴八舌的开始议论。

……

小月："会一直缝错位置"。其他小朋友接着小月的话补充，说："是因为没有上下、上下的缝"。另一个说："我还不会打结。"

实习教师<u>这次没有阻止大家的回答，而是进一步发问："如果缝错了，怎么办？"</u>

教室安静了，一个小朋友小声说："用针倒退回去，重新缝就好了。"

实习教师："嗯，你说的对。再倒退回去就可以了。"实习教师继续补充："请大家看我手里面的教具，如果我缝的线不是上下、上下的顺序，而是一直用针往下缝，绳子就不是一条线。"边说，<u>教师一边用教具做错误的缝法</u>。此时小朋友的双眼都看着教师。

实习教师接着说："我现在做错了，像这样（实习教师将缝过的线倒退回去）就可以了。"教师环视一圈所有的小朋友以后，开始讲解和示范正确的缝法。

实习教师："像这种缝制方法后线的轨迹（刚刚示范的，一上一下的线的轨迹），在哪里可以看得到？"

实习教师说完，大家开始思索，没有人回答。教师提示："比如我们的衣服有没有？"欣欣翻转自己的衣服，指着衣服袖子的边大声说："老师，我的袖子是这样缝的。"实习教师仔细看了看，回答："对，是这样的。"

其他的小朋友听到欣欣这样说，也都去寻找，都扯着自己的衣服或者裤子，向实习教师表示自己有找到同样的缝法。

这个时候，有个小男孩，他找到自己的袖口正面是一上一下的缝法以外，又去翻自己袖口的里面，然后惊奇的和实习教师说："老师，你看！我的袖子不一样，是这样的！"

实习教师弯腰看了看他的袖口里面，和大家解释："这是另一种缝纫方法，是缝纫机

> 缝的锁边的方法，和我示范的错误范例很像。"实习教师刚刚解释完毕，所有小朋友又开始翻找自己的衣服、裤子。然后议论纷纷。
> "我的也是？""我的怎么没有？"
> ……

附录七 职前幼儿教师实践性知识生过程相关文本资料收集样例

幼儿园实习—保育实习报告

九月份幼儿园保育实习报告

转眼间两周的保育实习生活很快就结束了，在这一个月里我第一次亲密接触了幼儿园的方方面面，也总结出一些经验先谈谈如何创设幼儿感到温暖、宽松、愉快的环境。大部分的幼儿对环境的适应性差情绪易紧张不稳定带着对未来的憧憬和希望，来到了机关荷花幼儿园随着时间飞逝实习生活的结束让我真正的感受到了作为一名保育员的不易，这次实习也让我收益颇丰、受益匪浅。俗话说：万事开头难进园实习初期我感到了很大困难毫无工作经验的我面对新工作面对性格各异的孩子的确很难。我觉得毫无头绪不知道到底该从哪里下手我努力地去学习尝试独立带孩子，经过几次之后我的紧张心理才逐步退去慢慢的融入这个小集体当中。最初保教工作时我虚心请教老教师和其他实习生积极配合他们工作户外活动提醒幼儿注意安全，热时：提醒幼儿减衣服喝水时不拥挤不说话以免被水呛到吃饭时小心被烫，安静进餐不挑食洗手时用肥皂消毒杀菌睡觉时要盖好被子我们都要检查一下幼儿是否盖好被子，以免受凉尽自己最大的努力照顾好每一个幼儿细心、耐心的帮助每一个幼儿并教给他们一些简单的生活小常识、小窍门帮助幼儿提高生活自理能力让孩子在幼儿园感受到更多的温暖让每个幼儿真正爱上幼儿园喜欢幼儿园。充满爱心与童趣的氛围在玩乐中找到真正乐趣、不断的增长知要成为一名合格的保育教师，除了要有良好的教学经验外最重要的是随机应变幼儿各种怪异的提问，我吸取周围保育教师的先进经验提高自己的水平。不能对此疏忽！知识和经验都不是天上掉下来的只有不断的吸取、提高家子完全交给你完全信赖于你，充分信任你并且做到不怕苦不怕脏像母亲一样关心和爱护他们，经过这次实习在这五天里让我真正的了解幼儿老师是那么的不容易哎，做什么都不容易啊曾经以为带幼儿是什么人都能上任的可做起来是如此之难！回顾与孩子们一起走过的日子，和孩子们一起的喜怒哀乐想想要分开实习也落幕尾声有多少的不舍。保育工作是一个繁琐而又辛苦的事情需要保育工作者耐心、细心、爱心、责任心并重缺一不可总之保育教师是一个崇高而神圣的职业，要当一名好保育教师不容易啊"在此次实习中，我也看到了我自己不足之处社会的不断进步使幼儿园对保育教师的要求是越来越高。我愿意用我的所有热情与爱心，换取孩子们的开心以及家长的诚心实习间：让我增长了见识做老师难做一个幼儿保育老师难上加难，我要在今后的工作中不断的充实自己全身心投入到未来的幼儿教育事业，这就是我这几天的实习过程想要当一名好教师不容易总之为了以后努力吧，加油！！

幼儿园实习——环境创设报告

十月份幼儿园环境创设实习报告

时间过的很快,转眼间已经实习第二个月了,第一个月是保育工作,第二个月是环境创设工作,我们创设的环境是《大自然的语言》这一主题中,我们在副墙上布置了天气,幼儿和教师一起制作"小水滴旅行图",他们画的小水滴形象可人,他们被主题内容深深吸引,不但潜移默化地受到了教育,知道了水的三态变化,而且通过他们之间的相互交流,也很大程度地获得了认知上的发展和语言能力、动手能力的提高。并且孩子们陷入深深的思考中,孩子们想象着水滴成云的情景,并相互抱在一起 形象地模拟着水滴成云的现象,还提出了更多的关于这方面的问题。孩子们在环境和材料的相互作用中学习、探究、从而激发了他们的学习兴趣和求知欲望。环境创设可引导幼儿有环保的意识。在各区域的环境创设中,都有幼儿提供的材料与作品,是他们参与班级 境创设的一个重要途径,也是十分重要且具有良好效果的教育过程,培养他们从小就有变废为宝,不浪费任何资源的环保意识。在我们班级区域环境创设过程 中,都有幼儿从家里收集了带来的各种瓶、盒、罐、吸管、蛋壳等废旧材料。在 老师的启发帮助下, 孩子们用纸盒做成了高楼、汽车。这样的教育让孩子们学会了勤俭学会了珍惜和利用资源;也让孩子学会了创造,通过自己的创造让废旧的材料发挥更大的价值。用这些作 品来装扮我们的班级各区域,孩子们可真开心,面对收集寻找各种各样的废旧物 则更有兴趣了,幼儿在积极投入、参与的过程中,既发展了他们的想象能力、创 造能力和动手操作的能力,同时也培养了幼儿的环保意识。我们班在收集废旧材 料的时候,孩子回去告诉家长说,我们老师说什么都要,峰峰看见这些东西说,"垃圾",后来我们用这些"垃圾"制作了各种玩具,等等,孩子们看到了,原 来垃圾也能变宝贝。比如"旺旺美食"里的各种菜与食物,我们用旧竹棍把废旧 的方形纸串在一起做成各种烤肉串,在"体育区"里把易拉罐进行简单装饰就成 了的踩高跷,用废旧报纸团成纸球等。"生活区"里,我们利用硬纸板和丝带让 幼儿学穿鞋板与系鞋带。总之,无论哪个区,我们都或多或少的投放废旧物品,让幼儿明白"只要你做有心人废物也能变成宝。"在活动中,通过观察、操作 使幼儿了解废旧物品的利用价值,激发创造欲望及活动兴趣。遵循幼儿园环境创设原则,活动的部分可由幼儿参与布置,引导幼儿根据教 育和感受让他们能够一目 了然的看见自己和别人的作品,然后通过比较参照发现别人的优点弥补自 己的不足,而且也在不自觉中学会了欣赏。学会欣赏很重要欣赏他人可以学人所长被人欣赏会增添信心、发挥潜能。我们还把幼儿的画挂在教室里。这些设 计和创造不仅有美感,还蕴藏着知识,引导幼儿从色彩、形态美进行欣赏让孩子 在自然而然当中得到提高。也让家长能够更直接的了解到孩子的情况。环境创设 是教师和幼儿共同走进主题,在主题中共同发现美、表现美、创造美的过程。提升审美情感,促使环境成为幼儿主动表现个人审美体验的一道流动的风景线。让我学会了很多知识,怎么环境创设,首先从哪里入手。我会把班级布置的很美丽。

幼儿园实习——教学活动设计

活动目标：

1. 初步学唱歌曲，理解歌曲内容，能精神饱满地演唱进行曲类的歌曲。

2. 学习根据指挥演唱歌曲。

活动准备：

幼儿已有看指挥打击乐器的基础。

活动过程：

(1) 介绍歌曲内容，激发幼儿学习新歌的愿望和作为孩子的自豪感。

(2) 教师完整范唱歌曲

(3) 教幼儿学习新歌四至五遍

(4) 幼儿能完整地唱此歌曲。

幼儿园实习——实习简报示例

反思日记示例

实训报告示例

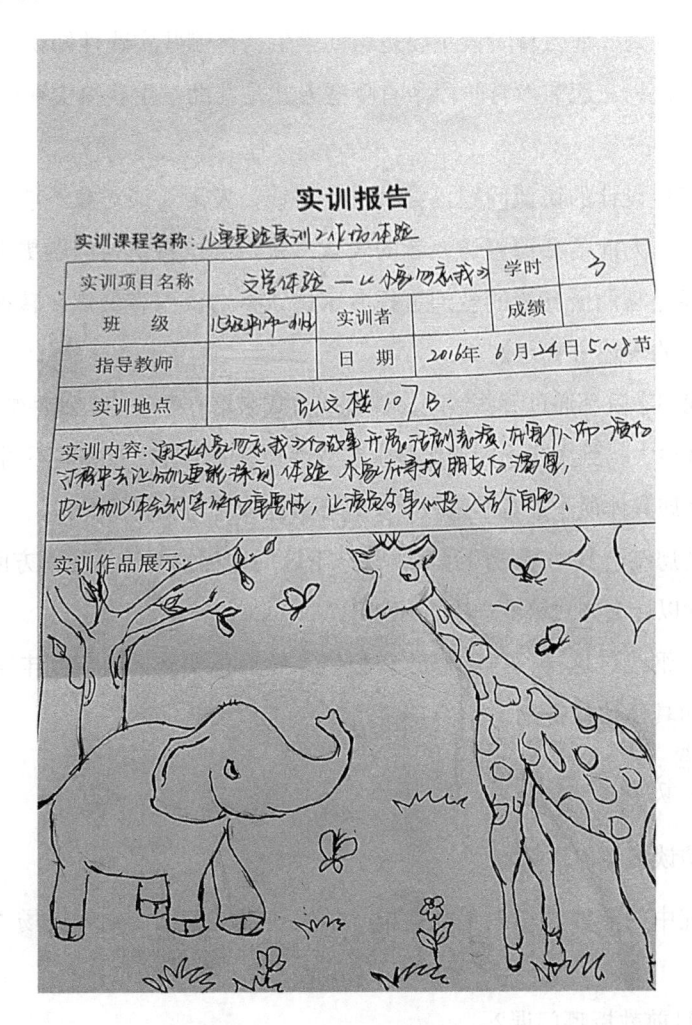

附录八 职前幼儿教师实践性知识培养体系
访谈提纲及访谈内容

访谈提纲的设计

本研究主要探讨大陆和台湾两所高校的职前幼儿教师实践性知识培养体系。为此，需要通过访谈法深入了解两所高校在培养目标、课程设置、实践环节方面的具体安排以及背后蕴含的意义。研究者首先根据对文献的分析和整理设计了以下的访谈问题：

（1）您认为职前教育阶段主要是帮助学生获得哪些实践性知识？

（2）您认为在职前教育阶段中有哪些方式是帮助学生获得实践性知识？

……

根据初步设计的访谈问题，尝试进行访谈，发现访谈对象不能完全准确把握访谈问题，为此需要调整访谈者的表达方式，尝试将访谈问题更聚焦、更具体。并且经过与两所高校的教师进行专家访谈将访谈内容聚焦，转换为访谈对象容易理解的表述方式，例如：

（1）我们学院都通过哪些活动、课程或方式来培养学生的实践性知识？

（2）针对大一到大四不同年级学生实践性知识的培养，有哪些不同的安排？

（3）请您具体谈一下对学生教育实践环节的安排与实施情况。

（4）请您结合其中某一门课具体谈一下这门课程都培养学生哪方面的实践性知识？教师以什么方式培养学生这种知识？

访谈提纲经过这样一再的修改和聚焦，然后再实施，收集到丰富的研究资料。见下面具体访谈提纲。

（一）访谈提纲

教师访谈提纲

本研究中的实践性知识主要是指：学生获得的关于在幼教现场"怎样做"的知识。

1. 您目前教授哪门课？

2. 在您的这门课中会帮助学生获得哪些实践性知识？

3. 您都采取哪些方式来帮助学生获得这些实践性知识？

4. 您认为作为一名教师应具备哪些能力或经验，可以更好地帮助学生获得实践性知识？

5. 您是通过哪些方式指导学生的实习？

6. 对于学院在培养学生实践性知识的课程安排或实践环节，您有哪些建议？

学生访谈提纲

本研究中的实践性知识主要是指：学生获得的关于在幼教现场"怎样做"的知识。

1. 您认为从大一到大四是哪些课程、环节让您获得了这些实践性知识？
2. 在这些课上教师用哪些方式让您获得实践性知识的？
3. 大学这几年您都参加了哪些实践活动？
4. 可以谈一下您参加的实习是怎样的一种形式吗？
5. 实习教师都给予了您哪些指导？通过什么方式？
6. 对于学院在培养学生实践性知识的课程安排或实践环节，您有哪些建议？

（二）学生访谈内容

请问在您的本科学习期间，有哪些课程帮助你获得了实践性知识？这些课程是透过哪些方式让你获得的实践性知识？

访谈对象一：环境创设、幼儿园游戏与指导、健康、社会、五大领域很多。其中幼儿园游戏与指导的课让我们了解设计活动的思路、过渡的过程。五大领域呢，例如艺术领域，因为我所在的幼儿园班级开展的音乐活动比较多，所以之前在学校上的奥尔夫音乐课就能用到。我就知道怎样带小朋友进行奥尔夫音乐活动。（访谈学生编号：Ms1-20161029）

访谈对象二：大一到大四的课程中，幼儿园教材教法、幼儿绘本赏析与导读、幼儿艺术、婴幼儿发展与学习评量等课程都有设计活动时实际到幼儿园进班教学，幼儿语文教学在期末运用整个学期所学的语文教学相关知识设计了一个"语文营"让幼儿实际报名参加。幼儿音乐与律动，自编律动，在一次又一次的练习与老师验收的过程中，不断发现自己不足之处并加以改进。婴幼儿保育实习、幼儿园教学实习实际设计课程、活动，先请学校老师或班级老师看过教案是否有需要修改之处，再进园教学执行自己设计的教案，结束后请班级老师给予回馈、教学建议，再写省思记录自己的教学可再改进的地方。（访谈学生编号：Ts12-20161025）

附录九 职前幼儿教师实践性知识培养体系相关文本资料收集样例

一、A校课程结构（节选）

课程类型	课程类别		应修学分	占总学分比例/%	应修学时	占总学时比例/%	备注
必修课程	公共必修课程		43	26.1	794	31.5	
	学科专业必修课程		51	30.9	919	36.4	
	教师教育必修课程		2	1.2	45	1.8	
	小计		96	58	1758	70	
选修课程	基础通识课程	人文社会科学	7	4.2	105	4.2	A
		自然科学					B
		艺术体育					C
		综合实践					D
	学科专业选修课程		37	22.5	570	22.5	
	教师教育选修课程		6	3.6	90	3.6	
	小计		50	30.3	765	30.3	
综合实践教育课程			19	11.5	0	0	
总计			165	100	2523	100	

二、B校专业课程内容（节选）

年级		上学期	下学期	小计	
				学分数	学时数
一年级	必修	教育心理学 幼儿教保概论 幼儿发展	幼儿发展 环境与幼儿教育	14	14
	选修	多元智能理论与应用 幼儿餐点与营养 音乐基础训练与赏析 幼儿绘本赏析与辅导	多媒体辅助教学 家庭教育 幼儿艺术	21	21
	小计			35	35
二年级	必修	创造力教育 幼儿观察 幼儿园教保活动课程设计	教育社会学 特殊幼儿教育	14	14

续表

年级		上学期	下学期	小计 学分数	小计 学时数
二年级	选修	近代幼儿教育思潮 幼儿文学 大众传播与幼儿教育 教育统计 女性健康 幼儿体能与律动 幼儿多元文化教育	幼儿游戏 幼儿数学与科学之探究与游戏 学前融合教育 幼儿语文教学 教育研究法 幼教名著选读 创造性舞蹈教学 幼儿节奏乐	45	45
	小计			59	59
三年级	必修	教育哲学 幼儿健康与安全 幼儿剧舞台技术与制作	幼儿学习评量 幼儿园课室经营 幼儿园教材教法1 幼儿园教材教法2	18	18
	选修	幼儿学习环境设计 幼儿园课程发展 幼教产业探索 幼儿教育专题研究 亲职教育 婴幼儿活动设计与环境规划	幼儿教具设计与应用 幼儿园行政 幼儿社会探究与情绪表达 幼儿发展专题研究 婴幼儿保育实习 幼儿戏剧 幼儿音乐	42	42
	小计			60	60
四年级	必修	幼儿剧专题制作 教保专业伦理 幼儿园、家庭与社区 幼儿园教保实习	无	13	13
	选修	幼儿创造性课程 幼儿园档案资料管理 幼儿生命教育 器乐	幼儿园教学实习 幼儿辅导	19	19
	小计			32	32